本书作者（按写作顺序排列）：

孟祥霞　黄文军　陶海飞
王炳军　陈莎莎　袁葵芳
冀春贤　徐侠民　王金圣
杨　光　杨佐飞

平台经济企业发展模式变革与创新
——宁波平台经济典型企业案例研究

PINGTAI JINGJI QIYE FAZHAN MOSHI BIANGE YU CHUANGXIN

NINGBO PINGTAI JINGJI DIANXING QIYE ANLI YANJIU

孟祥霞　等著

ZHEJIANG UNIVERSITY PRESS

浙江大学出版社

图书在版编目(CIP)数据

平台经济企业发展模式变革与创新:宁波平台经济
典型企业案例研究 / 孟祥霞等著.—杭州:浙江大学
出版社，2016.7
　　ISBN 978-7-308-15957-9

　　Ⅰ.①平… Ⅱ.①孟… Ⅲ.①企业改革－案例－宁波
市 Ⅳ.①F279.275.53

中国版本图书馆 CIP 数据核字(2016)第 131678 号

平台经济企业发展模式变革与创新：

宁波平台经济典型企业案例研究

孟祥霞　等著

丛书策划	吴伟伟
责任编辑	张一弛
责任校对	杨利军
封面设计	春天书装
出版发行	浙江大学出版社
	（杭州市天目山路 148 号　邮政编码 310007）
	（网址：http://www.zjupress.com）
排　　版	浙江时代出版服务有限公司
印　　刷	杭州日报报业集团盛元印务有限公司
开　　本	710mm×1000mm　1/16
印　　张	18
字　　数	305 千
版 印 次	2016 年 7 月第 1 版　2016 年 7 月第 1 次印刷
书　　号	ISBN 978-7-308-15957-9
定　　价	52.00 元

浙江大学出版社发行中心联系方式　（0571）88925591；http://zjdxcbs.tmall.com

前　　言

近二十年来，互联网技术快速发展，相关的产品与服务已深入人们生产、生活的方方面面，特别是随着移动物联网、大数据、云计算等技术的日趋成熟，"互联网＋"作为新时期多种信息技术的集成与整合被推出并得到广泛认可。2015年，李克强总理在十二届全国人大三次会议上所作的政府工作报告中提出："制定'互联网＋'行动计划，推动移动互联网、云计算、大数据、物联网等与现代制造业结合，促进电子商务、工业互联网和互联网金融健康发展，引导互联网企业拓展国际市场。""互联网＋"代表一种新的经济形态和新的产业发展业态，即充分发挥互联网在生产要素中的优化和集成作用，将互联网的创新成果深度融进经济社会各领域之中，提升实体经济的创新力和生产力，形成更广泛的以互联网为基础设施和实现工具的经济发展新形态。

国家政策对"互联网＋"的支持势必带动以互联网技术为依托的产业更快更迅猛的发展。在互联网相关的技术和产业中，平台经济无疑是影响面最广泛、经济和社会效益最大的一类新兴产业形态。平台经济是指依托超市、购物中心等实体交易场所或门户网站、网络游戏等虚拟交易空间，吸引商家和消费者加入，促成双方或多方之间进行交易或信息交换的商业模式，主要是通过收取会员费、技术服务费、交易佣金等费用获取收益。平台经济模式具有双边市场、交叉网络外部性、增值性、快速成长性等主要特征，在给平台企业带来巨大回报的同时，还能通过信息精确匹配、规模效益或定向营销等方式给在平台上交易、交流的双方带来便利和实际利益，从而达成多方共赢。平台经济的出现，是现代科学技术与经济社会发展到一定阶段的必然产物,具有巨大的发展潜力,其发展必将影响人类的经济、政治、文化、军事乃至社会发展的方方面面。平台经济给我国经济发展带来了机遇与挑战,受到了理论界与实务界人士极为广泛的关注。

宁波是全国移动金融试点城市、信息消费试点城市、电子商务试点城市和智慧城市建设示范城市,发展以互联网为基础的产业得到了国家、省、市各部门的重视,并且已经有较好的基础。宁波传统产业的发展已经达到一定的规模,在新经济业态不断冲击传统产业的时代,如何通过互联网、信息经济等相关技术和商业模式创新,对寻找新的经济增长点、实现经济的再次腾飞有着重要的现实意义。平台经济由于其巨大的辐射效应和带动作用,作为宁波经济转型升级的着力点和突破口,可以为新经济的发展提供强大的支持。并且,宁波聚集了一批不同成长阶段和成长类型的平台企业,虽然这些企业大多数规模还不够大,但是丰富的数量和种类为理论研究和开拓提供了良好的现实资料。

平台经济无论在理论上还是在实践中都是一个崭新的命题。平台经济企业的运行规律、成长机理、发展模式都需要在理论上进行梳理和创新。本书基于对宁波 10 家平台经济典型企业的深入调研,结合现有经济管理理论对其发展路径与商业模式的创新进行了全面总结和提炼,期望该研究成果能够为其他企业发展提供借鉴和参考,为政府出台相关的政策措施提供依据,同时为平台经济理论的完善提供补充。

由于平台经济理论研究尚处于起步阶段,我们的研究主要是依据现有理论对平台经济典型企业的成长进行解释和探讨,书中难免会有理论分析的不足和偏差,敬请相关专家学者提出宝贵的意见和建议。

作　者

2015 年 9 月

目　　录

第一章　宁波平台经济典型企业发展模式变革与创新研究

第一节　引　　言

　　平台经济学(platform economics)是研究平台之间的竞争与垄断情况,强调市场结构的作用,通过交易成本和合约理论,分析不同类型平台的发展模式与竞争机制,并提出相应政策建议的新经济学科。平台经济学在全球仍是一门新兴学科,是产业经济学的一个重要分支。平台(platform)是新经济时代最重要的产业组织形式,但是国外相关理论研究也是在最近几年才开始得到重视,而且主要停留于定性描述与静态建模阶段,缺乏对现实刻画更为准确的动态建模,系统性的案例研究更少。我国对平台经济理论的研究则刚刚起步,中国国情下平台经济发展的专业理论拓展与创新还有很大的探索空间。特别是结合区域典型平台产业和企业案例展开应用性研究,有助于从实践层面总结、提炼新的观点,发现新的命题,从而进一步丰富和完善平台经济学理论体系。

　　平台经济的发展按其不同类型出现顺序的先后,可分为三个阶段。(1)以实体商品集散地为主要表现形式的平台经济。集散地平台经济指的是作为实体商品的集散地、批发地和交易地而产生的平台经济发展阶段,其主要特点为:以城市为中心,以贩运贸易为主要商业形式。例如上海从新中国成立前到现在一直是我国实体商品的重要集散地,新中国成立前上海有批发企业8300多家,占全国总量的三分之一,大批发企业还在各产地设采办货庄,同时全国各地批发商在上海设立的申庄①多达 2000 余家,上海还有 30 多个行业间互通有无的茶楼市场和 20 多个商品交易市场,其批发业十分发达。新中国成立后直到 80 年代初期,上海日用工业品占全国供应量的 60% 左右,随着国内其他地区的发展,上海日用工业品供应量在全国的比例逐渐下降,到 1989 年只占 40%,但在全国的影响仍然是最大的。因此,直到今天,表现为实体商品集散的平台经济在上海仍然扮演着重要角色。(2)以提供服务业的实体平台为表现形式的平台经济。服务平台经济是主要通过平台提供服务而产生效益的平台经济,其主要特点是:服务可以脱离有形的产品,但不能脱离企业;服务的价值取决于企业满足消费者需求的程度。这种满足程度体现在服务套餐上,并趋向于需求的等价,而不是质量和数量的等价;服务的价值是不可积累的。服务平台经济是 20 世纪 90 年代开始产生的,比如上海的金融平台经济(如上海证券交易所、上海期货交易平台、上海产权交易平台以及中小企业融资平台等)、会展平台经济(如会展经济、车展基地、服务外贸基地等)。随着服务平台经济的不断集聚和深耕,上海逐渐成为我国的金融、贸易、会展中心。(3)以提供信息的虚拟平台为最新表现形式的平台经济。狭义的平台经济指的就是网络信息平台经济。网络信息平台经济主要指利用互联网构建虚拟空间,提供网络平台服务而产生经济效益的平台经济,其主要特点表现为网络经济学的边际效益递增,成长快,其核心是用户体验。比如大众点评网、淘宝、当当网、东方钢铁、边角料交易平台、一号店等电子商务交易平台都取得了不错的业绩。另外,形形色色的团购网站也如雨后春笋后般出现。在今后相当长的一段时期内,网络信息平台经济将是我国各地区加快经济发展的一个抓手,是应该优先发展的战略性产业。

新一代平台经济的发展对宁波市来说,意义十分重大。特色块状经济和港航贸易是宁波经济发展的两大亮点,大量民营中小企业转型升级需要依赖各种形式的平台支撑,包括大宗商品交易平台、电子商务网络平台、商贸物流平台、技术交易服务平台、投融资服务平台、产学研合作联盟平台等。目前,宁波平台产业正处于成长发展的关键期,需要与时俱进,主动适应实体经济的转型升级需求。因此,有必要深入剖析宁波现有平台经济发展的微观运行基础、主要发展模式、竞争机制、平台联盟合作以及外部环境条件等特点,总结提炼宁波发展特色,找出与国内外典型地区的差距和未来成长

---

① 19 世纪各地客商在上海设立的销售机构。

空间;更重要的是,找到制约宁波平台经济发展的关键因素和现实瓶颈,以及政府在推动平台经济发展中可能存在的一些盲区、误区或体制机制约束,从而为地方政府制定合理的产业政策提供决策依据,加快推进宁波经济的转型升级。

国际国内宏观形势的变化对传统产业的发展提出了新的挑战。由于区域地理位置的重要性,国家明确提出长三角地区要发展成为"全球重要的现代服务业中心"和"具有较强国际竞争力的世界级城市群"。所谓现代服务业,是在工业化比较发达的阶段产生的,依托信息技术和现代管理理念发展起来的,信息技术和知识相对密集的服务业。现代服务业的蓬勃发展,尤其是互联网以及信息技术的发展,催生电子商务、门户网站、网络视频、网上社区等各种平台型企业的迅猛崛起,平台经济(Web-based Platform Economy,简称 WPE)也应运而生。WPE 是产业经济发展的重大变化,也是互联网经济和知识经济的产物。如今,这种平台型企业在长三角及国内一些发达地区已经出现。宁波也相继涌现出一批以网络化、平台化、增值化、融合化为特征,实现集聚供求信息、撮合交易双方、提供配套服务、整合相关资源的平台型企业。例如神化化学镍金属交易平台、宁波航运交易所(简称宁波航交所)、大宗商品交易所、世界废料网等交易类平台企业,世贸通、船货网、招财通、求职通等服务类平台企业。平台经济作为新时代的重要产业组织形式,推动了传统产业经济理论的创新发展,同时也推动全球经济的又一次重大变革。平台经济的迅猛发展使国际经济面临一次重新洗牌的机会,让中国平台企业几乎与发达国家的企业站在了同一条起跑线上,也给宁波经济产业调整以及企业发展带来全新的挑战和机遇。在互联网改变人们生活方式的时代,平台经济必将成为宁波经济转型发展的切入口,也必将成为宁波经济发展的新增长点。反观学术界,关于平台经济的研究成果却是屈指可数,例如中国期刊网收录的关于平台经济的直接研究文献不足 50 篇,对平台经济理论的研究不足 10 篇,对宁波平台经济研究的报刊报道仅 2 篇。因此,率先开展平台经济视角下宁波产业发展及企业经营的研究,探索宁波发展平台经济的最优模式,对于推进宁波经济结构转型升级有着直接的理论指导作用,对于推进我国平台经济学理论研究也是非常有意义的。

宁波平台经济企业目前尚处于起步阶段或成长阶段,大多数企业受益于近年来中国互联网经济快速发展带来的机遇。相对于其他成熟的产业形态,平台经济还没有形成强大的产业规模,平台经济理论构建和实证研究还缺乏数据基础。但相对于同类型城市,宁波的平台经济发展已经取得了较为显著的成效,并且涌出一批在当地甚至全国有影响力的企业。基于宁波平台经济发展的现状和地位,本研究将选取宁波平台经济发展中具有典型代表性的企业为研究对象,采用典型案例研究方法,对船货网、神化化学、世界再生网等十家企业展开实地调研,通过对其发展的外部环境、管理创新、盈利模式等因素的发掘,探寻宁波平台经济发展模式与传统企业发展模式的差异,并对其成长中的创新性手段和做法进行梳理,进而总结平台经济企业发展的经验和模式,为平台经济理论与实务提供借鉴和启示;同时,提出适应宁波平台经济和平台企业发展的策略与建议,为宁波平台经济政策制定和平台企业管理提供依据和参考。本研究所选择的调研对象包括船货网、宁波神化、世界再生网、杰艾人才网、世贸通、中国羊绒衫网、海商网、宁波航交所、招财通和海空网,这些企业发展时间并不长,但许多已经成为宁波乃至全国平台经济行业的领先者。平台经济企业的发展主要来自模式的变革和创新,这些企业在成长过程中很好地抓住了互联网发展的机遇,通过经营模式的转变快速地奠定了行业地位,形成了较为明显的竞争优势。总结和分析这些企业成长中的经营模式变革与创新,不仅可以为宁波平台经济企业的发展提供经验与思路,同时,也能够促使这些企业进一步改进自身的经营模式,寻找更适合自己的发展道路,进而为宁波乃至全国平台经济企业的战略发展提供借鉴与参考。

第二节 国内外相关研究与实践综述

平台作为一种经济现象很早就已经出现,但提出"平台经济学"的概念并发展成为一门新学科却是最近几年的事情。现对国内外相关研究述评如下:

一、关于平台经济概念的研究

国外对平台经济的研究始于 2000 年左右,主要代表人物有 Ketz、Rochet、Tirole、Wright、Roson 等,但对平台的研究还比较局限,仅对平台的双边现象进行了描述。Rochet 和 Tirole、Caillaud 和 Jullien、Armstrong 等作出了关于平台经济研究的开创性工作,即平台以及与之相关的双边市场的一般理论,其主要标志是 2004 年在法国图卢兹召开的由法国产业经济研究所和政策研究中心联合主办的"双边市场经济学"会议,这次会议对平台经济的共同经济特征进行了探讨,这是平台经济研究的最重要范畴。[1][2][3]国内最早研究平台经济的学者徐晋提出,平台是一种现实或虚拟空间,该空间可以促成双方(或多方)客户之间的交易。[4]朱晓明认为,平台型企业就是拥有网络优势的企业互联网,特别是当今移动互联网时代,信息化和服务化将催生平台型企业以及平台经济,平台经济学与区域经济学、产业经济学、数字信息经济学等息息相关。[5]

二、关于平台经济外部性的研究

Evans 为了精确分析平台理论与网络外部性理论、产品定价理论的关系,将平台使用费和平台会员费进行了区分。[6]在此基础上,Evans 以及 Rochet、Tirole 提出了"成员外部性"和"用途外部性"的区分。[6][7]"成员外部性"是指当会员增加时,平台上所有会员都会受益;"用途外部性"是指当互动增加时,每个成员都会受益。

三、关于平台双(多)边客户的研究

Gawer 和 Cusumano 探讨了平台产业双边(或多边)客户的存在关系。[8]平台产业的一个重要特征是,只要没有另一方的需求,则这一方的需求也会消失。对中间层面的平台而言,双边(或多边)都是最终用户。对此,Caillaud 和 Jullien 指出了"策略选择方式"在平台经济双边需求中的作用。[2]平台客户存在多属行为策略,即市场一边或多边会采用两个及以上平台的情况。Hermalin、Katz 认为,在没有网络外部性和会员费的前提下,这种多属行为是协调博弈的一种可能结果。[9]徐晋认为,多属行为原则上是由平台竞争结构内生决定的。[10]

四、关于平台定价机制研究

Armstrong 和 Wright 指出,一般情况下,平台业务必须对一方提供低价或免费服务,甚至付费让这一方接受服务,调动其参与平台的积极性,双边市场的需求才会出现。[3]Rochet 和 Tirole 提出了"颠倒原则",认为平台起到了市场调节者的作用,可以通过非价格模式来影响市场表现。[1]Roson 认为,平台可以不考虑双边交易是否达成,直接收取固定会员费用。[11]

第三节 本研究分析框架

一、分析框架

基于上述理论与现实背景,本研究将在互联网不断深入影响传统产业的背景下,根据平台经济发展过程中不同行业和类别的企业发展战略与模式的差异,探寻平台经济企业发展的共同规律与成长路径。平台经济行业的形成和发展使互联网深入传统产业,从而带来商业模式的变革,形成了不同于以往经济的新形态。平台经济是互联网技术在生产、消费、流通等环节产生的技术性变革和商业模式创新,随着信息技术的深化和互联网变革的加剧逐步成长和发展起来(如图 1-1 所示)。

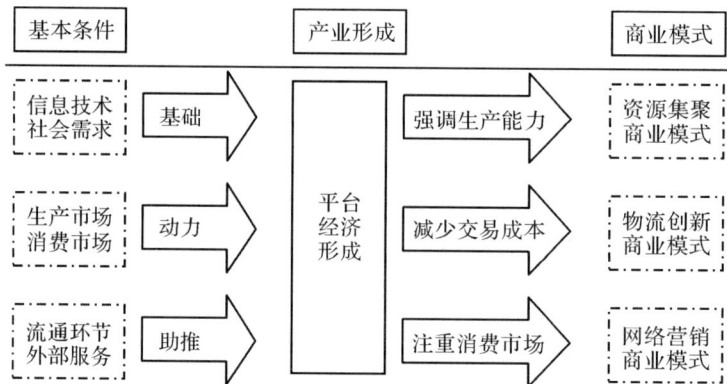

图 1-1 平台经济产业形成机理与商业模式创新

互联网的出现改变了传统生产经营的模式,使得世界上原有的以技术创新为主导的经济增长方式逐渐向以商业模式创新为主导的经济增长方式转变。在中国,以阿里巴巴为代表的销售平台创造了一个又一个奇迹,与此同时,许多在生产、物流、细分行业的互联网平台也正在逐步兴起。虽然这些平台没有像电子商务平台一样让大众熟知,但它们在各自领域创造的奇迹也推动着中国经济的转型和发展。目前,我国"十三五"规划已经将以互联网为基础的信息经济作为发展重点,"互联网+"的思维正在向各行各业渗透。平台经济模式无论其影响力、覆盖面,还是其对实体经济的推动作用,都是其他模式的互联网商业形态难以比拟的。平台经济企业的发展离不开外部资源的支持,生产、销售、物流三个方面强大的实体产业支持着商业模式的创新。从这三个维度上来看,宁波平台经济企业发展的模式可以分为以资源集聚为主导的商业模式、以物流创新为主导的商业模式和以网络营销为主导的商业模式三种类型。

二、平台经济形成的条件

首先,信息技术和社会需求是平台经济形成的基础条件。随着现代信息技术的飞速发展以及互联网尤其是移动互联网的快速普及,平台经济发展突飞猛进。纵观阿里巴巴、腾讯、京东商城、新浪、亚马逊、Facebook、优酷土豆、大众点评网等众多成功的平台型企业,我们不难看出,一旦平台建立起来,整个产业的价值就可能向平台倾斜,平台就可以在产业中起到引领作用。社会需求是平台经济商业模式创新的动力,随着人们对互联网各个领域需求的多元化,各类平台企业在社会的变革中优胜劣汰,逐步形成了现有的平台企业,并且这种由社会需求驱动的变革还将不断深化,改变人们的生活方式和消费习惯。

其次,生产市场和消费市场是平台经济形成的动力。强大的生产市场或消费市场是平台经济发展的动力所在。我国一大批平台型企业的出现,一方面是因为我国在许多类产品上具有强大的生产能力,这种生产能力在部分地区是过剩的,平台型企业的出现,能够解决需求与生产信息不对称的问题,很大程度上消化了过剩的生产能力。所以,我国工业品类的平台企业大多都出现在具有强大生产能力的地区。另一方面,旺盛的消费市场也能够推动平台型企业的形成,庞大的传统消费群体是建立网络消费平台的基础,在某一消费领域一旦有强大的需求,那么这一领域就有建立起平台型企业的动力。我国各个消费领域几乎布满了各种各样的平台型企业,并且网络消费因其方便快捷、价格实惠、产品多样等特点,正在成为人们生活中越来越重要的消费方式。随着经济全球化的日益深化以及信息技术的快速发展,网络消费对市场的影响将会不断扩展,成为促进消费增长的重要力量。

再次,流通环节和外部服务的需求是平台经济形成的助推器。随着各类生产型和消费型平台的建立,以物流为主体的流通环节的需求逐步加强,快捷、便利、安全的物流平台与生产型和消费型平台形成了相互促进的关系。中国物流与采购联合会 2014 年发布的《中国采购发展报告》显示:在发达国家,物流成本平均占产品最终成本的 10%～15%;在发展中国家,占比是 15%～25%,甚至更高,而中国的物流成本占比达 30%～40%。在经济转型的当下，如此高的物流成本成了经济发展的沉重负担。但是，从另一个角度来看，这也意味着中国的物流业拥有巨大的潜力，因为还有巨大的成本降低的空间。日益成熟的互联网技术，特别是当前热捧的"互联网＋"所包含的大数据、物联网、云计算等技术，都使物流业这个传统的经济业态迎来了以互联网技术为基础的流程改造。传化物流、骡迹物流、达达、云鸟配送、货拉拉、oTMS、福佑卡车、运策网、人人快递等众多企业纷纷出现，而吸引这些企业的是中国物流业广阔的市场前景。在外部服务方面，专门针对互联网商铺、互联网企业以及互联网用户需求的服务企业也不断涌现。它们专门为传统企业提供涉及整个电子商务流程，包括渠道规划、网站建设、营销规划、客服、物流、售后等的外部服务。电子商务服务是伴随电子商务的发展，基于信息技术衍生出的为电子商务活动提供服务的各行业的集合，是构成电子商务系统的一个重要组成部分和一种新兴服务行业体系，是促进电子商务应用的基础和促进电子商务创新和发展的支撑性力量。作为一个新兴领域，电子商务服务随着技术进步和商业模式的变革，其功能和发展热点也在动态调整，行业之间的渗透也在逐步加强。

三、平台经济企业发展模式选择与创新

随着互联网经济对传统产业影响的深化和加剧，各国越来越重视以互联网为基础的信息经济发展。2008 年，美国对信息通信技术（Information Communications Technology，ICT）和互联网产业重新进行了战略部署，试图凭借技术研发优势推进互联网产业革命；2012 年 3 月，奥巴马宣布启动投资超 2 亿美元的"大数据研究开发计划"；2013 年 6 月，奥巴马拨款 1 亿美元用于频谱共享和先进通信技术的研发，美国国家科学基金会（National Science Foundation，NSF）发起"增强无线电频谱无线接入"（EARS）计划。2010 年 3 月，欧盟公布《欧洲 2020 战略》，将以知识和创新为基础的智慧增长摆在首位，优先发展信息技术。2013 年，欧盟委员会正式发布"2020 地平线计划"。与此同时，以印度和巴西等为代表的新兴国家也根据自身产业、技术基础和市场条件，优化信息产业和信息化布局，力图实现互联网经济的跨越式发展。2010 年，印度信息技术部（DIT）建立初始投资为 500 亿卢比的电子产品发展专项基金，以刺激 ICT 制造业的发展。《印度信息技术政策 2012》提出，到 2020 年，印度 IT 产业和利用信息技术实现的服务产业收入将从 1000 亿美元增至 3000 亿美元。2013 年，巴西政府出台"企业创新计划"，重点投向 ICT 技术、研发、渐进式创新、产品和工艺领域以及创新基础

设施建设。目前,全球有 146 个国家和地区都制定了加速发展宽带的国家战略或规划。

　　世界各国纷纷开始制定以互联网为基础的信息经济战略,互联网对传统产业的改造和商业模式的影响也逐渐深入。平台经济更是显示出比其他互联网经济业态更为强大的辐射面和影响力,国内的阿里巴巴、京东、腾讯、百度,国外的亚马逊、Facebook、eBay 等互联网巨头都建立起强大的互联网平台,这些平台经济企业正在成为各国信息经济发展的先导,影响着国家信息经济战略的方向,信息经济发展已经成为各国经济下一步发展的关键所在。相对于传统行业而言,信息经济作为一种新兴的经济业态,各国发展基础相差并不太大,我国在许多方面甚至领先于其他发达国家,新时期如何稳固和抢占信息经济发展的制高点已经成为未来经济发展的重点所在。本书针对宁波平台经济典型企业的成长过程进行了研究,重点分析商业模式创新与企业发展的内在关系,从企业成长历程、销售模式、经营理念等方面研究影响企业发展的中心问题。从宁波平台经济企业发展的路径来看,大致可以分为三种类型:第一类,企业强调互联网平台的外部性,通过增强资源集聚、产业关联能力形成以资源集聚为特征的商业模式;第二类,企业注重互联网对传统营销方式的影响,通过传统营销手段的改进形成以网络营销为特征的商业模式;第三类,企业关注生产与销售中间的物流环节创新,通过物流系统的改造形成以物流创新为特征的商业模式。

第四节　宁波平台经济典型企业案例分析

　　本研究选取了神化化学、世界再生网、海商网、宁波航交所、世贸通、船货网、海空网、招财通、杰艾人才网、中国羊绒衫网等 10 家不同类型的宁波互联网平台作为实证研究对象,这些平台的基本特点如表 1-1 所示。

表 1-1　案例平台基本特点

序号	平台名称	所属平台类型	平台特色及优势
1	宁波神化	工业原材料资源集聚型平台	华东市场最大的电镀材料供应商
2	世界再生网	废物回收资源集聚平台	再生行业最具影响力的电子商务网站
3	海商网	物流创新型平台	全球最为领先的精准贸易平台

续表

序号	平台名称	所属平台类型	平台特色及优势
4	宁波航交所	物流创新型平台	全国唯一的航运交易示范项目
5	世贸通	物流创新型平台	国家电子商务试点企业
6	船货网	物流创新型平台	大宗干散货配载协同平台
7	海空网	新型智慧物流平台	国际货运一级代理企业
8	招财通	新型智慧物流平台	基于供应链金融的创新金融服务平台
9	杰艾人才网	人才招聘网络销售平台	全球领先的人力资源服务供应商
10	中国羊绒衫网	羊绒衫网络销售平台	电子商务信息化专业服务商

一、宁波平台经济典型企业形成与商业模式的特征

在对 10 家宁波平台经济典型企业形成及商业模式创新分析的基础上，借助本研究的理论分析框架，从具体到一般，归纳出三种不同宁波平台经济企业形成、发展路径及其特点，包括"基于资源集聚的商业模式"、"基于物流创新的商业模式"和"基于网络营销的商业模式"，其主要特点如表 1-2 所示。

表 1-2　案例平台商业模式及特点

发展路径	案例企业	商业模式描述	特点
基于资源集聚的商业模式	宁波神化	基于网络外部性的电镀产业链服务平台	网络外部性
	世界再生网	多重网络集聚的资源再生平台	多重网络集聚
基于物流创新的商业模式	海商网	基于精准营销的中小企业外贸 B2B 平台	精准营销
	宁波航交所	基于双边市场理论的多平台竞争模式	多平台竞争
	世贸通	基于平台战略的外贸服务平台	平台战略
	船货网	基于 4PL 的干散货物流平台	4PL 协同创新
	海空网	宁波新型智慧物流平台	智慧物流
	招财通		
基于网络营销的商业模式	杰艾人才网	基于互联网思维的人才招聘平台	互联网思维
	中国羊绒衫网	B2B2C 网络营销交易平台	B2B2C

二、基于资源集聚的商业模式

我国强大的制造能力需要强大的原材料资源的支持，我国庞大的工业企业群体导致对一些即使非常细小的行业原材料的需求也非常巨大。集中

行业的需求共同获取工业原材料资源,是我国工业能够保持现有优势,并不断转型升级的基础所在。互联网平台为集聚工业企业的需求提供了技术支持,宁波神化在镍铬电镀行业、世界再生网在以铜为主的废物回收行业建立平台,形成了以资源集聚为主导的商业模式创新。

(一)宁波神化

宁波神化成立于 2000 年,其前身是经营氰化物等化学试剂的传统贸易企业,在特殊化学品贸易和经营管理领域,积累了一定的客户资源和行业信誉。2000 年经过改制后,新成立的宁波神化定位为专门为电镀制造业提供个性化服务的服务型企业。经过十多年的发展,宁波神化从一个年销售额仅为 2 亿多元的小公司,发展为目前年销售额达到 300 亿多元的大公司,成为中国最大的电镀原材料供应商、国际市场上主要的镍金属现货做市商、浙江省服务业百强企业、宁波市现代服务业标杆企业之一。

宁波神化的前身是宁波江东化学试剂有限公司,成立于 1988 年,主要从事各种化学试剂和氰化物的经营业务。[12]江东化学试剂有限公司获得了当时为数不多的特殊化学品进口牌照,因而在化学品贸易上获得了先发优势。伴随着国内相关产业的起步发展,国内对氰化物等原材料需求开始上升,公司抓住这一市场机会,积极拓展客户资源,自身也得以快速成长,成为当时国内最大的民营氰化物经销商。2000 年以来,宁波、昆山、江阴等地的重化工业发展十分迅速,其中电镀行业更是异军突起。电镀产业的集聚发展,带动了电镀原材料市场的迅猛发展。受 2008 年金融危机和国际镍材料价格剧烈波动的双重影响,国内镍金属流通经销商纷纷退出市场,下游电镀生产企业面临市场萎缩和原材料成本上升的双重压力,生存十分艰难。宁波神化确立了新的平台转型战略目标:充分发挥其在电镀制造业服务过程中长期积累的双边客户资源优势、企业自身的公信力及其在特殊化学品行业的经营管理知识经验,通过商业模式创新,在完善货物流服务基础上,挖掘平台信息流和资金流的专业管理优势,为电镀产业链上下游客户提供更多的利润增值空间,同时自身也通过价值网络重构,促成盈利方式的多元化,从而实现平台客户和平台提供者"多方共赢"的局面。

宁波神化经过新一轮平台发展战略转型,实现了主营业务销售额高速增长态势,在电镀产业内部形成了更大的市场影响力。公司的主营业务销售收入从 2009 年的 60 亿多元,增长到 2013 年的 300 亿多元;短短五年时间,主营业务销售收入增加了近四倍。与此同时,下游客户数量规模达到一定的峰值,目前已经吸引了大约 3000 家制造企业客户,镍金属销售量占据国内市场 60% 以上份额,与全球最大的镍材料供应商建立了战略合作关系,在进口依存度超过 80% 的镍金属上赢得了现货价格话语权,成为国际市场上主要的镍金属现货做市商,亚太地区最大的镍分销商,Vale Inco(加拿大镍业公司)和 Norilsk(俄罗斯诺里尔斯克镍业公司)全球最大的代理商,也是华东、华南地区最主要的氰化物、金属盐类、镍铜金属等产品的供应商和华东地区主要的电镀材料供应商。平台转型战略使宁波神化成长为浙江乃至全国有名的现代服务业标杆企业。

（二）世界再生网

世界再生网是宁波伟世信息资源有限公司(简称宁波伟世)主办的再生资源信息服务网站。世界再生网立足国内,辐射全球,已拥有注册会员 25 万以上,并在全球 150 多个国家和地区拥有供应商近 8 万家。世界再生网集合交易、商情、技术服务于一体,实时传输准确的价格资讯、有效的买卖信息、鲜活的业内新闻、最新的技术知识,内容涵盖废金属、废塑料、废机械和废纸等多个领域并向上下游渗透。世界再生网为国内外政府机关、各级各类废料协会、贸易商、货场主、国内大量再生资源终端用户、CCIC 驻外机构等提供了多元化的综合服务,创造了巨大的社会效益,已成为全球再生行业最具影响力的互联网电子商务网站之一。

宁波伟世主办世界再生网之后,又利用宁波大金汇通成功构建"全球再生资源电子商务平台"。该平台成为全球唯一覆盖世界各地废料产业链的电子商务平台,自 2011 年 6 月试运行以来,已成功发展会员客户近 500 家,其中海外客户 80 家左右,成交货物达 6000 余吨,交易金额近 800 万美元。平台为世界各国业内客商提供了订立合同、支付、装箱、检测、交割、拆解、融资、全程视频监控等一站式服务,做到安全、便捷、可控。

世界再生网是为了解决废料交易难问题而建立的。以再生网为平台的企业中主要从事现货交易的有意德国际、西班牙瑞美再生、法国黄龙、美国诚业和中国香港太阳。其下属的宁波黄龙再生资源有限公司取得了 ISO 9001、ISO 14001 体系认证,是国家环保局进口废金属定点企业。

（三）总结

宁波神化和世界再生网凭借自己多年形成的客户资源,在工业品交易上建立起联系全世界的网络平台,并且在工业原材料方面形成影响全世界的销售平台。从平台形成的角度来说,其开创了客户—资源—平台的发展模式,并根据自己的资源优势,形成了基于资源集聚的商业模式。

二、基于物流创新的商业模式

在我国沿海发达地区,基于经济和地理优势,产生了一批在区域内有影响力的物流企业。这些企业在新经济时代来临时,面临着转型升级的压力,如何利用现代信息技术开创新的发展模式成为企业发展需要解决的现实问题。宁波有一批物流企业利用现代信息技术,开拓创新,走出一条以现代信息技术为依托、基于物流创新的平台经济发展之路。

(一)海商网

海商网成立于 1998 年,成立之初为宁波海博有限公司,总资产仅 10 万元。之后经历了三次搬迁和两次更名,于 2008 年 9 月正式成立浙江省海商网络科技有限公司。经过多年的发展,海商网目前办公面积 1300 多平方米,现有员工 200 多人,汇聚了一批德才兼备、有经验有理想的网络精英和充满灵感与创新精神的资深人才。公司多年来一直从事海外网络推广,专注于外贸网络营销方向的研究和创新。海商网络科技有限公司的发展具有明显的企业动态能力,与中国电子商务发展的轨迹同步。

企业建立初期,致力于发展网站服务业务,但是随着企业的成长,为了更好地满足市场需求、增加销售、减少风险,以及解决企业建立初期资金实力有限、品牌知名度低、技术开发能力相对薄弱、市场网络不完善等缺点,海商网与雅虎合作开展搜索网站推广,与欧洲资源合作开始海外网站推广,并成为国内知名 B2B 电子商务平台"中国制造"浙江省总代理。2005 年 10 月,企业研发中心成立,技术专业出身的 CEO 陈则立根据多年的网站建设服务、域名维护和网站营销的经验,把自己的营销理念融合到电子商务平台中去,组建了一支高科技人才的研发团队。2007 年 10 月,海商网(cn. hisupplier.com)正式上线,自此,公司拥有自己独立研发的拥有知识产权的电子商务网站,告别了与知名企业合作的代理时代,成为集研发、销售、售后服务于一体的 IT 企业。2008 年 9 月,浙江海商网络科技有限公司以 1000 万的注册资金成立。

海商网多年来一直从事海外网络推广,专注于外贸网络营销方向的研究和创新,根据国际买家的需求和推广经验,自主创新研发了网络平台,是中国首创的网上交易会,是致力于精准营销理念并且第一个将 W. B. S 技术和 W. B. O 理念完美结合的综合电子商务平台,突破传统电子商务平台的功能局限性,为客户提供传统网络推广服务的同时,又增加了网络传真、短信群发、电话会议、CRM(客户关系管理)、融资、物流等多元化的增值服务,降低企业运营成本,提升企业发展速度。平台汇聚了丰富的采购商和供应商信息,已经形成一个全球性的网上贸易市场,成为一个行业类别多、种类全、分工细的综合电子商务平台。

(二)宁波航交所

宁波航运交易所(简称宁波航交所)是由宁波市政府、江东区、保税区、大榭开发区共同出资组建的一家国有控股公司。宁波航交所的成立是宁波实施"海洋经济"战略、打造国际强港的重要举措。宁波航交所实行市场化运作、企业化管理。公司在宁波市工商行政管理局登记注册,是独立经营、自负盈亏、独立核算、多元投资、具有独立法人地位的非营利性企业法人机构。

宁波航交所紧紧围绕规范航运市场行为、建设航运服务体系,培育航运服务产业、促进航运服务业转型升级的功能定位,采用"一所、五市场、多经纪人(中介机构)"的建设架构,形成"三平台、四体系"的支撑系统。建设信息、交易、服务三大平台,发展船舶交易、航运人才服务、航运舱位交易、液化品船租运和航运金融服务五大市场,为客户提供集航运交易、航运金融、航运经纪、信息咨询、政策研究、政务服务于一体的一站式服务。

(三)世贸通

宁波世贸通国际贸易有限公司是宁波海田控股集团(宁波市外贸前三强企业,全国外贸百强企业)旗下的一家新型外贸服务公司,也可以说是宁波海田外贸企业转型的一个标志。宁波海田控股集团有限公司是1994年经国家外经贸部批准,由宁波海田集团控股组建的外贸企业,主要从事进出口代理服务,主营业务包括粮油食品、土畜产品、纺织服装、轻工工艺品、机电设备、五金矿产品、化工医保产品、船舶等商品的进出口业务和技术进出口业务,接受委托代理进口业务和出口业务,承接中外合资经营、合作生产、"三来一补"及转口贸易等业务。经过多年的发展,已成为一家综合性的大型外贸公司,年经营规模约10亿美元,成为全国500强和宁波市5强外贸企业。

该公司于2010年9月开始平台系统研发,2011年7月投资1000万元,成立宁波世贸通网络科技有限公司,下设子公司——宁波世贸通国际贸易有限公司,进军B2B电子商务领域。世贸通网络科技有限公司的技术研发,为世贸通一站式进出口交易平台的搭建和上线提供了全方位的技术支持。2011年11月,一站式进出口交易平台"世贸通"上线运行。世贸通成为利用先进的互联网技术,采用现代电子商务服务模式,为外贸中小微企业和个体,以及离岸公司、境外在华机构提供涵盖信息、物流、通关、金融、保险等全程化、一站式、管家式服务,并专注于进出口业务流程外包的电商平台。

2011年11月世贸通正式上线运行以后,第1个月签约客户5家,平台交易额100万美元,第3个月签约客户增到41家,交易额突破700万美元,仅两个月之后就签约中小企业近百家。2012年完成进出口在线交易约7亿人民币,完成免费在线咨询服务逾3000次,为广大外贸群、个体提供包括政策引导、流程培训、风险管控、疑难解答在内的全面咨询服务。2013年会员企业达到1400多家,完成进出口在线交易约12亿人民币。2014年5月,公司已有4000多家企业注册,日常活跃交易用户超过800家,实现网上交易约2亿美元。2014年宁波市外经贸局公布第一季度宁波市进出口额最大的外贸前200强企业,宁波世贸通国际贸易有限公司排名第6。世贸通实现了外贸服务方式的彻底转变,在其他外贸公司普遍经营困难、日子难过的情况下,实现了会员企业与交易规模的跨越式发展。

（四）船货网

船货网是中国首家以信息化、标准化为核心的船货港信息交互与资源协同平台,致力于实现社会船舶运力和货源的在线公平配载交易。平台运用第四方物流理念,融入网络信息技术、电子商务、交易规则、智慧物流、物流金融等现代技术和理念,对干散货航运物流服务进行了创新升级,使船东、货主、港口、物流商、代理未被满足的业务需求在船货网上得到实现和协同。

船货网由浙江金辉江海物流有限公司天使投资2000余万元进行初期孵化,从研发到上线,并经过反复测试与体验,现已具备三大核心功能。服务功能一:智能配载与协同。运用现代信息技术,整合社会各类型船舶、货物资源,构建大型虚拟海运超市。服务功能二:竞价服务。为货主、船东提供公正、公平的第三方竞价服务平台,为物流的组织降低成本、提高效率。服务功能三:航运物流衍生服务。网罗各类物流衍生服务,并将团购的概念引入平台,让客户享受全方位贴心服务。

目前,船货网已实现货主、船东、港口等多角色的交互与协同;未来,着眼于航运物流价值链的延伸,其将不断创新驱动,致力于共立共赢,实现全行业的互联互通。船货网基于现有专业团队与成熟的平台功能,将致力于为业内企业搭建运用互联网全新模式的现代航运物流管理平台;为中小型货主、船东、港口等提供物流 ERP 软件,全面提升企业内部管理和外部协同效能;为大型货主、船东、港口等提供内外部物流信息化解决方案,搭建大型企业物流平台。

(五)海空网

海空网是宁波达升物流股份有限公司的线上物流平台,达升物流股份有限公司成立于 2001 年 1 月,是一家集海运、空运、陆运、拼箱为一体的综合性一级国际货运代理企业,注册资金 5000 万元。其总部设立于宁波,在上海、深圳、青岛、天津、厦门、杭州、萧山、温州设有分公司;在嘉兴、绍兴、余杭、诸暨、慈溪设有办事处;在上海浦东国际机场、杭州萧山国际机场、宁波栎社国际机场设有操作中心,在中国香港、美国设有分公司;同时在海外有 300 多家代理商,服务网络遍布全球。

达升物流是中国商务部批准的国际货运一级代理企业,是中国交通部批准的无船承运人,是美国 FMC(联邦海事委员会)批准的无船承运人,是中国航空运输协会颁发的一级航空销售代理人。

达升物流是中国国际货代物流百强企业,中国海运 50 强企业,中国空运 50 强企业,中国民营国际货代物流 20 强企业,全国综合服务十佳代理公司金奖企业,中国品牌价值百强物流企业,浙江省十大物流品牌企业,最佳商业模式金奖企业;曾荣获华东地区最佳区域货运代理公司第二名,是全国最佳货运代理仓储及咨询服务十佳企业,被宁波市授予宁波市现代物流示范企业等荣誉;是中国国际日用消费品博览会、中国浙江投资贸易洽谈会、墨西哥中国商品交易会指定的国际物流服务商。

(六)招财通

宁波招财通物流服务有限公司成立于 2012 年 1 月,是由中新力合股份有限公司(Uni-Power Group,简称 UPG)与奥林网络科技有限公司(Olymtech Corporation)基于供应链金融理论打造的创新金融服务平台,注册资本为 500 万元人民币,是一家专门为从事国际货运代理业务以及订舱业务的企业提供款项收付服务的公司。招财通把企业的民间信用进行量化后存入 IT 系统,让企业可以使用自己的信用额度去完成交易支付,并且使金融服务成为企业随需随取的一种服务。招财通可以帮助企业解决经营发展过程中的各种资金问题,降低融资成本。招财通用户可使用信用额度对电子订舱费用担保付款,UPG 对货运代理公司进行资信审核,并给予一定的信用额度,用户即可使用信用额度向订舱服务提供商支付订舱费用;同时为货运代理公司提供延期付款服务,为订舱服务提供商提供提前支取服务。

（七）总结

作为平台经济的典型企业,海商网、宁波航交所、世贸通、船货网、海空网、招财通这六家平台企业,通过对原有物流系统的创新,各自在不同的领域形成独特的优势,并依据自身发展的优势和特点,形成基于物流创新的商业模式。

三、基于网络营销的商业模式

随着新经济的发展,互联网不断地冲击传统行业,在我国当前大力提倡"互联网＋"的背景下,如何利用互联网改造传统企业,尤其是如何实现传统企业的网络销售成为企业发展的重点所在。宁波部分企业依托自身的优势,根据网络营销的特点进行转型,形成了基于网络营销的平台经济发展模式。

（一）杰艾人才网

杰艾人才网是求职型平台企业的典型代表,已经形成为企业提供线上线下招聘、猎头、测评和人事派遣在内的全方位的人力资源服务平台。

总部位于意大利米兰的杰艾集团（Gi Group）是全球领先的人力资源服务供应商,在意大利境内已拥有 260 家分公司和超过 1200 个合作伙伴,在短、长期劳务派遣,人才选拔、招聘,劳务外包,入职培训,新职业介绍,猎头服务领域都处于市场领先地位。在中国,杰艾集团（Gi Group）与宁波广业人力资源服务有限公司于 2008 年 6 月正式合资,成立了宁波杰艾人力资源有限公司,是浙江省首家合资成立的人力资源公司,也是目前宁波最大的人力资源公司之一,并且是宁波人力资源协会的倡导者和理事单位之一。同时,宁波杰艾人力资源有限公司是上海市人力资源协会的会员单位。

如今,杰艾公司在劳务派遣、生产线外包、猎头、招聘、海外人才引进等领域均处于世界领先地位。其业务涉及劳务派遣、人事代理、薪酬外包、生产线外包、招聘服务、猎头服务、海外人才引进服务。杰艾集团（中国）自2008 年合资后实现迅速扩张,到目前为止已在北京、香港、苏州、杭州、南京、南通、无锡、郑州、兰州、太原等地开设了 20 多家分公司;在上海、苏州等地开设子公司及分支机构 5 家,并仍在不断的扩张之中。杰艾公司致力于为客户提供全方位的人力资源解决方案,以满足不同企业的雇佣要求。

（二）中国羊绒衫网

宁波阿华洛网络科技有限公司成立于 2007 年 12 月,由有 15 年生产历史的传统企业经信息化转型而来,旗下有中国羊绒衫网、羊绒衫定做全国连锁等多条网络经营战线。宁波阿华洛网络科技有限公司成立后,公司摒弃传统的羊绒衫生产、销售的经营方式,将互联网和传统产业链资源进行整合,创建"中国羊绒衫网"。公司通过网络把行业最新的羊绒衫产品信息集中放在一个平台上,减少了中间环节,打破了传统行业多层次、多环节销售的局限性。商业模式的创新让公司获得了蓬勃发展,标志着传统羊绒衫生产企业顺利向电子商务网络公司转型。

中国羊绒衫网是一个中立交易平台,而中立交易平台是电子商城广泛使用的一种模式。电子商城是一种完全的电子商务企业,它既不生产产品,也不购买产品,只是为其他企业提供一个电子交易的平台,通过扩大电子商城的知名度吸引消费者到商城购物,通过招商吸引商家进驻商城,向进驻商城的商家收取服务费,从而实现盈利。

(三)总结

杰艾人才网和中国羊绒衫网分别凭借人才招聘和羊绒衫生产的优势,利用网络平台进行销售创新,各自在细分领域形成了自己的特点。杰艾人才网与宁波当地人力资源公司合作,在人才招聘的各个环节进行销售创新,形成了本地化的平台企业。中国羊绒衫网在原有生产优势的基础上,针对网络销售的特点整合生产商和消费者,成为羊绒衫领域的知名平台企业。

第五节　宁波平台经济典型企业变革与创新的启示

一、发掘产业价值链为企业寻求增值空间

寻求价值链增值空间是平台企业服务创新的主导方向。平台企业构建的是一个生态系统,其不仅仅看重系统内的价值创造,并且更强调所创造的价值能够在生态系统中得到合理的分配。要使平台系统内部主体得以和谐生存和发展,平台企业就需要创造独特的商业价值模式,从而使各个参与主体都能够获得持续不断的能量和价值来源。[13]产业链服务平台企业的商业模式创新,必须要坚持以整个产业价值链增值为导向,真正为所服务的生产企业增加新的利润空间,与所在产业链参与主体产生协同效应,保持利益一致性,共赢发展,才能获得平台自身的可持续发展。

其一,宁波优质企业可以利用自己的发展优势,积极构建经济平台,整

合产业资源,在推动产业发展的同时提升自己在价值链中的地位。利用结构洞理论,在国内国外市场和企业之间架桥的同时,提升技术和产业整合能力,确立自己的产业优势。其二,宁波企业在构建产业经济平台的同时,应积极创新商业运营模式,实现效益更大化。在借鉴其他产业平台经济模式构建本产业平台的同时,结合所在产业的特点,探索新的商业模式和盈利模式,实现增值和利润最大化。其三,宁波政府应该为经济平台构建提供具有产业特征的扶持政策。利用宁波可以制定相关地方法律、法规的优势,结合产业发展实际,为宁波企业构建经济平台创造政策条件。

二、整合行业力量是建立平台型企业的重要途径

传统欧美市场恢复缓慢,新兴市场未兴即衰,国外买家的付款方式越来越苛刻;国内人力成本与原材料成本不断上涨,退税周期漫长;中小微外贸企业业务规模小,对货代、银行、保险等机构缺乏谈判权;外贸公司缺少固定资产,申请银行融资困难……上述种种问题加剧了传统中小微企业的生存窘境,而平台企业的出现,可以一揽子地解决这些问题,通过平台集聚的规模效应,为中小微企业整合提供各种优质的服务,为企业的发展提供良好的支撑环境。

中小微外贸企业因为其自身经济实力弱,研发能力不足,渠道拓展能力差,在企业升级转型的浪潮中很难进行传统意义上的品牌塑造与海内外营销渠道拓展等方面的升级转型,而通过改善外贸企业的外部生存环境,特别是服务环境,能够从微观层面提高企业的国际市场竞争力。宁波的外贸企业的经营成本由多方面组成,其中物流成本、人力成本、金融成本、保险成本等都可以通过外贸综合服务平台来降低,同时通过外贸综合服务平台的服务,还可以接受多种买家付款方式与多种运输方式,在买家资金紧张的市场环境下,灵活的付款方式、运输方式也是企业除了产品价格、产品质量之外的重要竞争要素。同时,平台的搭建,会员的聚集,实力与信誉度的提升,可以使外贸公司与一流的金融、物流等服务公司建立良好的关系,实现互动双赢的效果。外贸综合服务平台的出现为中小微外贸企业的成功升级转型提供了一种现实的方案。

三、运用互联网思维打造平台企业

在互联网时代,我们要运用互联网思维助力平台企业的发展,直面现阶段政策及经济形势的考验,抓住市场机会。互联网思维改变了行动的逻辑,由于有大数据的支持,企业会得到更多的发展机会。改变传统的管理模式,

将组织测评及初步诊断等服务放到互联网上,实现远程咨询及企业自我初步诊断,不仅便捷了咨询工作,更改善了传统咨询周期长、人工成本高等弊端。

智能化手机将终端从电脑转移到了手机,大大便捷了人们对互联网的使用,数字化时代的来临在很大程度上是由智能手机促动的。政府要积极引导平台企业建立宁波总部,促进平台企业适应地方经济的发展,要营造平台企业公平竞争的环境,财政支持平台企业的发展,完善政府对平台企业的服务机制。互联网思维倡导的用户至上原则,要求企业根据客户需求来提供产品和服务,并让消费者参与到产品的设计和传播中来。作为平台企业,要借助新技术、新思维来紧紧地抓住平台多方的需求,助推地方经济的发展。

四、以精准营销技术为核心提升平台的品牌竞争力

精准营销强调的是"精准",即以顾客为中心,依托强大的数据库资源,通过现代信息技术手段实现个性营销活动,借助市场定量分析手段、现代信息技术,对消费者进行精确衡量和分析,做到在恰当的时间、恰当的地点,以恰当的价格,通过恰当的营销渠道,向恰当的顾客提供恰当的产品,实现企业对效益最大化的追求。在品牌竞争之战如火如荼的年代,建立在网络和信息技术基础上的精准营销模式为企业提升品牌竞争力、寻求新的竞争优势提供了有效的实现途径,精准营销俨然成为企业维系顾客、提升品牌竞争力的有效手段。

企业建设品牌的决定性因素是知识产权和技术创新,而技术创新对构建和推广品牌起着极其重要的作用。随着电子商务行业的发展和技术的成熟,B2B平台越来越多,竞争也日益激烈。传统B2B形态下的供应链,工厂—外贸公司—进口商(大"B")—零售商(小"B")—消费者,是自然优胜劣汰过程中形成的商业形态,在碎片化需求到集中订单,然后集中生产,最后到分散销售的过程中,实现效率最优化。但是对于众多的中小企业来说,这种传统的B2B平台推广效果越来越差,推广费用越来越高,转化率越来越低,平台主要流量入口被有实力的公司所垄断。现在是精准营销时代,应以社交媒体为主,强调个性化差异化,利用信息炮弹进行精准打击联合。

五、推进产业融合,打造新型货代业态

随着"21世纪海上丝绸之路"的建设、国与国之间互联互通的发展,国际贸易的频繁往来将会为国际货代业带来更多的需求,从而进一步促进国际货代业的快速发展。国际货代业是国际贸易、国际运输和实体物流的核心环节,处于"咽喉"部位。国际货代涉及三大优势——信息流、资金流、业务流,集合这三大优势是国际货代业发展的关键。宁波是海上丝绸之路的发端城市之一,宁波港也是最早对外开放的港口之一,国际货代业务在宁波经济发展中具有重要的影响和作用。因此,建设新型综合货代服务平台,整合航运物流和贸易资源,服务于国内航运物流和国际贸易企业,发展带动航运产业链相关企业转型升级,推动国际航运服务中心建设,为海运业蓬勃发展贡献力量,是宁波货代企业亟须重视的现实问题。招财通和海空网的建设和发展,为宁波新型智慧航运服务平台建设竖立了标杆,起了领头作用。

新型智慧货代服务平台是一种高端化、融合化的服务平台,同时服务内容的综合化、多元化、跨领域特征突出(涉及金融、物流、服务、信息、科技、人才等等),融合的产业众多,需要软件和信息服务业中的云计算以及物联网、大数据、物流仓储服务、金融等产业提供支撑并与之相互融合。

针对中小货代企业的小、少、弱、散的现状,规模化、专业化、网络化、物流化是解决问题的主要策略。把现实中的散户集中在一个平台上,货代行业急需一个这样的电子商务平台来弥补中小货代在这方面的不足。该平台可以实现一站式服务,在资金、运营系统、业务、商圈等和公司发展密切相关的几个方向发展平台建设,更好更快地为中小货代服务。货代企业以电子化、网络化、自动化和集成化为特点的虚拟经营就成为必然的选择。向供应链方向的虚拟经营可以提升企业的综合服务能力,向同行业间横向的虚拟经营可以扩大企业规模,提高效率,降低成本,为其发展提供更好的途径。利用信息技术和产业的融合,基于虚拟信息平台组建虚拟联盟的方式使中小货代企业在保持个体独立性的前提下,迅速建立起虚拟联盟网络,使货代联合起来,形成一股有力量的势力;开发专项国际货代供应链模式,搭建物流商务电子平台,从而更好地服务和支持中小货代企业的发展,打造其核心竞争力。

参考文献

[1] ROCHET J C,TIROLE J. Platform competition in two-sided markets [J]. Journal of the European Economic Association,2003,1(4):990-1029.

[2] CAILLAUD B,JULLIEN B. Chicken and egg:competition among inter-

mediation service providers[J]. Rand Journal of Economics ,2003,34(2):
309-328.

[3] ARMSTRONG M. Competition in two-sided markets[J]. Mpra Paper,
2002,37(3):668-691.

[4] 徐晋,张祥建.平台经济学初探[J].中国工业经济,2006(5):40-47.

[5] 叶丽雅.朱晓明谈平台经济[J].It 经理世界,2011(21):138-139.

[6] EVANS S D. Some empirical aspects of multi-sided platform industries
[J]. Review of Network Economics,2003,2(3):191-209.

[7] ROCHET J C, TIROLE J. Two-sided markets:an overview[R]. Tou-
louse,2010,51(11):233-260.

[8] GAWER A,CUSUMANO M A. Platform Leadership[M]. Boston,M.
A.:Harvard Business School Press,2002.

[9] HERMALIN B E,KATZ M L. Your network or mine? The economics of
routing rules[J]. Rand Journal of Economics,2002,37(3):692-719.

[10] 徐晋.平台经济学——平台竞争的理论与实践[M].上海:上海交通大学出
版社,2007.

[11] ROSON R. Platform competition with endogenous multihoming[J]. Ssrn
Electronic Journal,2005.

[12] 朱宇.袁维芳:让神化创造市场神话[J].宁波经济:财经视点,2006(6):57.

[13] 黄勇,周学春.平台企业商业模式研究[J].商业时代,2013(23):23-26.

第二章　宁波神化：基于网络外部性的电镀产业链服务平台运行模式

第一节　引　　言

一、研究背景

近年来，随着产业链内部分工协作的深入，为制造业提供配套服务的采购贸易、研发设计、营销策划、物流配送、资金管理、商务咨询等生产性服务业逐渐独立出来，形成了很多新兴服务企业。特别是上海、深圳、杭州、宁波等沿海城市，率先冒出了一批平台型服务企业，在特定产业或行业细分领域精耕细作，为制造业中小企业提供采购、贸易金融、物流配送、商业推广等个性化服务，在国内外形成了品牌影响力，同时也积累了良好的客户资源和商业声誉，比如深圳一达通企业服务公司(简称深圳一达通)、上海陆上货运交易中心有限公司(简称上海陆交中心)、上海易贸集团以及宁波神化化学品经营有限责任公司(简称宁波神化)、宁波阿凡达供应链有限公司(简称宁波阿凡达)等。这类平台企业的成长发展，对推动制造业与生产服务业融合发展、优化产业链资源配置、降低行业运行成本等多个方面都产生了积极影响。

块状经济和港航贸易是宁波经济的两大亮点。宁波很多中小制造企业的崛起，主要依赖市场扩张和有效的成本控制，产值规模小，产品附加值低，在国际市场上缺少生产资料采购、销售定价等方面的话语权。在当前工业原材料价格急剧波动以及人工、土地租金等生产要素价格不断攀升的外部环境下,宁波块状经济内部的中小企业生存发展空间越来越小,迫切需要一批实力强大的平台运营商,为它们提供相对稳定的工业品材料供应、产品设计、技术咨询、贸易金融、物流配送、商业推广等个性化增值服务。与此同时,经过几十年的改革开放,宁波冒出了一批"单打冠军"企业,在国内外形成了一定品牌影响力,同时也积累了大量行业客户资源和良好的商业声誉。这些企业发展到一定规模以后,也面临盈利空间和投资报酬递减的严峻挑战,转型升级势在必行。以平台经济为代表的新型商业模式创新,为这些"单打冠军"的战略转型与业态创新提供了新的发展契机。由此带来的问题是:什么样的企业适合向产业链服务平台企业转型?平台企业在行业中的服务地位和竞争优势如何形成?在外部环境不断变化的条件下,平台企业如何动态调整和优化资源配置,最大限度发挥网络外部性?平台企业如何发挥产业协同创新效应,实现价值链增值?当前研究大多聚焦于宏观层面的分析,对平台企业在产业链中的核心地位形成及其微观运行机制等方面,仍缺乏关注和系统分析。本研究试图以宁波神化为单案例研究对象,从企业动态能力视角,构建产业链服务平台企业的网络外部性研究框架,并试图回答以下两个问题:一是产业链服务平台如何实现网络外部性;二是在外部环境动态变化趋势下,产业链服务平台如何链接外部参与者,构建平台竞争优势,并保持行业持续增长的盈利空间。

二、宁波神化的案例典型性

宁波神化成立于 2000 年,其前身是经营氰化物等化学试剂的传统贸易企业,在特殊化学品贸易和经营管理领域,积累了一定的客户资源和行业信誉。2000 年经过改制后,新成立的宁波神化定位为专门为电镀制造业提供个性化服务的服务型企业。经过十多年的发展,从一个年销售额仅为 2 亿多元的小公司,发展为目前年销售额达到 300 亿多元的大公司(如图 2-1 所示),成为中国最大的电镀原材料供应商、国际市场上主要的镍金属现货做市商、浙江省服务业百强企业之一。

相比正在崛起的电商平台或大宗商品交易平台,如阿里巴巴、京东商城、上海易贸网、宁波甬交所等,宁波神化的平台运营模式显得有些另类:首先,该企业不是简单的第三方交易中介,其交易模式也不是简单的 B2B 或B2C,而是 B2B2B,即企业自身也参与电镀工业贸易品的买卖;其次,宁波神化不从事一般的电商服务,而是聚焦于电镀产业,整合电镀产业链供应商、

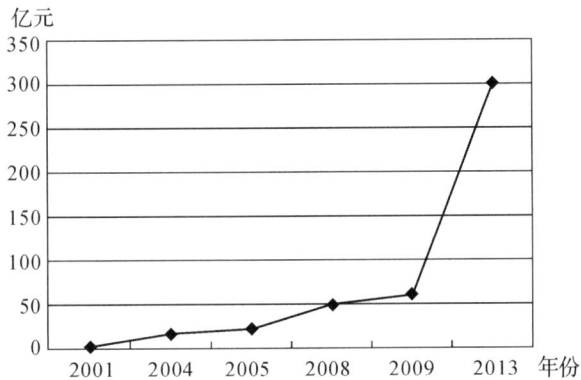

图 2-1　宁波神化产品销售收入增长情况

市场、技术、信息和人才等核心资源,为下游 3000 多家中小制造企业提供电镀工业材料供应、贸易金融、技术咨询、专业物流配送、商业推广、信息与网络交易等一揽子增值服务,凭借企业高管团队的知识优势,通过"期现结合"和"虚拟制造"等操作理念,控制国内 70% 以上的镍金属和特殊化学品材料供应,增强自身在国际市场上的定价话语权,为大量中小企业客户创造新的增值服务,同时实现自身的同步成长。

　　本章以宁波神化这种为特定产业链内部中小企业提供个性化服务的平台企业为例,总结提炼案例企业从一般贸易商向产业链服务平台运营商转型发展的成长轨迹;并通过与同类企业的比较分析,深入剖析该企业转型成功的关键因素,以及如何在急剧变化的外部市场环境下持续保持其核心竞争力。在此基础上,对宁波类似的行业龙头企业向平台企业转型过程提供经验借鉴,一方面有助于丰富和拓展现有平台经济理论,另一方面对推动宁波产业链服务型平台企业的发展,促进块状经济转型升级,完善政府平台产业服务体系,都有很好的借鉴意义。

三、研究方法及资料收集

　　本章的研究方法主要包括理论文献研究和案例研究。在充分阅读相关文献和对案例企业实地调研访谈的基础上,提炼主要观点,形成假设,并经过反复论证和专家咨询等方式,形成理论研究框架;在理论研究框架指导下,开展对宁波神化的单一纵向案例分析,最后得出结论和启示。

　　文献研究法是通过调查收集与本课题相关的国内外平台经济研究文献,以及案例企业所属服务行业的相关文献来获得资料,掌握所研究问题的理论基础和实践状况。本书的文献资料来源于三个方面：一是平台经济领域的国内外学术论文及研究报告；二是电镀产业发展、镍金属行业应用等方面的行业研究报告；三是国内外报刊对不同类型平台企业发展案例的相关评论文章。

案例研究法主要是通过实地调研访谈等形式，掌握第一手资料。本案例研究的数据资料主要来自两大领域：一是收集二手资料，包括搜索中国期刊网、百度、谷歌获得的关于宁波神化发展的文档资料、媒体报道以及从宁波神化官方网站、宁波神化牵头成立的"中国电镀产业联盟"和"优镀吧"等网络平台获得的资料。二是实地访谈调研资料：课题组成员主要通过设计访谈提纲、提炼主要问题等方式，对宁波深化的中高层管理人员进行实地访谈、电话访谈和面对面的交流与咨询活动，获取第一手资料；并通过对公司的实地考察、对研究报告的意见反馈或观点咨询等方式，形成完整的资料库。

第二节　理论框架

一、产业链服务平台概念

从现有的研究文献来看，平台企业有很多种分类方法：一是依据连接性质，可以将平台分为纵向平台、横向平台和观众平台；二是依据功能分类，可以将平台企业分为市场制造者、观众制造者和需求协调者；三是从行业属性来看，可以将平台企业分为电商平台、搜索引擎、网络游戏、人才招聘、制造业服务平台等。[1][2]其中，制造业服务平台是专门为制造业提供个性化服务的平台，有政府出资设立的，也有企业自发组建的，大部分扮演的角色是中介服务商，客户群体相对宽泛，比如遍布各地的第三方（或第四方）物流服务中心、技术研发中心、金融服务中心、会展商贸服务基地、大宗商品交易所或工业品批发市场等。

本章探讨的产业链服务平台，是制造业服务平台的一种，但有其独特的一面：以特定产业内部的中小企业为服务对象，以工业品商贸服务为基础，同时提供从研发设计到产品销售等整个产业链价值活动的系列配套服务；平台服务的双边客户相对专业化，主要集中于某个行业或产业，而且下游的需求客户一般是量大面广的中小企业或市场散户，上游的客户一般是市场相对集中、数量较少的材料供应商或专业性服务机构,形成了比较典型的"少对多"双边市场客户结构;平台运营企业一般是集贸易商、做市商、产业链个性化服务提供商等多重身份于一身的商业企业。

产业链服务平台的主要需求客户是下游中小制造企业,这些企业集中于产业链某些生产加工环节,单体企业规模不大,单次工业原材料采购量较小,不足以对市场供应方产生实质性影响。但是这些中小制造企业的工业材料采购非常频繁,每年累积的采购量、现金流需求量和物流配送量等规模也比较惊人。如果把这些中小企业的采购服务需求集结起来,则会形成一个很大的市场,其带来的规模经济效应足以对市场供求关系和采购价格形成较大影响力。

二、平台的网络外部性

平台企业的网络外部性,包括成员外部性和用途外部性两方面:成员外部性是指平台一类用户的数量影响该平台对另一类用户的价值,平台企业一般会通过"会员制"或"俱乐部制"等形式,收取会员费或入场费获得盈利;用途外部性一般是指平台的价值与使用该平台的交易相关,平台企业通过为供给方和需求方提供适当的服务,做大平台交易量或深化平台服务功能,来实现自身盈利的可持续增长。[2][3]

企业在建构价值网络时,必须权衡两个问题:一是如何创造并传递客户价值;二是如何实现自身盈利。[4]产业链服务平台企业拓展网络外部性,其最终目的也是盈利,如果网络外部性能够给平台企业带来持续增长的利润空间,其维系网络外部性的动机自然会强化。

三、动态能力视角下平台网络外部性实现机理

本章试图从企业动态能力视角,构建产业链服务平台的网络外部性和企业核心竞争力提升研究框架。

(一)企业动态能力概念和维度

企业动态能力的内涵是"企业如何整合优化内外部资源或改变解决问题的方式,以适应动态环境变化的能力"。[5][6][7][8]Eisenhardt 和 Martin 从动态能力的微观角度,构建了动态能力的三维度模型:整合维度、重构维度、获取和让渡资源维度[9];也有学者提出了动态能力的四维度模型:资源配置能力、战略反应能力、企业组织学习能力和沟通协调能力。[10]

Teece 提出了感知能力、获取能力、转换能力三个动态能力维度:"感知能力"是指个体或组织对环境变化中存在的机会或威胁的感知、学习、筛选

与最终的理解与确认的能力;"获取能力"是当新机会被觉察,企业将该机会通过内部化和商业化的形式转化为企业的新流程、新产品、新服务的过程;"转换能力"是指企业为了将新获取到的产品、服务、流程等落实到操作层面上,需要重构和确保内外部资源来处理这种调整和变化,从而使得操作更容易执行和落实[6](如图 2-2 所示)。

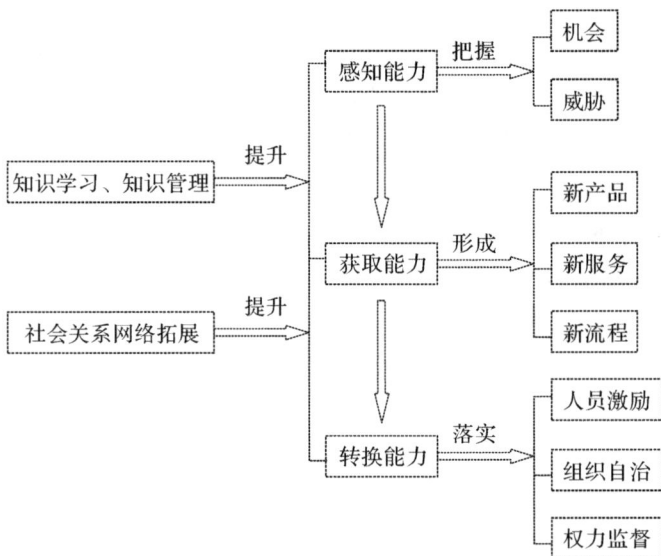

图 2-2   企业动态能力构建过程

(二)基于动态能力的平台企业网络外部性实现机理

作为平台企业,其在产业链中核心地位和竞争力的形成,主要来源于自身的网络外部性优势。影响平台企业实现网络外部性的因素很多,包括企业家及其管理团队的战略思维和反应能力,企业知识学习、管理和创新的能力;企业拓展社会关系网络,获取社会资本(战略信息和核心资源),并将这些优势资源重新组合与优化配置,转化为内在发展动力的资源管理能力;等等。[11]这些因素构成了企业的动态能力。平台企业的动态能力发展,能够使其平台管理团队在外部环境不断变化的条件下,始终保持高度警惕的状态;并通过知识学习、创新、信息交换、沟通协调和社会关系网络拓展等活动,及时捕捉和把握企业自身面临的各种机会或威胁;通过开发、整合或重构内外资源,形成平台新产品、新服务或新流程,不断深化平台的服务功能;并通过内部激励机制和运行管理制度等组织创新,保障平台新服务或新功能的执行和顺利推进,最终将内外优势资源内化为平台的核心竞争力,具体实现机理如图 2-3 所示。

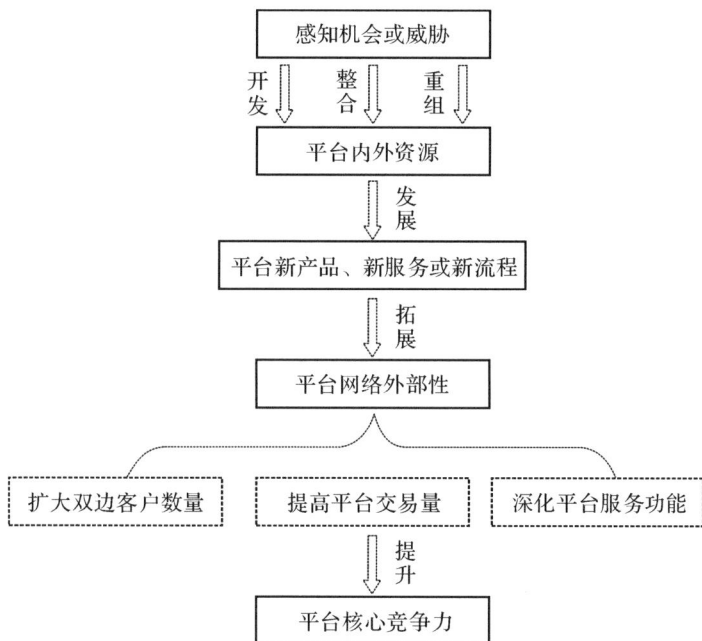

图 2-3　动态能力视角的平台网络外部性实现过程

1. 动态能力构建平台企业的成员外部性

动态能力的发展,能够让平台企业随时保持对行业市场的关注和信息资源的获取,掌握产业链下游大量需求及客户资源,发挥平台的成员外部性优势。

在早期发展阶段,一些采购经销商或中介服务商在与产业链内中小企业客户的长期接触中,积累了行业企业的大量需求信息,包括客户的材料采购量、采购周期、客户资金流、融资需求、物流配送需求等,形成了信息资源库。随着市场竞争的加剧,传统经销商的采购差价优势逐渐下降。与此同时,一些具有前瞻性眼光的经销商或中介服务商通过组织学习、拓展关系网络等途径,及时捕捉和筛选客户需求信息资源,发现新的市场机会,并重新调整企业内部组织结构、服务流程或决策管理机制,将这些市场机会转化为企业新的服务功能,为这些中小企业提供更加有针对性的个性化服务,包括批量采购、货物赊销融资、专业物流配送、技术咨询等,从而吸引更多的下游客户入驻其服务平台,使得这些专业中介商逐渐取代传统经销商,成长为平台企业。特别是随着近几年移动互联网和数字信息技术的发展,平台企业获取和管理产业链分散客户的信息渠道更加多元化、动态化和便利化,而且需求信息的空间采集成本也越来越低,促使平台企业在跨省市等更大地域范围或更多关联产业领域拓展新兴客户,扩大平台辐射面。

根据平台的成员外部性原理,当平台集聚的下游需求客户持续增长,平台对上游材料供应商和配套服务机构的价值也越来越大,从而吸引更多的上游供应商或专业服务机构加入平台。随着平台企业集聚的下游中小企业客户数量越来越多,其工业品采购等服务交易量也大大上升,在与上游供应商或专业服务机构进行服务谈判时,更容易掌握议价主动权,所在行业的上游大型供应商也会主动与平台企业开展战略合作,形成相对稳定的合作关系,从而形成平台规模优势和价格优势。平台的成员外部性优势发挥,无形中增加了平台的"双边客户黏性",而且在行业信息流、资金流和货物流领域,构筑起自身的核心竞争力。

2. 动态能力拓展平台企业的用途外部性

对于特定的行业或产业来说,企业数量往往受到"增长极定理"约束,即当某个产业发展到一定阶段时,产业内部的中小企业数量会相对稳定。因此,产业链服务平台单纯依靠成员外部性优势实现盈利不可持续,关键要发挥平台的用途外部性,通过分工和专业化,实现产业链整体价值增值。很多实证研究表明,只有发挥平台的用途外部性,平台企业才具有可持续发展的内在驱动力。[12]

在日新月异的外部市场环境下,具有动态能力的平台企业能够在成员外部性优势基础上,进一步拓展平台的纵横向服务功能,向平台的用途外部性转化。下游需求方客户资源越多,上游服务提供商越愿意与平台企业进行合作,从而使得平台企业在产业链服务资源的开发、整合和获取方面占据竞争优势,平台的服务功能也更加多元化,从原来的采购贸易向供应链金融、现金流管理、专业物流配送、技术研发设计、管理咨询、新产品商业推广等更深层次的产业链增值服务方向拓展,开始发挥平台的用途外部性优势,并随着环境变化不断调整其内部组织管理机制,优化平台服务质量,持续提升平台企业的核心竞争力。

通过平台的用途外部性优势,平台企业能够为其所服务的产业链利益主体创造新的价值增值空间:(1)拓展产业链下游企业的盈利空间。对下游制造企业来说,原材料采购成本在企业总成本支出中一般占据很大比例。平台企业为下游客户提供一体化的货物流、资金流和信息流管理,大大降低了采购成本和交易费用。比如通过集中采购,大大控制了上游供应端的采购成本,为下游目标企业提供了非常低的工业品采购价;同时通过平台企业专业化的物流配送渠道,为客户节省了物流仓储成本;平台企业通过整合客户的银行授信额度等金融资源,通过产品赊销模式为中小企业提供虚拟信贷服务,优化服务企业的资金流管理,提高资金使用效率,降低融资成本。(2)为上游供应商创造新的价值空间。主要体现在平台的批量采购方式,能够为供应商在捕捉客户需求信息、提高产量预测水平、加快货物流通速度和资金周转率、降低货物仓储成本等方面提供便利,为供应商合理生产、快速销售和实现货物零库存等现代管理手段创造有利条件,从而有助于拓展供应商的盈利空间。(3)为平台企业自身带来新的盈利空间。根据企业价值网理论,平台企业能够获得长远发展,关键是在服务平台双边客户的同时,自身能够创造出稳定持续的盈利模式。在产业链服务平台模式中,平台企业处于货物流、信息流和资金流的核心位置,通过自身的信息和知识优势,能够为双边客户创造新的价值,如降低生产成本、融资成本和各种交易费用、缩短交货期,等等,平台企业可以从中获取相应的利润,比如货物采购差价、资金管理轧差、逾期利息、分期付款手续费以及其他个性化服务收入等。而且随着信息技术的发展,平台企业能够利用其拥有的行业信息或专业知识,不断创造出更多的独立价值,如信息或知识转让带来的额外收入等,给平台企业可持续发展带来很大的空间。

综上所述,产业链服务平台企业的核心地位和竞争力形成,是一个长期发展的过程,是其网络外部性不断深入发挥的过程;而且是平台企业随着外部环境的动态变化不断调整自身资源获取和转换能力的过程,也就是企业动态能力发展过程。在实践中,由于平台企业所处的外部环境和拓展外部社会网络的方式不同,其感知和把握市场机会、获取资源和优化利用资源等方式也不同,因而出现了多种形式的平台企业成长模式。

第三节 公司发展历程:基于互联网平台的转型轨迹

宁波神化位于宁波市江东区,主要从事铜、镍、锌等有色金属和专用化学品的运营,是宁波传统贸易商向平台企业转型发展的典型代表。宁波神化的成长历程,可以概括为以下三个阶段(如表2-1所示)。

表 2-1　宁波神化成长发展的几个主要阶段

发展阶段	跨度	市场定位	盈利模式	竞争优势
化学品贸易经销商	1988—2000年	传统贸易商(氰化物等特殊化学品经销商)	采购贸易差价	外贸管制背景下获得特殊化学品进出口牌照
电镀工业品贸易服务商	2000—2008年	电镀工业品材料运营服务商:(1)原材料贸易运营商(氰化物和金属镍为主);(2)虚拟制造商(工业品技术研发、委托订单等);(3)服务提供商	(1)采购贸易差价;(2)虚拟生产销售收入;(3)增值服务收入(物流配送、技术咨询等)	(1)积累下游销售客户基础;(2)虚拟制造体系构建;(3)国内外材料采购销售渠道资源优势
电镀产业链服务平台运营商	2009年至今	电镀产业链全方位服务运营商:(1)电镀材料贸易做市商;(2)供应链金融服务商;(3)产业链个性化服务提供商	(1)采购贸易差价;(2)供应链贸易融资轧差收入;(3)企业资金流、货物流等专业服务外包收入;(4)产业链其他增值服务收入(物流配送、商业推广、技术咨询等)	(1)产业链纵横向资源整合优势;(2)工业品采购贸易的信息优势、渠道优势、定价议价优势、融资信用优势和专业服务优势

一、化学品贸易经销商发展阶段

宁波神化的前身是宁波江东化学试剂有限公司,成立于1988年,主要从事各种化学试剂和氰化物的经营业务。[13]那一时期,我国对化工产品实行很强的生产和销售控制。江东化学试剂有限公司获得了当时为数不多的特殊化学品进口牌照,因而在化学品贸易上获得了先发优势。伴随着国内相关产业的起步发展,国内对氰化物原材料需求开始上升,公司抓住这一市场机会,积极拓展客户资源,自身也获得了快速成长,成为当时国内最大的民营氰化物经销商。

这一时期,公司整体上属于传统意义上的经销(贸易)商,其市场组织结构如图2-4所示。与大多数经销商一样,宁波神化扮演的也是产品流通者角色,以价格和公关作为主要竞争手段,盈利模式相对单一,缺乏整体发展规划,内部管理也比较松散,难以形成核心竞争力,公司的销售规模也一直在几百万元上下徘徊。

但是,公司以总经理为核心的管理团队视野开阔,市场反应灵活,对企业具有很好的控制能力。经过十几年的发展,管理团队积累了一些特殊化学品销售和经营方面的经验以及深厚的客户群基础,对接国内国外两个市场,在销售领域形成了快速的市场反应能力。这些条件为公司从传统经销商向工业品贸易服务商转变奠定了非常坚实的基础。

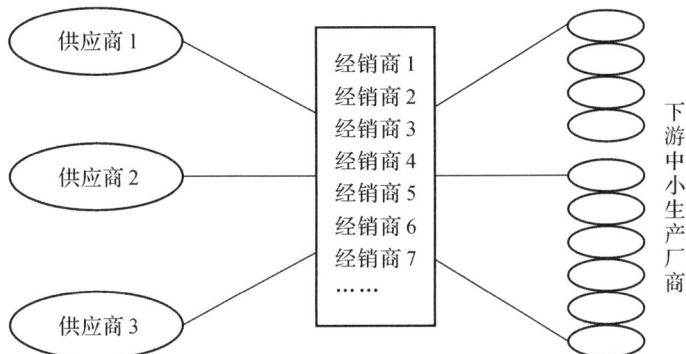

图 2-4　传统经销商贸易组织结构

二、电镀工业品贸易服务商发展阶段

氰化物是电镀行业非常重要的采购材料之一。2000 年以来,宁波、昆山、江阴等地的重化工业发展十分迅速,其中电镀行业更是异军突起。电镀产业的集聚发展,带动了电镀原材料市场的迅猛发展。随着客户群的集中,以氰化物为主的电镀工业品贸易开始在沿海城市一带快速发展,形成了巨大的利润增长空间。

在这一发展背景下,公司引入了外部战略投资者——长城战略咨询公司,与公司管理层一起对外部市场变化趋势和未来战略定位进行深入分析和重新规划设计,确立了从传统贸易商向服务运营商转变,为电镀制造业提供个性化服务,并将金属镍及镍盐作为仅次于氰化物的第二大主导产品进行培育的发展战略。[13]随后,一个全新的现代化股份制民营公司——宁波神化正式成立,注册资本为 1500 万元。新成立的宁波神化建立了以"虚拟生产、资源整合、服务创新"为核心的新型商业模式,其中虚拟生产是公司利用信息、技术和品牌优势,寻找优势生产厂家,通过委托加工、定牌生产或合资等多种形式制造产品,实现进口替代。[14]公司主要以电子化工、金属催化剂、贵金属盐、氰化物衍生物、特种有机化工中间体等工业产品为研发方向,接受国际订单,与上海、北京等科研院所合作,引进或购买最新的特殊化学品生产工艺、技术和新材料;并通过订单方式,委托下游 2000 多家生产企业将产品生产出来,并销往国内外终端市场,主要服务于电镀、化工和医药等行业,重点是为电镀产业相关企业提供产品和专业化服务。

这一阶段,公司的资源整合措施主要有两项。一是引入战略咨询服务机构作为公司股东,产品研究部门引入期货运作专家,人力资源部门与浙江大学等高校合作进行战略性人力资源管理规划,优化企业组织架构体系。[13]二是借助信息化技术,加强对上下游客户的服务管理。2004年开始建设公司的信息化平台,管理上游企业和下游客户。首先是与跨国企业合作建立价值链,为国内市场引入国际资源,打通国内外市场通道;其次引进IBM的先进客户信息管理系统,建立直营物流基地和外包物流服务,为全国几千家下游生产企业提供快捷的物流配送服务。

公司的服务创新是通过挖掘和培育行业大客户(领袖型企业),建立现代物流配送体系,实现资金快速结算;积极组织产品展览会、专家技术交流会,组织企业到香港、深圳参观,提供电镀技术专业化服务。2002年,公司建立了电镀技术服务平台,主要为下游生产企业提供技术咨询服务,聘请行业专家、教授、工程师为终端客户进行讲座培训,推广行业先进工艺和新产品。[13]2003年,公司开始"期现结合"运作,以规避国际原材料供应市场的价格波动。

通过战略调整和资源整合机制创新,宁波神化的销售收入呈现加速增长趋势:2001年销售收入达到2.1亿元,2004年销售额达到16亿元,2008年达到49亿元;公司经营的金属镍和氰化物在市场上处于主导地位。经过十多年的发展,宁波神化的电镀级硫酸铜、硫酸镍等产品,在国内外市场形成了品牌影响力。同时,国际终端大客户逐渐进入宁波神化的市场供应网络,新产品的引入,对长三角一带电镀领域技术升级起到巨大的推动作用,宁波、温州、上海等地的电镀水平迅速赶超珠三角地区。国际大型供应商包括韩国氰化社、加拿大镍业公司INCO、德国德固萨公司、法国法兴公司等与宁波神化建立了长期合作关系,宁波神化成为它们在中国的总代理商或唯一供货商。随着上游供应商的增加,宁波神化在电镀材料供应采购价格上具有了比较优势,从而吸引下游生产企业也纷纷加入其服务平台,宁波神化成为华东市场最大的电镀材料供应商和特殊化学品供应商。

三、电镀产业链服务平台运营商发展阶段

(一)企业平台转型的行业背景和战略动机

受2008年金融危机和国际镍材料价格剧烈波动的双重影响,国内镍金属流通经销商纷纷退出市场,下游电镀生产企业面临市场萎缩和原材料成本上升的双重压力,生存十分艰难。

针对日益严峻的外部市场环境，宁波神化确立了新的平台转型战略目标：充分发挥其在电镀制造业服务过程中长期积累的双边客户资源优势、企业自身的公信力以及特殊化学品行业的经营管理经验，通过商业模式创新，在完善货物流服务基础上，挖掘平台信息流和资金流的专业管理优势，为电镀产业链上下游客户提供更多的利润增值空间，同时自身也通过价值网络重构促成盈利方式的多元化，从而实现平台客户和平台提供者"多方共赢"的局面。

基于此战略目标，宁波神化积极主动参与国际期货市场操作，锁定镍金属材料价格风险，为下游中小企业提供低价镍金属材料，树立了企业良好的市场口碑和公信力，使得更多的下游企业客户加入宁波神化的贸易服务平台，进而使得国际上一些大的镍金属供应商都与宁波神化达成战略协议，宁波神化成为国内最大的镍金属代理商或总经销商。随着其在电镀材料供应链中公信力和权威地位的上升，宁波神化的平台运作空间越来越大，开始推行"整合资源、虚拟制造、物流创新、品牌经营"的全新商业模式，从镍金属贸易商转为现货做市商，并加快整合电镀产业链纵向客户资源，集结商业银行、物流企业和研究院校等横向客户资源，打造一个全新平台运营模式。

（二）产业链服务平台的主要功能

转型后，宁波神化提供的主要服务包括：

1. 协同采购

宁波神化与国际知名镍金属供应商建立长期稳定合作关系，整合国内电镀生产商的采购订单，集成客户采购需求，形成批量采购订单，向国际镍金属供应商协同低价采购。由于宁波神化集中了国内 70％以上的电镀生产商采购信息，能够将这些信息与材料供应商互通，及时支付大额采购资金，对材料供应商来说，也最大限度降低了他们的运营成本，从而使得采购价格降到最低。同时，宁波神化内部组建了一个实力强大的战略管理团队，运用先进的金融管理思维和"期现结合"的交易模式，参与国际镍金属期货市场交易，很大程度上能够锁定镍金属材料价格和汇率风险，掌握镍金属产品的议价权，而且能够对国际镍金属材料价格和汇率波动趋势作出比较精准的预判，指导下游生产商在相对低位期进行材料的集中采购，从而保障下游客户以最低的价格获得所需材料。目前，宁波神化已与国际六家知名镍金属供应商签订了战略合作协议，并与下游 3000 多家电镀制造企业形成了稳定的合作采购关系。

2. 专业物流配送

宁波神化在全国各地建立了网状物流配送体系。物流节点建设主要有两种形式：一是在宁波及周边城市设立物流配送部门，成立直营物流中心，实行 24 小时快速物流配送；二是在距离总部基地较远的外部城市，采取物流外包的形式，委托第三方物流公司进行专门配送，保证在 1000 公里以内 12 小时到货，2000 公里以内 24 小时到货，2000 公里以外 36 小时到货。专业快捷的物流配送服务大大降低了生产企业的运输成本和库存成本，同时也为宁波神化创造了盈利来源。

3. 供应链金融管理

宁波神化在材料采购过程中，与国内外多家银行合作，集中管理下游生产商的银行授信额度。合作银行在授信范围之内向供应商及时支付采购货款，同时自动与宁波神化生成低息贷款合同，宁波神化在约定还款期内还款，这里一般有几个月的时间差，可以通过对授信额度的统筹优化调度管理，获取资金流的时间差收益。宁波神化对下游客户进行资金流外包服务，包括客户的预付款资金管理、赊销形式的虚拟信用贷款等，一方面赚取逾期付款利息和利息轧差收益，另一方面也降低了下游企业的贷款成本，增加了企业的流动资金收益，对需求方和平台运营方都实现了价值增值。

4. 产业链个性化增值服务

宁波神化利用其拥有的全球化资源、信息、技术等优势，牵头成立"中国电镀产业联盟"，主要为联盟成员提供各种个性化服务，包括商业推广、技术研发攻关、特殊化学品管理咨询、公共治污、虚拟生产、供应链金融、商务服务、行业信息交流、价格预测等。提供这些服务，一方面为电镀产业供需方企业以及专业服务机构之间搭建一个社交平台，加强信息互通交流，提高产业链内部专业分工协作效率，降低交易成本；另一方面，通过这些增值服务，宁波神化在电镀产业链中的核心地位和公信力得到加强，从而进一步巩固其平台企业的主体地位。

（三）公司转型绩效

这一阶段，宁波神化经过新一轮平台发展战略转型，实现了主营业务销售额的高速增长，在电镀产业内部形成了更大的市场影响力。公司的主营业务销售收入从 2009 年的 60 亿多元，增长到 2013 年的 300 亿多元；短短五年时间，主营业务销售收入增加了近四倍。与此同时，下游客户数量规模达到一定的峰值，目前已经吸引了大约 3000 家制造企业客户，镍金属销售量占据国内市场 60% 以上份额,与全球最大的镍材料供应商建立了战略合作关系,在进口依存度超过 80% 的镍金属上赢得了现货价格话语权,成为国际市场上主要的镍金属现货做市商,亚太地区最大的镍分销商,Vale Inco 和 Norilsk 全球最大的代理商,也是华东、华南地区最主要的氰化物、金属盐类、镍铜金属等产品的供应商和华东地区主要的电镀材料供应商。平台转型战略使宁波神化成长为浙江乃至全国有名的现代服务业标杆企业。

第四节 案例讨论:宁波神化核心竞争力形成机制

从宁波神化的发展轨迹看,其核心竞争力的持续提升,得益于自身平台的网络外部性发挥。特别是从电镀工业品贸易服务商向电镀产业链服务平台运营商的战略转型,促使宁波神化从平台的成员外部性向用途外部性拓展,大大提升了平台双边客户的市场黏性,确立了其电镀产业链服务平台企业的核心地位。

一、宁波神化动态能力构建特点

企业动态能力的构建是推动平台企业保持网络外部性优势的关键要素,而增强平台企业对外部动态环境的感知能力是首要步骤。近十年来,随着互联网发展和数字技术革命的到来,电镀工业品采购贸易的价格信息越来越公开透明化,传统贸易商依赖采购差价获利的单一盈利模式无以为继,利润空间必然缩小。而且,平台企业过分依赖采购差价获利,一旦国际市场上原材料价格上涨过快,容易出现平台企业将价格波动成本向下游生产商转嫁的风险,不利于维持需求方的根本利益,容易导致客户的流失,也不利于整个平台系统的长远发展。宁波神化的管理团队正是感知到了镍金属等原材料国际市场价格波动日趋激烈,以及互联网和移动数字技术发展带来的价格信息冲击等市场威胁,并察觉到电镀产业链个性化服务需求日益增长的发展机会,通过战略调整向产业链平台服务运营商转变,并通过深度开展电镀工业品贸易货物流、现金流和信息流的专业化管理,推动自身盈利模式的多元化发展。这对其保持自身核心竞争力和整个电镀产业链生态系统的健康发展,有着非常重要的前瞻性意义。

宁波神化对外部市场机会与威胁的感知能力提升,主要得益于企业搭建的各种外部知识学习和社会关系网络。在对公司的调研访谈中,管理层人士多次提到公司董事长的个人魅力及其拓展的社会关系网络是公司战略转型成功的关键因素。以公司董事长为首的核心管理团队一直积极参与国内外各种形式的行业研讨会、企业管理培训讲座或投融资咨询等学习研讨活动，并与各地政府部门、高校、学术专家团队、企业咨询管理机构团队、金融机构、大型客户或服务商等都建立了良好的关系，在业务合作中保持了非常密切的联系，为其后续平台新业务开展提供了坚实的人脉基础。宁波神化与北京长城战略研究所的深度合作，正是起源于公司董事长与该投资咨询机构董事长之间的良好私人关系。

同时，宁波神化通过开展"虚拟生产"、开发"优镀信用卡"、设立"三权分立决策管理机制"、引进"外部智囊团队"、设立"城市信息收集情报站"、牵头组建"电镀产业链联盟"、设立微信交流平台"优镀吧"等措施，提高自身的资源获取和转换能力。这些制度改革创新措施，一方面优化了平台的业务流程，创新了公司治理机制，深化了平台的服务功能；另一方面也通过内部组织管理创新，保障了平台新服务功能的执行落实，保障新业务的正常运行，使企业能够顺利将内外优势资源转化为内在的竞争力。

宁波神化提升平台的资源获取和转化能力，主要依赖公司的组织战略部署和关键支撑体系建设。好的平台思维战略，需要通过一套先进的平台组织管理制度来贯彻落实和保障实施。特别是进入 21 世纪后，在外部市场竞争日趋激烈的形势下，宁波神化及时开展在平台企业发展壮大的三个关键领域的建设，从而在特定产业领域建立了核心竞争力：一是保障平台运行的后台数据库建设；二是高素质平台运行管理人才队伍建设；三是平台企业的市场"公信力"和"商业信誉"积累。

二、宁波神化的平台运行模式创新

作为特定产业平台服务运营商，宁波神化重点整合了电镀产业链上下游客户以及商业银行、研究机构、产业联盟和行业协会组织等外部服务机构资源，打造了集贸易商、服务商和做市商等多种身份为一体的平台运行机制，在某些服务领域形成了自身独特性。

从图 2-5 可以看出，宁波神化是以电镀产业内部的下游中小企业为主要服务对象，以电镀工业品采购贸易为基础服务，提供从电镀工业品研发设计到产品销售、贯穿整个产业价值链活动的系列配套服务。公司服务的双边客户主要集中于电镀产业及其关联产业，下游需求客户以电镀产品加工制造企业为主，数量达到几千家；而上游的材料供应商则主要集中于国外几个

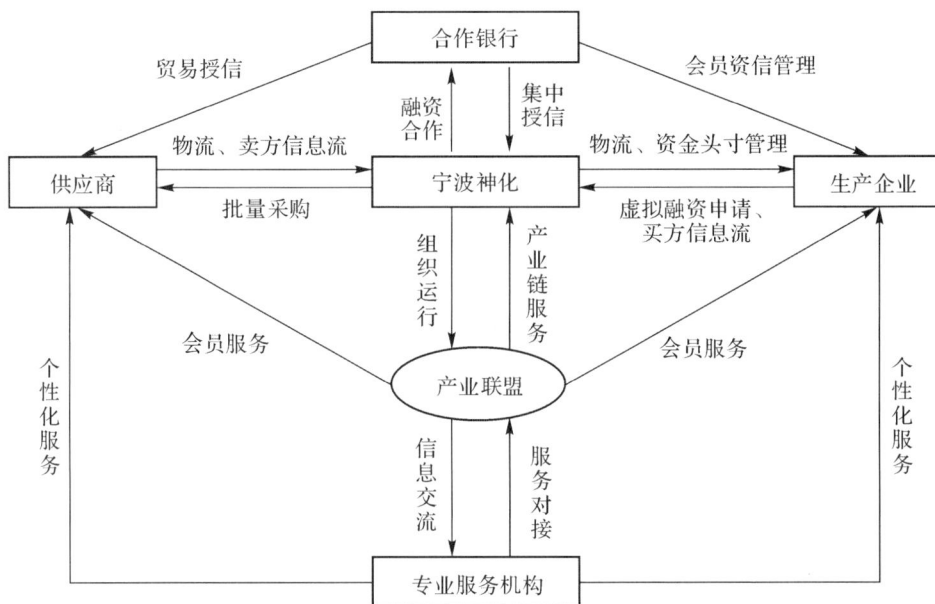

图 2-5　宁波神化产业链服务平台运行机制

大型品牌供应商,属于比较典型的"少对多"双边市场客户结构。

目前,国内的深圳一达通、上海陆上货运交易中心(简称上海陆交中心)和宁波阿凡达等典型平台企业也有类似特征,但从平台的功能定位、网络外部性、平台组织运行方式和竞争优势等方面进行比较分析,宁波神化与其他三家平台企业又有着本质上的不同(如表 2-2 所示)。

第一,在平台基础服务方面,深圳一达通、上海陆交中心属于第三方中介服务平台,自身一般不参与实体交易,主要通过互联网平台为供需双方或多边市场客户提供服务对接,并通过不断累积和拓展双边供求客户数量和地域范围来提升平台的市场竞争力。宁波阿凡达自身也参与采购交易,但其主要是工贸产品批量采购贸易服务商,对采购货物本身的价格风险没有实施有效对冲或防控管理。而宁波神化既不是简单的第三方交易撮合平台,通过扩大双边供求客户数量来获得会员费或加盟费,也不是简单的批量采购贸易商,而是集合了贸易商、做市商、产业链服务提供商等多重身份的平台运营企业。在电镀工业品采购贸易服务中,实行了"做市商制度",即对下游需求客户实行工业品采购实时报价制度,对上游供应商实行集中采购议价制度,同时自身又积极参与伦敦期货交易所等国际金融市场,采用"期现结合"方式实行工业品买卖风险对冲或价格风险防范管理,以缓解国际电镀原材料采购价格的市场剧烈波动或汇率损失给公司带来的投资损失及风险。

表 2-2 宁波神化与三家平台运行模式的比较分析

平台名称	功能定位	网络外部性	平台运行模式	竞争优势
深圳一达通	中小企业外贸综合服务平台	提升中小企业或个人货物通关、退税、融资、物流等进出口环节整体效率,降低进出口服务交易成本	B2B	外贸进出口服务流程标准化操作系统优势;外贸金融、数据信息等增值服务拓展优势
上海陆交中心	物流产业链服务平台	提高物流运输供求信息及交易信息的透明度,促成交易双方匹配成功,提升物流产业链服务效率	B2B	集合分散物流供求信息优势;高效的物流询价竞价机制、担保交易机制等平台增值服务优势
宁波阿凡达	工业品商贸供应链集成运营平台	降低商业建材等工贸品采购物流成本,提高采购价格的市场透明度	B2B	集合上下游供求客户采购信息优势;批量采购、贸易授信、信息交流、商业推广等供应链服务优势
宁波神化	电镀产业采购贸易市场参与方(做市商)和产业链中介服务平台	降低电镀工业品采购贸易和现金流管理成本,提升电镀产业链利益主体的整体价值空间	B2B2B	电镀工业品采购信息优势、渠道优势、定价议价优势、融资信用优势;电镀产业链纵横向资源整合优势和个性化服务优势

第二,在平台增值服务方面,深圳一达通主要通过与商业银行、综合电商平台(阿里巴巴)等专业服务机构开展横向战略合作,建立对接通道,充分利用专业服务机构的资金、技术和渠道等优势资源,对自身平台基础客户进行分类营销,开发出"信融保"、"赊销保"、"远期外汇保值"等多种形式的外贸金融服务以及数据分析、认证、专业物流等增值服务,以增加平台的客户黏性。上海陆交中心依托其物流货运公共信息平台,在提供物流供求企业交易对象搜寻服务的基础上,通过打造现代物流 B2B 电子商务平台,并依托电子商务平台,组织物流在线交易和场内交易,开发省际和城际货运专线,搭建货物区域中转平台,组建城市物流配送网络,支持体系建设,通过对物流供求客户的多元化增值服务来提升自身的核心竞争力。宁波阿凡达创建

了集商流、物流、信息流、资金流于一体的工业品"商贸供应链集成运营模式",在为下游分散客户实施协同采购的基础上,通过与商业银行等专业服务机构的横向合作,为平台贸易客户提供个性化供应链金融服务以及低价、高品质、专业化的售后配套服务,实现工业品线上、线下运作一体化,以此来提升公司在工业品供应链中的平台服务核心地位。[15]宁波神化在拓展现金流管理、专业物流配送和产业链个性化服务等平台增值服务领域,不是简单以贸易融资担保方或金融机构引荐方等第三方中介平台形式,将专业服务机构引入或接入自身平台服务窗口或数据库中心,而是自身参与相关增值服务操作,成为产业链中现金流管理、专业物流配送等服务的提供方,通过建立专业化物流基地、集中银行融资授信额度和打造产业服务联盟等形式,为下游中小企业客户提供采购贸易"赊账"融资服务和专业物流配送服务,也为这些企业的闲置资金提供现金流头寸管理等其他个性化增值服务。在现金流管理方面,利用自身在资本运作和金融管理人才储备方面的优势,为下游中小企业客户打造"保姆式"资金管家服务。在产业链个性化服务方面,宁波神化通过与国内几家大型的电镀生产企业合作,发起设立"中国电镀产业服务联盟",并联合配套服务商、产业管理机构、金融服务机构以及行业协会等利益主体共同参与合作,打造产业链一体化服务网络平台,提供电镀产业各行业信息服务、技术咨询、组织交流、商业推广、共性技术攻关、公共配套设施共建等综合性、一揽子服务,进而逐步确立宁波神化在电镀产业链中的竞争优势。

三、宁波神化产业链核心地位的成因分析

宁波神化能够从众多的贸易经销商中脱颖而出,实现产业链服务平台企业的大跨越转型,主要得益于其在以下两个方面的探索创新:

(一)坚持产业链多方主体共赢发展模式

宁波神化在探索发展其平台盈利模式时,始终坚持电镀产业价值链的整体增值导向,坚持各方利益同步提升的原则;在自身获得盈利增长的同时,也积极探索双边市场客户的利润增值空间,促进整个电镀制造业与生产性服务业的融合发展。

1. 实现平台自身盈利模式多元化

宁波神化的B2B2B平台运行模式,为其自身提供了多元化的盈利来源,主要包括电镀材料采购差价收入、期货市场操作收益、供应链资金管理收益、物流配送收益以及其他个性化服务获得的增值收益等。公司在做大采

购贸易市场的基础上,不断寻求横向客户资源,引入物流、金融、移动数字技术、研发设计等领域的专业服务机构并开展合作,在虚拟信贷、供应链管理、商务技术咨询和产品设计研发等多个制造业服务领域拓展新的平台运营空间。增加非贸易收入来源,实现平台价值网络的重构和盈利模式的多元化,是其近几年不断发展壮大的根本推动力。目前,材料采购价差收入的比例在逐年下降,供应链金融和其他服务收入比例在逐年上升,对优化宁波神化的平台盈利结构产生了积极影响。

2. 平台双边客户价值获得同步增值

宁波神化"基于产业链增值服务导向的平台运行模式",使电镀产业链各参与方都获益,受到各利益主体的一致认可,而且通过双边市场效应,产生了正向马太效应,主要体现在:

第一,提高上游材料供应商的资金使用效率。宁波神化通过及时向材料供应商传递下游生产商的采购信息,能够使材料供应商减少产量预测不正确导致的过剩浪费。同时由于合作银行对采购货款的及时支付,降低付款周期过长而产生的资金成本,减轻了材料供应商的资金压力,加快了货物和资金周转速度,提高了资金使用效率。

第二,有效降低下游生产商的生产贸易成本。作为电镀工业材料采购贸易的做市商,宁波神化没有因为其处于材料报价优势地位而压缩下游需求客户的利润;相反,公司运用自身在行业多年的信息优势和期货操作经验,为客户提供采购时段咨询服务,在采购材料价格处于国际市场相对低位时鼓励下游客户加大采购量,在相对高价位时则建议其减少采购量,从而赢得了下游客户的信任。

通过宁波神化平台的协同采购、统一物流配送、虚拟信用贷款和货物预付款现金流服务外包等措施,下游生产商的采购成本、物流仓储成本、资金管理成本等都大大下降,并且也节约了不同主体之间交流合作产生的各种交易费用,实现下游生产商的货物流和资金流的一体化运作,大大提高了电镀产业的生产效率。

第三,增加了横向服务客户资源,实现了平台服务范围的扩大化。双边市场效应导致平台供需方客户数量不断增加,同时平台企业自身的公信力也不断累积提升,从而吸引了更多横向服务客户的加盟,如银行、物流企业以及科研院所等技术服务机构的加入。这促使电镀产业链整体运营效率进一步提高,带动更多材料供应商和潜在生产客户加入,使得宁波神化可以充分利用其产业客户信息和技术等优势,不断开辟新的服务领域,全面提供产业链增值服务,扩大平台服务范围,增强平台的外部溢出效应。

3. 发挥协同创新效应,促进电镀产业链整体升级

宁波神化的平台运行模式,把电镀产业的生产环节与服务环节有机衔接起来,实现了纵向资源的集成整合和优化配置,提高了电镀产业链内部的分工协作效率,而且一定程度上增强了电镀产业在原材料采购、研发设计、物流配送等薄弱环节的改造,推动了电镀产业链的整体提升。

(二)强化平台的后台服务支撑体系建设

宁波神化产业链服务平台的多元化功能得以有效实现,最关键还是其企业结构优化及以强有力的后台数据库作支撑。

1. 优化公司结构

首先,宁波神化调整优化了公司结构,成立了战略决策、业务执行和市场研究等不同部门,形成了"三权分立"的平台运作管理思维。战略决策部门是平台运行最核心的部门,主要由具备高学历和丰富金融实战经验的研究管理人才组成,目前有八位核心成员。战略决策部门需要成员具备深厚的数理金融知识,能够设计出严密精准的货物流和现金流交易匹配模型,对货物采购长单、短单、大单、急单、缓单等进行快速、灵活的匹配操作,对不同还款期限、金额的货物资金流进行统筹、优化和调度管理,在保障客户正常生产经营所需的电镀材料及时供应的同时,实现资金流收益的最大化和采购成本的最小化。业务执行部门主要是市场营销部门和财务管理部门,这些机构具体负责执行战略决策部门下达的各种交易、配送和信息收集指令。市场研究部门集聚了负责大宗商品贸易、期货市场操作、汇率分析预测等的行业精英和研究人才,主要为战略决策部门提供重要的信息分析预测等。

2. 加强平台网络数据库建设

宁波神化通过购买 IBM 先进的客户信息管理系统,对下游 3000 多家客户进行供应链一体化信息管理,主要采取按照行业分类管理的方法,对这些生产客户的重要信息进行动态监测管理。

加强 B2B2B 电子商务网络平台建设。宁波神化正致力于建设亚太镍金属交易网上商城,集成材料供应商、生产商、物流企业、金融机构等的信息,通过互联网向客户提供丰富的产品采购信息、快速的产品搜索、便捷的价格查询、方便的报价申请、流畅的产品订购、合适的金融服务、及时的配送业务、实时的货物追踪等网上业务,实现电镀材料采购贸易线上、线下运作的一体化。

构建情报信息系统。宁波神化通过人员驻站的方式，在全国不同城市设立了 20 多个情报站，每个城市配备一个专业情报收集人员，动态采集各个城市电镀生产企业的相关信息，包括生产企业的原料采购量、采购周期、融资需求情况、企业主的商业信誉和团队管理能力等，为公司总部掌握各个生产企业的需求及信誉情况提供了很大的支持。

设立"优镀吧"微信交流平台。通过移动互联网客户终端平台，宁波神化可以为生产企业在平台上展示推广各种电镀生产新工艺或新产品，提供技术咨询交流等服务，为电镀产业链客户提供一个社交网络平台。

第五节　结论与启示

一、加强企业平台战略思维和商业模式创新

战略思维转变和商业模式创新是平台企业获得持续发展的根本动力。在信息经济时代，战略思维的转变往往比技术的转变更为重要，特别是思想上的创新和对客户潜在需求的捕捉。[12]宁波神化的转型发展历程表明，从传统贸易商转向产业链服务平台企业，平台战略思维和商业模式创新是其根本推动力。生产性服务企业的发展壮大，要坚持平台发展战略思维，深刻认识和挖掘自身的平台资源优势，充分发挥平台的成员外部性，同时积极开拓平台的用途外部性，增加非贸易收入来源，实现平台价值网络的重构和盈利模式的多元化。宁波块状经济和传统制造产业的转型发展，需要一些普惠型的生产性服务，同时也需要一些专业化的配套服务，如资金流和信息流管理、共性技术研发、公共治污等。宁波现有的制造业和服务业相对隔离，从事生产性服务的企业业务能力普遍不强，业务方式比较单一；而大部分制造企业则包揽了生产、物流等全部业务。产生以上现象的主要原因，就在于这些服务企业的平台思维转变不够积极，对平台服务这一新兴业态认识不够深刻，不懂得发挥自身的平台资源优势。通过商业模式创新来推动企业转型发展，是当前宁波很多"单打冠军"企业突围的新路径，但关键是要积极转变这些行业龙头企业和贸易商的思维观念，加大平台思维的推广力度，提升企业家和管理团队的平台经营意识。

二、积极探索平台产业价值链增值空间

寻求价值链增值空间是平台企业服务创新的主导方向。平台企业构建

的是一个生态系统,其不仅仅看重系统内的价值创造,并且更强调所创造的价值能够在生态系统中得到合理的分配。要使平台系统内部主体得以和谐生存和发展,平台企业就需要创造独特的商业价值模式,从而使各个参与主体都能够获得持续不断的能量和价值来源。[16]宁波神化的案例告诉我们,产业链服务平台企业的商业模式创新,必须坚持以整个产业价值链增值为导向,真正为所服务的生产企业增加新的利润空间,与所在产业链参与主体产生协同效应,保持利益一致性,共赢发展,才能获得平台自身的可持续发展。

在当前互联网经济中,主导产品服务的交易越来越倾向于免费或低价,企业只有在主导产品基础上开发附加产品或增值产品,才能保证收入,这已经成为当前平台企业商业模式创新的重要路径之一。从单个平台企业来说,其服务功能越多,服务产品越丰富,增长速度越快,尤其是在产业链延伸方面触及得越深,平台经济的增长效果越明显。纵向产业链服务的延伸和横向覆盖范围的扩大,需要平台企业的资源整合。首先要加强产业链上下游资源的集成整合,发挥平台的规模优势、信息优势和行业技术先发优势,深化产业链纵向服务功能;同时,要加强横向服务资源的整合,引入更多的专业服务机构,丰富平台服务种类,拓展平台服务范围,使平台网络价值和功能价值实现最大化。上海易贸网在资源整合方面,是一个比较成功的例子。易贸网是易贸集团在大宗商品行业积淀和对国内外大宗商品交易发展趋势研究分析的基础上,打造的一个大宗商品交易门户。易贸网具有三大核心功能:一是通过基于数据分析的平台筛选系统和人工审核双重把关,为行业客户提供真实可靠的供求信息;二是通过提供安全可靠真实便捷的网上交易服务,为交易双方提供全方位的电子商务解决方案;三是通过网上商业社区的建立,让行业客户间的沟通和交流变得更加高效迅捷,更容易成为"圈里人"。在盈利模式上,深圳一达通构建的服务平台也非常具有借鉴意义。该平台改变了传统电子商务向外贸企业收费的盈利模式,而主要通过集合中小企业的进出口服务需求产生规模化效应,从而构建平台的议价能力,与物流、金融机构、保险等第三方合作企业合作开展业务,从第三方获得可观的增值收益,实现平台的赢利。

宁波神化在纵向产业链服务功能拓展方面,已经做出了很大的尝试。特别是在提高下游客户收入和控制上游供应端的成本方面,成效比较显著。但是,在横向资源整合方面,还有很大的发展空间。例如在发展供应链金融服务方面,除了加强与商业银行的信贷合作外,可以拓展与信用担保公司、风险投资公司、科技银行、期货公司、保险机构等多元化金融主体的合作,引入更多战略投资者,接入更多的客户信息数据源,对客户信息数据实行标准化格式管理,加强客户信息数据交流共享。在此基础上,不断深化金融业务创新,开发更多的产业链金融服务产品,如核心企业授信、分销商信用担保、开发资产支持贷款、一揽子应收账款贷款和托收保付/保理等。

三、加强平台运行支撑体系建设

平台的后台数据库建设是平台核心竞争力提升的根本保障。平台企业成为价值链控制者的重要因素之一是善于运用数字技术。[12]新的商业模式产生的基础是互联网技术和高素质的人力文化资源集成,尤其是在当前网络技术变革日新月异的时代背景下,加强平台后台支撑体系的建设,对保障平台服务功能的顺利运行、维持平台核心竞争力,具有关键性意义。

(一)提高客户服务效率,加强信用管理建设

宁波神化平台运行模式的开展,主要依靠其在电镀产业领域积累的双边客户资源以及在产业内树立起来的良好口碑和公信力。要保持这一竞争优势,增强平台的凝聚力,公司必须建立强大的信息情报采集系统、先进的供应链客户管理数据库、专业化的产品及服务推广网络或社区交流平台。目前,加强对"优镀卡"等虚拟信用客户的违约风险管理是宁波神化后台建设的一大难题。与银行信贷相比,虚拟信用卡用户的违约成本太低;如果客户违约,很难反映到央行征信报告里,无法对违约用户日后的借贷行为形成有效约束。宁波神化要控制坏账率,就只有挑选高质量的客户,而如何筛选客户,关键需要充分的信息渠道。目前,上海京东集团推出的"京东白条"是类信用卡业务,其信用管理是利用用户在电商平台上留下的数据来判断个人信用,并给予授信额度,靠收取逾期利息和分期付款手续费盈利。但用互联网交易数据判断个人授信额度,现阶段效果并不理想。对宁波神化这一类生产性服务平台企业来说,主要仍是掌握下游生产企业的信用情况。宁波神化目前采用的是人工驻站式的情报采集系统,但这种支持系统的人力成本比较大,信息容易受情报人员主观因素影响,数据也不容易进行标准化处理,而且信息采集分析成本偏高。在这一方面,宁波神化也有优化的空间,未来应该充分运用移动互联网和数字技术资源,开发功能更加完善、认证更加严格的社交网络平台,加强客户认证信息的标准化采集,对客户现金流进行更加严格的监控,并加强与第三方信用监控机构的合作,积极引入银行资金支付管理系统、企业主个人征信查询系统等外部信息源,加强对客户的信用管理。比如华夏银行开发的资金支付管理系统(CPM),通过对接供

应链核心企业、大宗商品(要素市场)和市场商圈管理方等平台客户的财务或销售管理系统,集信用中介、支付中介、信用创造、金融服务于一身,具有在线融资、现金管理、跨行支付、资金结算、资金监管五大功能,将金融服务嵌入平台企业的日常经营全过程,实现企业经营信息、交易信息,结算资金、信贷资金的整合与交互。宁波神化如果能够深化与商业银行"平台金融"服务模式的对接,可以大大提高平台服务效率,强化信用管理功能,实现双赢发展。

(二)加强平台资源协作管理和文化建设

从传统贸易商转向以平台服务为主的企业,有着很多迫在眉睫的挑战,比如怎样改变根深蒂固的已有文化,如何与客户建立更为深入的关系,等等。协作是平台运营的基本要素。协作建立在对彼此能力和承诺的信任的基础上,仅仅有好的动机和意图是不够的。很多大型企业走向大平台发展道路,实现大平台、垂直化管理,不仅要实现企业内部的业务整合,更重要的是企业要实现供应商、需求商、专业服务商以及电子商务平台等资源整合。这一过程中,团队的管理协作能力以及文化价值理念起到了关键性作用。宁波神化通过多年的行业服务积累,在产业链客户中树立了良好的公信力,形成了一定的权威地位,而且公司管理层与很多下游生产企业主建立了良好的私人关系,商业价值观和文化理念有不断磨合的趋势,有利于开展上下游主体之间的协作管理。但是,这种协作管理更多的是建立在人情关系和企业口碑等基础上,不利于长远的稳定发展。特别在开拓横向合作时,面临的挑战也越来越明显,比如国内平台企业与国外专业服务机构开展合作时,在价值理念、公司治理、团队建设等方面存在较大差距,容易导致管理文化冲突。对于宁波神化这样的生产性服务平台企业来说,在不断吸收先进的文化价值理念、建立起科学规范的公司治理制度、加强管理团队的综合素质和能力建设、优化人才结构等方面,仍需要不懈地努力。

四、推进平台公共服务创新

作为一种正在兴起的新兴产业组织形态,地方平台经济的规模化发展和商业模式创新还需要进一步探索,特别是需要政府部门、行业管理机构、公共服务组织等相关利益主体共同扶持,为其提供一个竞争有序、管理规范的健康发展环境。

(一)转变地方政府平台管理思维,规范平台产业发展

转变政府和行业组织的平台管理思维,推进平台公共服务创新。[17]目

前,在我国,平台经济还是一种比较新的业态,相应的产业监管框架尚在探索过程中,特别是在平台企业的市场准入标准、行业归口分类、业务经营范围、地方监管机构职责分工等相对细化的领域,还没有确立非常明确的监管框架。宁波市人民政府也尚未出台平台经济发展规范文件。在涉及地方产业扶持政策时,平台企业由于权责不明确等问题,往往被排除出特定行业企业的财税政策扶持范围,比如针对服务型企业的税收减免、信贷融资利率优惠或专项财政补助等。同时,随着大数据时代的到来,很多平台企业的业务开展,需要更大范围内的信息数据共享,但目前在宁波,相关产业或行业内部的管理信息仍没有形成一个统一、有效的共享平台,针对客户企业之间、客户与平台企业之间的信息安全和隐私保护等问题,也没有切实有效的保障措施出台,一定程度上阻碍了产业链内部企业主体之间的交流合作,对平台企业拓展新兴业务或开发更多的平台服务功能形成了一定的阻碍。

因此,在地方政府层面,关键是要加快转变平台经济的管理思维,密切关注所在区域平台型新兴业态的创新发展,特别是关注一些平台企业的成长发展,尽可能加大调研力度和范围,及时掌握本地平台企业的政策诉求,为它们解决一些实际问题。同时,借鉴上海等地的做法,结合宁波本地平台经济发展的基础和优势,制定宁波版《平台企业发展规范》和《促进宁波平台经济发展管理办法》等专门性文件,对平台经济的性质,平台企业的分类、业务经营范围、权责等做出明确规定,加强对本地平台企业的技术手段、营业收入、平台交易量、注册用户数、成长性等的认定和分类,特别是对块状产业或集聚产业内部的龙头企业或大型商贸企业从事的跨行业经营的分类界定等进行重点关注。出台专门的地方性平台经济扶持政策,适当考虑所在区域平台企业的运作特点、规律与模式,加强对平台企业的财政扶持力度、宏观产业规划和行业服务指导。以宁波智慧城市和电子商务试点示范城市建设为契机,推进关联产业管理部门之间的相关信息数据共享,并加强对平台企业商业模式创新等领域的知识产权保护力度,加大创新激励。建立和完善地区商业信用体系,降低平台经济的交易成本。重视对现代金融、移动互联网和数字技术、现代物流、行业技术等方面的复合型创新人才的培育与引进,支持产业链内部服务平台企业加强商业模式创新,推进平台企业盈利模式的多元化。加大政府对平台经济监管模式改革创新的力度,构建地方性"跨部门联合监管体系",为本地平台企业提供一站式服务。

(二)根据平台企业成长阶段出台配套扶持措施

对处于不同生命周期的产业链服务平台企业,需要采用不同的财税金融扶持措施。对刚刚起步发展、新型商业模式尚未发展成熟的产业链服务平台企业，地方政府可以在知识管理、资本运作、客户培育、新兴互联网技术应用和市场渠道拓展等领域加大扶持力度，比如通过对相关企业管理团队的集体培训、扩大这些企业的融资信用担保、引入外部战略投资者或风险投资机构等形式，鼓励本地大型企业或服务机构参股投资，增强平台企业的资本实力，拓展它们的社会关系网络，更新它们的平台经营思维，鼓励它们在产业内部"精耕细作、厚积薄发"，并促进不同平台企业之间的良性竞争。

对商业模式相对成熟、盈利达到一定规模、处于成长中期的平台企业，或成长前景好、处于商业模式创新关键时点的平台企业，地方政府则要放宽对其的业务流程监管，在开拓国内外市场渠道、深化专业配送物流设施建设等领域，加大对其的专项财政扶持和信贷融资支持。比如，加大对本地平台企业开展网络服务所需的各种电缆基础设施建设或平台应用公共技术引进等设施建设的财政资金投入；充分利用"海邦人才基金"、"3315"人才专项计划等扶持政策，帮助平台企业加快引进、培育在海内外IT、移动互联网、数理金融、平台经营管理等领域的应用型、复合型高端创业创新人才；鼓励大型民营企业和政府财政引导基金合作，设立平台产业发展投资基金，加大对平台企业与行业研究机构或高等院校以及行业配套服务商等产业链关联主体的合作、共享、共建活动的投资，鼓励平台企业之间以及平台企业与纵横向服务主体之间的合作交流，为平台企业拓展更大范围、更深层次的社会关系网络，提高企业获取和转换内外优势资源的动态能力，充分发挥平台网络外部性优势，推进一批有实力、有基础的产业链服务平台企业做大做强，进而实现本地关联产业的整体转型升级。

参考文献

[1] EVANS S D. Some empirical aspects of multisided platform industries [J]. Review of Network Economics,2003,2(3):191-209.
[2] 徐晋,张祥建.平台经济学初探[J].中国工业经济,2006(5):40-47.
[3] 张晓媛,曹年更.双边市场理论——平台经济的研究综述[J].山东行政学院学报,2013(1):81-84.
[4] 王琴.基于价值网络重构的企业商业模式创新[J].中国工业经济,2011(1):79-88.
[5] TEECE D J. Explicating dynamic capabilities:the nature and micro foundations of (sustainable) enterprise performance[J]. Strategic Management

Journal,2007,28(13):1319-1350.

[6] EISENHARDT K M,MARTIN M. Dynamic capabilities:what are they?
[J]. Strategic Management Journal,2000,21(10-11):1105-1121.

[7] WINTER S G. Understanding dynamic capabilities [J]. Strategic Man-
agement Journal,2003,24(10):991-995.

[8] 李彬,王凤彬,秦宇.动态能力如何影响组织操作常规?——一项双案例比
较研究[J].管理世界,2013(8):136-153.

[9] TEECE D J,PISANO G,SHUEN A. Dynamic capabilities and strategic
management[J]. Strategic Management Journal,1997,18(7):509-533.

[10] 冯军政,魏江.国外动态能力维度划分及测量研究综述与展望[J].外国经
济与管理,2011(7):26-33.

[11] 胡鹏飞,潘璐.地方投融资平台发展研究——基于企业动态能力视角[J].
时代金融,2013(8):27-28.

[12] 李凌."平台经济"视野下的业态创新与企业发展[J].国际市场,2013(4):
11-15.

[13] 朱宇.袁维芳:让神化创造市场神话[J].宁波经济:财经视点,2006(6):57.

[14] 焦百强.宁波神化公司虚拟经营模式研究[J].浙江万里学院学报,2011,24
(2):7-11.

[15] 闫国庆,李肖钢,李秋正.传统商业企业向商贸供应链公司转型分析——基
于宁波阿凡达商贸供应链集成运营模式的案例研究[J].管理世界,2012
(4):181-182.

[16] 黄勇,周学春.平台企业商业模式研究[J].商业时代,2013(23):23-26.

[17] 史健勇.优化产业结构的新经济形态——平台经济的微观运营机制研究
[J].上海经济研究,2013(8):85-89.

第三章 世界再生网:多重网络集聚,共促资源再生

第一节 引 言

一、研究背景

再生资源是指在生产、流通、消费等过程中失去部分或原有的使用价值,通过不同的加工途径能再获得使用价值的各种物料的总称。再生资源产业包含再生资源商品流通、加工利用、科技开发和信息服务,是新兴的重要产业。在当前资源日趋匮乏而工业废料堆积如山难以处理的情况下,再生资源产业把资源开发的重点转向废弃资源的再生利用,延长了产业的生产链,开创了资源循环的新起点。但再生资源产业发展面临诸多问题,如各国产业发展不平衡,缺乏成熟、有效、安全、规范的商业模式,加工、生产过程中存在二次污染,等等。在信息化和全球化的今天,如何构建并利用网络平台解决上述问题是值得思考和探索的问题。

(一)再生资源产业发展状况

1. 再生资源产业已成为全球发展最快的产业之一

2011 年,发达国家再生资源产业规模达到 1.8 万亿美元,预计未来 30 年内,其规模将超过 3 万亿美元,通过资源再生产出的原料在总原料市场占的比重将从 30% 提高到 80%。再生资源以废金属为主,而废金属主要是废钢铁和废有色金属。国外废有色金属主要分布在工业较为发达的国家和地

区,如北美、欧洲、东亚、俄罗斯及澳洲等。美国是向中国出口含铜废料最大的国家,其次是西班牙、澳大利亚。美国废铜的主要市场是中国、印度、越南等,而随着中国劳动力成本增加及印度市场逐步扩张,目前美国含铜废料七类产品的输出地已逐渐由中国转移至印度。欧洲废塑料主要市场是德国,其次是意大利、西班牙等国,由于劳动力成本的因素,欧洲的废塑料产业也显露出向东转移的趋势。欧洲目前的废塑料产业体系与美国基本相似。中国的强势崛起使美国和世界上其他国家的废料需求回到相对正常的水平。为了维持经济快速增长,中国需要进口大量的再生资源,这是因为再生资源价格便宜,而且相对原材料来说处理起来更加方便。例如 2013 年,我国十种有色金属产量为 4029 万吨,而同年我国废有色金属工业主要品种(铜、铝、铅、锌)总产量为 1073 万吨。可见,仅主要废有色金属总产量就占十种有色金属产量的四分之一多。中国现在每年铜市场缺口有 600 万吨,这样的一个空缺必须用一些含铜废料资源来弥补。

2. 我国再生资源产业具有广阔发展空间

截至 2013 年年底,我国再生资源回收企业达 10 万多家,80% 以上为中小企业。据初步统计,2013 年废钢铁、废塑料、废有色金属、废纸、废轮胎、报废汽车、废弃电器电子产品 7 大品种回收量接近 1.6 亿吨,比 2000 年增加 3 倍多;回收总值接近 6000 亿元,比 2000 年增长 12 倍;废钢铁、废有色金属、废弃电器电子产品的回收率达到 70% 以上。2013 年的再生资源回收量相当于节约 1.7 亿吨标准煤,减少二氧化碳排放超过 4 亿吨。尽管我国现已发展成为再生有色金属大国,然而现阶段再生资源蓄积量不足,主要原料仍需要进口。由于再生资源行业交易不规范,行业的发展受到原料的制约越来越明显;国家和地方的资金和技术投入不足,我国再生资源企业存在规模小、效率低、污染大的问题。由于我国政府加大了对废料产业污染的治理力度,一大批废料加工处理企业遭遇发展瓶颈,急需寻找新的突破口。如目前中国的废铜供应仍以进口为主,国内回收的数量远远不能满足工业需求。比较近几年进口数据与国内回收的数据可以看出,即使对进口废铜以 30% 的品位①保守估计,国内回收的废铜数量也仅是进口数量的三分之一,未来几年内中国的废铜供应仍将以进口为主。进口量主要受比价、海关政策、铜价波动及扣减比例等因素影响,当比价长期向好、铜价处于上涨中时,废杂铜供应非常充裕,反之则供应非常紧缺。随之而来的另一个问题是,海外进

---

① 指铜在废铜中的比率。

出口商品检验机构对废五金出口要求日趋严格导致国内废五金进口难度加大、数量减少。海外部分地区低端废料的出口地逐步由中国转至东南亚地区。欧美等废铜出口大国计划限制出口废铜至中国，加上日本和韩国也与中国存在废铜竞争关系，中国废铜进口面临多重挑战。

3. 我国再生资源国际贸易模式不规范

我国废料加工处理技术低下，废料企业规模发展遭遇瓶颈；在国际贸易中缺少货源、资金，缺乏监督，货不对板、合同诈骗等问题屡屡出现。中小企业在采购过程中风险大，国内进口商在贸易过程中较显弱势，容易面临"打钱，不发货；打钱，货不符；打钱，货不合国家标准"等问题。这些问题引发了传统贸易中的商业信任危机，极大地限制了再生资源国际贸易的发展。例如，当前国内的废塑料资源难以进入正规的回收体系，且在国际贸易过程中，废塑料企业又面临着各种不同的风险，比如资金风险、报关风险以及索赔处理。在有效规避上述三种风险之后，商家才可以考虑设计盈利模式。当前国内再生资源产业迫切需要向规范化、标准化发展，迫切需要实现贸易正规化。

（二）再生资源产业的特征

再生资源产业包括再生资源回收产业和资源再生产业。再生资源回收产业将分散的废旧物质进行汇集和初加工，属于资源流通领域。资源再生产业以各种再生资源为主要生产原料，通过深度加工，以获得全新使用价值为目的，属于工业生产领域。再生资源产业包括的经济组织或个人有：废置物品回收企业、以各类再生资源为主要原料或加工对象的加工制造企业、各类拆解企业、有色金属或贵金属回收企业、再生资源回收利用机械制造企业、为再生资源加工利用提供技术和信息的企业或市场组织、拾荒者。[1]

再生资源产业具有四大特点。一是政策密集。各国的政策直接决定着再生资源产业的发展，决定再生资源企业能否进行经营及如何经营。国家的发展政策、海关及税收制度都直接影响其经营方式和效果。比如国家设置严格的许可证制度，没有许可证就无权经营。二是资金密集。再生资源交易具备大批量特点，量大，金额高，具有一定的金融属性，需要大量资金。这对于刚刚起步的中小再生企业来说，就存在融资难题。三是技术密集。废料加工如果仅仅是简单的采集加工，则价值不高，只有新旧料差价。要实现高附加值，就要从一般的生产流程中设计价值增值点，进行再制造、再利用，重新设计产品生命周期，追求效益和利润最大化。例如，塑料再生资源利用产业化水平不断提升,废塑料行业逐步由低质量、高耗能向高质量、低耗能,多品种,精细分类,高技术含量的方向发展,这就需要参与者在技术上迈向新的台阶。若废料不够纯净,就需要利用技术来提升它的纯度。四是劳动力密集。废料生产需要大量的劳动力手工操作。虽然目前废料加工设备已经十分齐全和先进,但是引进先进设备需要投入大量资金,对于中小再生企业来说,往往难以承受。

(三)政府开始重视再生资源产业发展

近年来,国家采取一系列措施,大力推动循环经济发展,再生资源回收行业规模明显扩大。2011年,国务院办公厅下发《关于建立完整的先进的废旧商品回收体系的意见》。2012年,国家推动开展回收行业税收政策调研、生活垃圾分类与回收体系建设联动,绿色回收进社区、进机关、进园区、进高校、进商场的"五进"工程等重点工作,取得了良好成效,形成了推动再生资源回收体系建设工作的合力。商务部发挥政府对市场的引导作用,建立工作机制,强化行业基础工作,设置再生资源回收体系建设试点,目前已有3批90个城市列入试点。运用中央政府服务发展专项资金,支持试点城市新建和改建、扩建51550个网点、341个分拣中心、63个集散市场,同时支持建设123个再生资源回收加工利用基地。在北京、上海等试点城市推动自助废弃物交售、回收热线等新型回收模式。商务部积极发挥废旧商品回收体系部际联席会议牵头单位作用,加快法规标准体系建设。完善再生资源回收法律法规,加快出台《再生资源回收体系中长期规划》,加大现有行业标准的贯彻落实力度,适当增加强制性标准的比例;制定再生资源回收利用目录,引导行业规范发展。同时,做好重点品种回收。此外,鼓励企业技术创新。推动开发适合国情、具有自主知识产权的再生资源分拣、加工、处理利用等专业化技术和设备;加大企业信息化建设力度,研究建立行业管理信息系统。

综上所述,随着对资源的利用加剧,再生资源越来越受到重视,再生资源产业迅速发展。再生资源尤其是废金属主要集中在欧美工业发达国家。我国是再生资源的重要需求市场和进口国。我国从欧美工业发达国家进口再生资源满足资源需求是一个贸易趋势。由于供求信息难获取,再生资源商品缺乏统一标准、定价系统和交易安全,当前国内外再生资源贸易还缺乏贸易服务平台和有效的商贸模式。

二、世界再生网案例的典型性

世界再生网是宁波伟世信息资源有限公司(简称宁波伟世)主办的再生资源信息服务网站。宁波伟世是回珑集团旗下的公司。本书的研究对象并不限于网站本身,作为研究对象的世界再生网是以该网站为平台的整个企业网络。

(一)成功构建再生产业最具影响力的信息服务平台

世界再生网立足国内、辐射全球,已拥有注册会员 25 万家以上,并在全球 150 多个国家和地区拥有供应商近 8 万家。世界再生网集合交易、商情、技术服务于一体,实时传输准确的价格资讯、有效的买卖信息、鲜活的业内新闻、最新的技术知识,内容涵盖废金属、废塑料、废机械和废纸等多个领域并向上下游渗透。世界再生网为国内外政府机关、各级各类废料协会、贸易商、货场主、国内大量再生资源终端用户、CCIC(中国检验认证集团)驻外机构等提供了多元化的综合服务,创造了巨大的社会效益,已成为全球再生行业最具影响力的互联网电子商务网站之一。

与此同时,宁波伟世还创办了《世界废料》杂志、立体互动黄页,举办世界再生资源产业经贸洽谈会,等等,开展了立体的线上线下互融的全方位服务。公司还通过代办 AQSIQ(中国质量监督检验检疫总局)证书、再生资源美国和欧洲考察团、网络会场等多种渠道帮助国内企业打通再生行业的源头,通过提供高端数据分析报告为大型企业和政府管理部门提供决策参考。回珑集团还全力打造全球再生资源电子商务平台来整合全球废料资源,为国家经济建设服务,为国内各级各类企业创造更多的经济效益。

(二)创新再生资源产业交易模式

在利用旗下的宁波伟世主办世界再生网之后,回珑集团又利用宁波大金汇通成功构建"全球再生资源电子商务平台"。该平台成为全球唯一覆盖世界各地废料产业链的电子商务平台。自 2011 年 6 月试运行以来,已成功发展会员客户近 500 家,其中海外客户 80 家左右,成交货物达 6000 余吨,交易金额近 800 万美元。平台为世界各国业内客商提供了订立合同、支付、装箱、检测、交割、拆解、融资、全程视频监控等一站式服务,做到安全、便捷、可控。

三、研究世界再生网的意义

(一)探索构建产业经济平台的有效路径

世界再生网经过 8 年多的经验积累,创立了在再生资源产业具有举足轻重地位的信息服务平台和电子商务交易平台。其立足全球,着力产业布局,精心打造行业发展平台的战略、方法和路径,值得其他行业学习借鉴。

(二)创新适合产业发展的商业模式

再生网在学习已有的经济平台和商业模式的基础上,积极创新适合再生资源产业发展的具体商业模式,比如结合再生资源产业的特点,创新"SO-HO"式会展,利用现代化信息技术打造可视交易平台,克服再生产业交易缺乏行业标准的弊端。结合客户结构和特点,围绕核心客户开展服务,创新线上线下相结合的盈利模式。

(三)成功构建以自身为中心的全球化企业网络

再生网坚持自身发展战略,放眼产业发展大局,敢于牺牲眼前的经济利益,积极构建以自身为中心的全球化企业网络。这种利用产业特点,抓住历史机遇成功构建产业价值链的经验模式值得研究和学习。

四、研究方法及资料收集

本章选择世界再生网进行单案例研究,通过收集资料客观描述世界再生网纵向发展历程。本案例研究的数据主要来自:(1)网络:包括世界再生网、宁波伟世咨询公司官网、百度搜索,收集到的主要是二手资料。(2)文献:期刊、报纸关于再生资源产业、平台经济、企业网络的论文和报道等。(3)访谈:课题组主要采用深度访谈、开放式访谈和电话访谈等方式,包括与世界再生网控股公司董事长陈戌寅,大金汇通董事长及总经理、总经办主任、财务工作人员,再生网用户及各类合作伙伴等进行电话访谈和面对面交流与咨询。(4)直接观察:通过参观伟世咨询公司、大通汇金电子商务交易中心,发现需要咨询的问题,并就这些问题咨询或采访相关人员,提升资料的准确度。(5)媒体视频:中外媒体关于再生网及其控股公司的专题采访等资料。

第二节　理论框架

一、企业网络的中间组织理论

新制度经济学指出,交易费用是市场价格机制的运行成本,企业是价格机制的替代物。科斯认为,企业和市场只是两种可相互替代的协调生产的手段。[2]但这种两分法忽略了现实世界中经济活动的多样性。Larsson 指出,应该用市场、组织间协调和科层的三分法代替企业与市场的两分法。[3]Willianmson 指出,由于人的有限理性与机会主义倾向,环境中的不确定性和小数条件的存在,增加了市场机制运行的成本和效率,导致了企业机制的替代和市场交易的内化。[4]由于资产专用性越高,其所产生的可占用性准租金越高,越容易产生机会主义行为。因此,随着资产专用性程度的不断提高,在治理结构上市场契约让位于双边契约,双边契约又由一体化契约所取代,不同的交易形式所对应的治理机构不同。当企业内部生产成本高于外部生产成本时,可能存在这样一种情况,市场交易费用如获取和处理信息、监督契约履行的费用,以及由于违反契约承诺所引发的法律、组织成本等非常高,以至于内部生产成本小于外部生产成本与市场交易费用之和,在这种情况下,企业采用"制"的方式显得合理。当市场交易费用为零时,市场呈现为传统经济学中所假设的完全竞争市场或无缺陷市场,这时企业采用"购"的方式是合理的。但现实中的市场与新古典经济学的无缺陷市场假设距离甚远,市场交易费用远大于零,而运用层级制将市场交易内部化并不是对交易成本的消除,而是以层级运行成本(代理成本、协调成本、测量成本)取代另一种成本。当取代市场机制的层级制运行成本与市场成本一样高时,网络形式成为一种比层级更有效的治理机制。西方经济学家称之为"企业、市场之间的中间组织"。中间组织或组织间关系是对市场和组织层级的替代。

二、社会网络理论

美国芝加哥学派的罗纳德·波特在格兰诺维特的弱连接理论基础上提出结构洞理论。所谓的结构洞,是指网络的两个节点之间的非重复关系。两个节点向网络贡献的利益是可以累加的,而不是重叠的。测量结构洞有两个指标,一个是凝聚力,另一个是结构等位。如果两个节点之间是强连接，就是缺乏结构洞，就会出现凝聚力冗余。波特认为，在网络中，某些节点之间存在无直接联系或关系间断的现象，从网络整体来看，好像网络结构中出现了洞穴，这就是结构洞。而将无直接联系的两者连接起来的第三者，则拥有信息优势和控制优势。在企业网络中，结构洞就是社会网络中的空隙。空隙周围的行动者之间无直接联结，但具有企业家精神的精明人可以在其中起到桥梁的作用，这些人也因此获得了对跨越结构洞的信息流的控制。[5]个体行动者（包括个人、子单位、组织）被认为可通过以下方式提高自己的社会资本：在两个原本不相互联结的小集团之间担当联络员的角色，或者在他们所隶属的群体和他们所参加的另外一个群体之间发挥架桥（bridging）的作用。结构洞研究对联络员和架桥联结的意义给予了极大关注。按照这一观点，行动者通过与一组不同的群体（最好是那些相互间没有联结的群体）建立关系，可以使其在社会关系方面的投资得到利用。另有研究强调，在结构洞上架桥的行动者，往往在其社会网络中拥有较高的中介中心性。也就是说，他们为那些并不直接联结的行动者充当中间人。研究显示，在组织内部友谊网络中具有高中介中心性的个体，往往能从其上级那里获得更高的绩效评分。因此，社会网络中的中心性问题一直在各种有关社会资本或结构洞的讨论中备受重视。当然，行动者可以通过不同的方式取得中心性。一个行动者如果被很多人当作朋友，从这个意义上说，他就是受欢迎的人，因而拥有很高的点入度中心性。[6]

网络行为人基于结构洞获得的网络利益分为信息利益和控制利益。信息利益以三种形式存在：通路、先机和举荐。通路是指获得一条有价值的信息，并且知道谁能够利用它，向需要信息的人提供信息并因此获得利益。先机是基于网络可以更早获得信息，可以利用这一信息进行投资，将信息传递给网络中其他可以带来回报的人。举荐是利用网络关系在合适的时间、合适的地点提及某个人，提高他获得相关机会的可能性。控制利益是指第三方在谈判中获利，也即渔翁得利。第三方策略有两个：一是在追求建立同样关系或者更多玩家中做第三方；二是在彼此冲突的两个玩家之间或更多的关系中做第三方。第一个策略，也是相对简单的策略，与经济学中的买卖双方之间的讨价还价类似，在追求建立同样关系的玩家之间做出选择就会获得控制利益。推而广之，在分属于独立的群体又有同样需求的玩家之间做出选择也会获得控制利益。

结构洞是第三方策略的背景，信息是第三方策略的关键。准确的、模糊的或者歪曲的信息被第三方操纵着在关系人之间流动。在第一种策略中，第三方向一个竞标者披露其竞争者的出价。在第二种策略中,第三方向某一关系中的某个玩家透露来自其他关系中的需求。

信息利益和控制利益相辅相成。第三方策略的应用引出关系人的额外信息。他们都致力于从谈判中为自己攫取更多的利益。来自通路、先机以及举荐的信息利益强化了策略的应用。成功的第三方策略的应用包括将愿意谈判的人组织起来,用充足的资源保证彼此的利益都有实现的可能性,但不会让他们在避开第三方情况下直接谈判。有机会获取信息意味着能够将关系人组织起来产生优势,这也是理解资源和利益被调动起来使得双方的利益呈现对抗的关键。对将人组织起来谈判的第三方来说,早一步得到信息与刚好听见别人在谈判的意义是不同的。举荐进一步增强了策略的作用。在处于谈判中的两个关系人之间发布信息是一回事,而让每个关系人身边的人认可你所发布的信息的合法性是另一回事。

三、全球制造网络理论

全球制造网络是指一种分散于全球范围内的新的国际制造组织结构,它是一种变革的组织形式,具有分散的机构以及共享的基础设施或机制,网络成员之间通过内部协调与合作联盟,能够较快而低成本地获取所需的一些重要互补性资源,并且带来网络的协同优势。全球制造网络是一种新的制造系统,是基于现代信息、通信技术与新的合作模式,以主导企业为核心,在世界范围内,集成地理分散、不同特质、不同能力的制造企业,从而创造出卓越的制造能力与服务能力。[7]全球制造网络突破了组织与地域的界限,整合了各方资源,是全球制造体系的高级形态。[8]

全球制造网络中包含了多样化的网络成员,这些网络成员处于整个价值链上、中、下游的不同环节,即包括研发、设计、采购、生产制造、分销、市场销售与服务环节。全球制造网络成员总体可以分为两类:一类是处于网络中心的核心企业,主要指国际旗舰企业与跨国公司;另一类是处于网络中心以外其他各个节点的低层级与高层级的非核心企业,即网络中为核心企业提供多种制造与配套服务的各类供应商、独立合同制造商、分销渠道商,以及一系列研发联盟、协议合作伙伴等。全球制造网络成员所处的网络位置不同,它们的地位具有不平衡性、不对称性:核心企业处于全球制造网络中心位置,位居领导与核心地位,掌握着关键性网络资源,它的领导与战略意图及方向直接影响着网络其他成员的战略与发展方向;低层次与高层次非核心企业处在全球制造网络中心位置以外的其他各个节点上,相对核心企业而言,他们均属于网络中的低层次参与者,处于从属与次级地位,都为核心企业提供各种制造配套与外包服务,但与高层次非核心企业相比,低层次非核心企业处于更外围、更次级的位置上,主要是为高层次非核心企业提供制造配套服务。

第三节　公司发展历程:构建全球再生资源电子商务平台

世界再生网的董事长兼总经理陈戌寅用十多年时间精心打造再生资源信息服务和交易平台(如表 3-1 所示)。陈戌寅生于浙江温州,在宁波长大,对国内市场比较熟悉。1994 年,陈戌寅到意大利为国内的一位亲戚购买废料,自此在国外生活十多年,对欧美废料市场运作规律有深刻的认识和把握。1999 年,他在意大利米兰组建公司经营废料。废料交易面临的问题是国外商家很难找到国内的客户,当时没有相关的网站和信息,于是他想构建网络平台解决找客户难的问题。他在实践中发现,尽管废料行业没有统一的商品标准,但是买卖双方对废品的分类、等级、价位有一定的共识,也就是说买卖双方心中有自己的交易标准,这就说明废品可以标准化。他于 2004 年开始启动废料网的建设,并规划和构建自己的企业网络。世界再生网和全球再生资源电子商务平台是宁波伟世打造的再生资源产业平台。要详细了解这两个平台的发展轨迹,必须先厘清陈戌寅的产业布局。陈戌寅和他的团队设立回珑集团,旗下有分别涉足再生行业的现货交易、机械加工与制造、电子商务平台的机构。经营现货交易的公司有意德国际、法国黄龙、西班牙瑞美再生、美国诚业和中国香港太阳。经营电子商务平台的是宁波伟世信息咨询有限公司及其旗下的大通汇金,主要经营世界再生网和全球再生资源电子商务平台。经营机械加工与制造的企业为宁波回珑科技有限公司。回珑集团具体组织结构框架如图 3-1 所示。

表 3-1　世界再生网发展大事记

2004 年 12 月	宁波伟世咨询公司成立,提出用网络解决传统贸易面临的难题
2005 年 3 月 17 日	中国首个再生资源行业门户网站世界废料网正式上线
2006 年 7 月	正式推出首本再生资源行业内刊《世界废料》
2008 年 3 月	世界废料网举办首届世界废料(春季)经贸洽谈会

2009 年 4 月	世界废料网入选中国电子商务百强
2011 年 10 月	全球再生资源电子商务平台正式运营
2012 年 10 月 21 日	世界废料网(多语言版)正式上线
2013 年 1 月	世界废料网(多语言版)手机客户端全球火热上线
2013 年 3 月	世界废料网正式更名为世界再生网

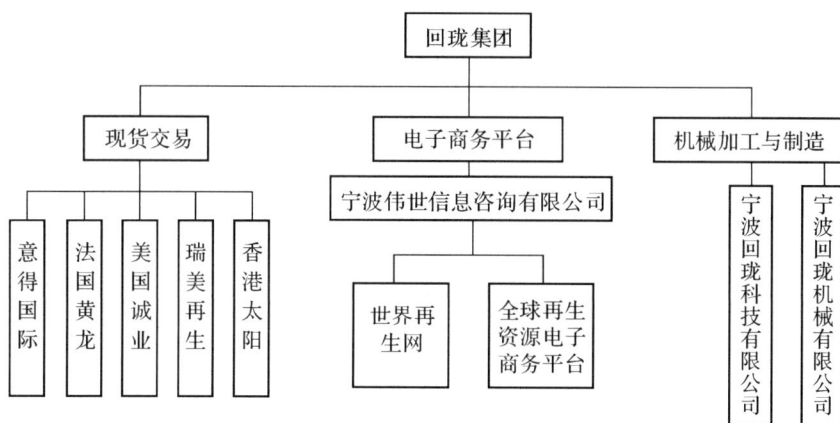

图 3-1　回珑集团组织结构框架

一、电子商务信息服务网络

2004 年,回珑集团设立宁波伟世,开始聘请网站设计者建设废料网。最早的网页简单但内容十分丰富,有成千上万条中国和其他地区的废料商务信息,内容包括行业新闻、市场行情、法律法规和交易信息等。废料网自上线之日起,就成为全球废料行业的重要信息来源。公司聘请 40 名员工专门从事网站信息服务工作,其中包括 30 名销售代理和 10 名经过高级培训的科技人员。2008 年,网站聘请 IBM 公司的技术专家将废料网打造成废料行业的易趣网。世界再生网是世界废料网的升级版,立足国内,辐射全球,会员量从 0 到 28 万,且每月增速达 3000 余名,日均浏览量突破 50 万人次,每月新增 6000 余条废料供求信息,覆盖世界 150 多个国家和地区,横跨废金属、废塑料、废纸等行业领域。据不完全统计,遍布全球 150 多个国家和地区的会员通过世界废料网的国际、国内两个平台,24 小时不间断地享受供求发布、价格行情查询、数据报告下载、废料视频查看、展示厅品牌展现、专家答疑等服务。不仅如此,世界废料网还坚持"线上线下,双管齐下"的发展模式。《世界废料》杂志全年发行量达 120000 册,深入全球再生资源产业链,极具权威性、及时性、全面性;一年一度的春季或秋季经贸洽谈顶级盛会,每届参会企业达 600 家,赢得四海商客高度赞评;每年海外商务考察团更是为了满足国内大中型企业迫切开拓国际市场所需而组建;在全国各地开展巡回沙龙会议,为当地中小企业提供面对面的便捷交易方式;等等。

二、再生资源电子商务交易网络

在设立世界再生网为再生产业信息服务平台的同时,陈戌寅积极创新再生产业的国际贸易模式。废料国际贸易中最为棘手的问题是交易安全。供应商收到货款后跑路,交付的废料与样品不同,信息不对称,不能准确预期价格,交付迟延,等等,这些问题需要通过构建诚信、规范的废品贸易商业模式来解决。针对国际废品贸易的乱象,陈戌寅总结出四个要解决的问题:供应商资质验证;货款安全;废料质量保证;最有利的报价和快速交货。陈戌寅用了 3 年时间和 500 万美元的经费解决了这四个问题。首先,再生网对供应商进行资质验证,要求其提供国家质检总局颁发的经营许可证,并派人员对供应商货场进行现场检验,不允许经纪人使用再生网的交易平台。其次,再生网利用信用证解决支付安全问题。在再生网在线交易平台,信用证支付是唯一的货款交付方式。再次,利用视频监控供应商货场的货物、包装和运输,保证废料质量。同时,要求供应商在合同中承诺保证质量,否则承担相应损失与赔偿责任。最后,再生网利用平台及时向客户提供最新报价,探索加速提单和货物的交付程序。比如,提前准备必要的文件缩短送检时间。

再生网构建规范、安全、诚信的贸易模式的具体途径就是利用宁波汇金大通成立一家以废有色金属原料、半成品交易储备为核心的新型电子商务交易平台,利用该平台解决企业原材料采购、半成品销售的困难,同时降低企业采购及销售的成本,避免不规范交易行为给企业造成损失。作为实现再生有色金属资源集中规范交易和解决物流方案的探索者,平台提供网上现货交易、远期电子合同交易、信息服务及物流等相关服务。全球再生资源电子商务平台作为全球唯一覆盖世界各地废料产业链的电子商务平台,自2011 年 6 月试运行至今,已成功发展会员客户近 500 家,其中海外客户 80家左右,成交货物达 6000 余吨,交易金额近 800 万美元。

平台是一个多语言、多币制的国际化再生资源电子商务交易系统,无论是不同国家交易商的交易界面,还是对平台交易的商品模型和属性标准的后台管理，都满足全球化、国际化的高标准要求。例如，传统贸易中经常出现缺货源渠道、缺资金、缺监督，或出现货不对板、合同诈骗、收到定金再涨价、视行情好坏决定是否发货等情况，由此带来损失。全球再生资源电子交易平台则不会出现类似的情况，利用电子商务平台解决货源、价格问题，用远程视频解决货物监控问题，用机械设备解决质量检测问题，这样就大大降低了交易的风险。全球再生资源电子商务平台的总体目标是：以国外进口与拆解加工资源为基点，以建设国内聚集、处理、加工、网上交易中心为依托，建立起全流程的全球再生资源电子交易平台，整合国内外资源，衔接供需，建立 100 个海外交割仓，网上现货年交易量达到 200 万吨以上，交易金额 200 亿元以上。

全球再生资源电子商务平台有三个系统：第一个是在线交易系统，掌控着系统平台的服务功能和业务平台的交易与约束功能，可以让客户远离收款困扰，缓解资金压力；第二个是远程视频监控系统，通过这个系统可以进行上柜前视频审核、过程监装、到货监测，大大降低交易风险，提高安全保障；第三个就是加工检测系统，对整批货物进行加工检测，质量保障问题得以解决。该平台整合了国内外资源，衔接供需，让全球再生资源得以循环，并带动了全球经济发展，是世界上第一个覆盖全球再生资源产业链的交易平台。全球再生资源电子商务平台是再生资源行业中正在崛起的大宗商品交易平台，为全球业内商家提供了订立合同、支付、装箱、检测、交割、拆解、融资、全程视频监控等一站式服务，交易便捷、安全、可控，创造了未来十年再生资源交易的新模式，领导行业电子商务的未来。

三、现货交易网络

再生网是为了解决废料交易难问题而建立的，不是线上线下模式，而是线下线上模式。回垅集团是从现货交易开始的。平台的企业网络中，从事现货交易的公司主要有意德国际、西班牙瑞美再生、法国黄龙、美国诚业和中国香港太阳。宁波黄龙再生资源有限公司成立于 2004 年，坐落于宁波镇海金属园区，占地面积 20000m²，主要经营废金属的拆解和加工利用，也是回垅集团国内收货资质企业，产品销往宁波、台州等华东城市。公司经中国国家商品检验检疫局注册认证，可进口各类含铜废料，如黄杂铜、紫杂铜、电机马达、电缆、旧铝片等。同时，公司取得 ISO 9001、ISO 14001 体系认证，是国家环保局进口废金属定点企业。意德国际、西班牙瑞美再生、法国黄龙和美国诚业是回垅集团国际采购货场，主营产品覆盖废金属、废塑料盒、废纸等领域。

四、机械加工与制造网络

回珑集团子公司回珑科技有限公司是一家集废金属破碎、分选、输送、除尘等重型机械产品研发、生产、销售于一体的专业公司,建立之初得到国家技术部委的大力支持和关注。公司以客户需求为核心原动力,以产品技术创新为核心竞争力,目前已组建起一支具有相当研发能力的技术队伍;同时,公司不断跟踪引进国外先进技术动态,为产品输入最新的设计理念。凭借强大的技术研发能力,公司已经拥有 4 个产品系列,其中 3 项技术已被国家专利局认可,取得国家级专利。

宁波回珑机械有限公司是宁波天地回珑再生资源科技股份公司旗下的中意合资企业。公司引进全套 IDI 意德国际公司图纸和制造工艺,这种独特的设计和制造工艺在 45 年的生产历史上,经过无数次的革新创造,现已成为欧洲最具先进性、稳定性和高性价比的再生资源破解专用技术。回珑机械致力于大中型破碎机、铜米机、剥线机、电路板破碎机的制造和销售,不仅从垃圾中分拣和收集有价值的材料,而且能够实现材料和能源循环利用的优化,并且保证整个过程的环保性和经济性,40% 的核心原装进口部件更使其设备具备超凡的市场竞争力。迄今,回珑机械有 1000 多套设备在全球 30 多个国家成功运作。

第四节 案例讨论:基于行业特色,创建专业平台

一、为结构洞搭桥,构建以自身为中心的企业网络

再生网的缔造者陈戌寅基于在国外经营废料业务十多年的经验,探索海外市场的运作规律和模式,前瞻性地预测行业发展趋势,从而确立构建再生平台、整合产业资源的企业发展战略。以再生网为基础平台的企业网络是以回珑集团、意德国际、法国黄龙、西班牙瑞美再生、美国诚业为核心,以中外供应商和客户为成员的再生产业网络。再生网建成之后,有跨国公司和投资公司想收购或介入,但再生网的战略不是以当前利润最大化为目标,而是向全球最大再生产业网站稳步发展。

再生网的成功构建验证了企业网络的中间组织理论和波特结构洞理论。再生网构建的动机是解决交易难问题。欧美供应商寻找中国客户难,

而且国际贸易存在欺诈、违约、质量难以保证和交付不畅等乱象。这些问题导致高昂的交易成本,打造吸引客户的信息平台正是为了减少交易成本。再生网是在再生资源产业存在普遍的节省交易成本的共同需求背景下产生的。而再生网之所以能够成功构建,正是以回珑集团为首的企业在欧美废料供应商和中国客户之间建立了一种联结,这种联结能够满足双方市场需求,从而实现双方的共赢。欧美工业发达国家有大量的再生资源,基于劳动力成本和产业环境制约,需要向中国出口。而中国因为资源供应存在缺口,需要再生资源进行补充。欧美的供应商和中国客户之间缺乏直接的联系,再生网成为联系双方的平台,而回珑集团、宁波伟世等核心网络成员就是这些结构洞的"桥"。再生网利用"桥"的信息和资源控制优势,得以创新交易模式和规则。

二、利用第三方身份,积极创新商业模式和标准

回珑集团建成再生网,为供应商和客户搭建了信息平台。但在 25 万注册会员中,真正的核心会员只有 1 万名左右。再生网的构建和维护需要大量经费,而网络平台的会费加广告费的运作模式没能取得良好的经营效果。于是,再生网致力于运营模式的创新,取消会员费,于 2011 年启动全球再生资源电子商务交易平台,在运营上确立专注于服务好"核心客户"的理念,将核心客户和普通客户予以区分。核心客户主要是指网站的长期使用者和利用者、会展活动的积极参与者、与回珑集团合作的客户等。

国内再生产业整体上处于起步阶段,多数再生资源企业都是中小企业,技术薄弱,缺乏海外运作经验,存在原料进口难题。回珑集团利用自己的行业技术领先优势,积极与产业链低端企业合作,将这些企业纳入自己的网络,从而构建完整的价值链。合作有两种方式,一种是合资的方式,就是双方通过合资,在合作方当地成立合资子公司,回珑集团以机械设备入股,合作方通过合资取得废料加工的机械设备和技术支持,实现设备的技术升级,而且不需要大量的资金投入,同时,采购和销售在全球再生资源电子商务平台上完成;另外,合资公司同时也是质押仓,可以为其他公司向银行申请融资提供质押业务。另一种是机械加工合作方式,根据合作方当地的废金属特点,回珑集团配制相应的机械设备,并租用合作方的场地开展废料加工业务。2012 年,集团与全球 20 家公司合作成立合资子公司,2013 年达到 100家,2015 年达到 300 家,从而实现全球范围的废料产业基地的全覆盖,完成对全球废料资源的整合,并对废料行业产生重大影响。

在服务核心客户过程中,回珑集团探索出再生资源的交易标准和规则,找到能被供应商和客户接受的废料标准和交易模式。在定价方面改变传统的静态定价模式,实施动态定价模式。平台利用数学模型设定概率,相对合理地设定确保能够盈利的商品价格,以满足客户的盈利需求。

三、结合产业特点,创新运营模式

再生网通过洽谈会、会展、论坛、海外考察等多种方式积极拓展客户资源。在会展中,结合再生资源行业特点,创新会展运行模式,即"SOHO"模式。SOHO 是 Small Office & Home Office 的缩写,SOHO 族泛指在家办公或小型创业者。不过,目前 SOHO 族又特指善于利用通信器材、电脑、互联网,由三五个同好者合租自由工作室,或干脆连办公室租金也省了,以家为工作室的专业人士。这种展会形式叫作"SOHO 展洽",是宁波乃至全国会展行业的首创。再生网做过一次尝试,客商十分满意。参展商只要支付稍高于住房和食宿的费用,几天的"展、食、住、会"就可全都解决。在不损坏客房设施及不改变客房格局的情况下,参展商还可以进行简约的个性化布展。

第五节　结论与启示

本章运用企业网络理论分析了世界再生网构建的全球化网络的结构、特征及作用,运用结构洞理论分析回珑集团再生资源电子商务平台的构建过程。回珑集团利用再生资源产业的国际格局,利用结构洞理论在国外与国内再生资源企业之间构建信息和交易平台,其网络平台的构建和盈利模式的创新的一些可贵经验可供其他企业借鉴。

一、宁波企业抓住历史机遇构建全球制造网络

经济全球化过程中,发达国家发展知识技术密集型先进制造业,并把附加值低、耗能高、污染严重的加工制造环节安排在其他国家尤其发展中国家进行生产,形成了国际化产业分工体系。这样就导致制造产业中心向发展中国家转移。[9]宁波企业在拥有区域优势和产业优势的基础上,可以积极构建以自己为中心的全球化制造网络,取得行业中的先发优势。中国经济经过多年的快速发展,成长出一大批成功企业,尤其是 2008 年金融危机以来,更多的中国企业积极开拓国际化道路。宁波地处长三角南翼,坐拥世界级的北仑港,拥有历史悠久的甬商文化,具备交通、金融、技术、人才等区位优

势。因此,宁波企业在许多产业都走在国内前列,尤其是一些优质企业具备构建国际产业平台的资金、技术和网络资源,可以积极利用国际产业中心转移的历史机遇和我国积极开展"一带一路"国家战略的政策,构建以自己为中心的全球化网络,或者积极嵌入国外跨国公司主导的全球化网络。

二、宁波优质企业积极构建网络经济平台,整合产业资源

当前中国的经济崛起,更多的是量上的优势,需要进行积极的转型升级。宁波企业有些在转型升级上在国内具有先发优势。具有外向型经济特征的宁波,拥有大量的国际化企业,这些拥有国际网络资源且转型升级走在国内前列的宁波企业,可以利用自己的先发优势,积极探索产业中国内和国际存在的"结构洞",构建产业经济平台。世界再生网就是利用再生资源产业国内和国际存在巨大的潜在交易需求但缺乏安全、规范的信息和交易渠道的实际,通过构建信息平台和交易平台联结了国内和国际市场,利用平台的巨大聚集效应推动产业发展的同时,提升自己在价值链中的地位。利用结构洞理论,在国内国外市场和企业之间架桥,提升技术和产业整合能力,确立自己的产业优势。

三、宁波企业在构建产业经济平台时积极创新商业运营模式

宁波企业在构建产业经济平台时,结合所在产业的特点,积极探索新的商业模式和盈利模式,实现增值和利润最大化。回珑集团在构建世界再生网之初,沿用常见的 B2B 会员加广告费的运作模式。在会员达 22 万多名以后,确立服务好核心客户的运作思路,将网络资源进行有效整合,为 1 万多名核心客户提供再生资源加工设备和技术、信息服务和交易服务,迅速实现了黄铜年交易额 28 亿元的业绩。回珑集团的经验是客户结构决定商家的盈利模式,这对其他企业具有重要借鉴意义,在构建网络平台战略确立的同时,就应该设计好商业运行模式和盈利模式。

四、宁波应为产业经济平台构建提供扶持政策

宁波应利用可以制定相关地方法律、法规的优势,结合产业发展实际,为宁波企业构建经济平台创造政策条件。例如,我国的再生资源产业发展较晚,目前政策很不完善,有一些扶持政策并没有得到很好的落实,政府投入的资源被投机分子利用,相关的项目没有收到应有的成效。宁波应该尝试让相关企业和专家共同参与,积极探索适合产业发展和地方需求的扶持政策,进行有益的创新,推动地方经济平台的构建和产业发展。

参考文献

［1］李雪. 中国再生资源产业的发展研究［D］. 北京：北京工业大学，2010.

［2］科斯. 企业、市场与法律［M］. 盛洪，等译. 上海：上海三联书店，1990.

［3］LARSSON R. The handshake between invisible hands：toward a tripolar insti-
tutional framework［J］. International Studies of Management & Organization，
1993，23(1)：87-106.

［4］路易斯·普特曼，兰德尔·克罗茨纳. 企业的经济性质［M］. 孙经纬，译. 上
海：上海财经大学出版社，2000.

［5］BURT R S. Structural holes：the social structure of competition［M］. Cam-
bridge，M. A. ：Harvard University Press，1992.

［6］马汀·奇达夫，蔡文彬. 社会网络与组织［M］. 王凤彬，朱超威，等译. 北京：
中国人民大学出版社，2007.

［7］刘雪锋. 网络嵌入性与差异化战略及企业绩效关系研究［D］. 杭州：浙江大
学，2007.

［8］许冠南，周源，刘雪锋. 关系嵌入性对技术创新绩效作用机制案例研究［J］.
科学学研究，2011，29(11)：1728-1735.

［9］吴晓波，吴东，周浩军. 基于产业升级的先进制造业理论模型研究［J］. 自然
辩证法研究，2011(5)：62-67.

第四章　海商网:基于精准营销的中小企业外贸 B2B 平台

第一节　引　言

一、研究背景

2013 年,宁波对外贸易交出了一份漂亮的成绩单:实现全年进出口总额 1003.3 亿美元,同比增长 3.9%。宁波由此成为全省第一个外贸总额超千亿美元的城市,也是长三角地区继上海、苏州后第三个外贸总额超千亿美元的城市。宁波正按照宁波市委十二届六次全会提出的"完善开放型经济体制机制,增强国际竞争新优势"的战略要求,继续加快对外贸易发展方式转变,进一步优化对外贸易结构,努力向着"外贸强市"和建设国际贸易中心城市的目标迈进。作为开放型经济大市,对外贸易一直在宁波的国民经济中占据重要地位。

近几年,由于欧债危机持续发酵、货币汇率频繁波动等因素,宁波对外贸易形势一度面临严峻考验。为此,宁波市提出了"外贸振兴"战略,出台了一系列外经贸增促帮扶措施,努力推动宁波外贸企业从"千军万马"向"精兵强将"转变。目前,中国企业正面临着信息技术变革与投资报酬递减的双重挑战,宏观经济的转型与发展应建立在微观市场主体加快适应新经济环境的基础之上。以平台经济为代表的新型经济发展模式,代表着企业战略转型与业态创新的方向,为平台参与各方发挥协同创新效应开辟了新的路径。

国际金融危机以来,不少企业开拓市场的难度明显增加,但一些平台型企业却逆势上扬,实现快速增长,取得了出乎意料的经营业绩。在这样一个网络时代,有的企业专注于新产品、新服务研发,也有的企业运用网络创新、建设各类平台。任何产品、服务都需要通过平台才能更好地展示、实现交易。经济发展的最高境界,不是做产品,不是重质量,也不是搞标准,而是打造平台。

平台企业发展很快,门户网站、网络游戏、电子商务、第三方支付等不断创新,由平台企业演化出的平台经济产业已是大势所趋。据浙江省政府新闻办发布的消息,2012年全省实现电子商务交易逾万亿元,居全国首位。其中,宁波是国内同类城市中电子商务发展的佼佼者。宁波市早在2000年就被确定为国家电子商务试点城市。2011年,宁波再次成为首批国家电子商务示范城市。根据浙江省商务厅发布的数据,2014年宁波市网络零售额实现489.7亿元,同比增长率超过82%,增幅位居全省之首;网络消费额达到488.32亿元,同比增长39.9%以上,首次实现网络零售顺差。2015年年初以来,全市积极实施"电商换市"发展战略,围绕电子商务产业发展和行业管理,努力把电子商务产业培育成为新的经济增长点。宁波拥有中国文具网、宁波模具网、中国废品网、中国海商网等各类行业门户网站。

港口优势和外贸的发展,已然使宁波成为中小外贸企业发展的摇篮。2013年,宁波外贸出口总额破千亿,达到1003.3亿美元,同比增长3.9%,其中出口额657.1亿美元,同比增长7%。宁波海关的统计显示,2014年1—11月宁波市外贸进出口总值955.7亿美元,同比增长5.4%。中小型外贸企业快速领跑宁波市外贸,累计已有2.25万家企业获得了外贸经营资格,有进出口实绩企业13898家,出口实绩企业12553家,进口实绩企业5106家,分别比上年增加985家、849家和225家。中小企业实现进出口总值3352亿元,增长10.9%,高出全市进出口增速6.7%,占同期全市进出口总值的57.1%。浙江省海商网络科技有限公司(简称海商网)作为宁波市重点外贸公共服务平台企业,致力于如何让采购商快速、准确找到并信任出口企业。"海量网商、全球推广",海商网以让中小企业在网络中脱颖而出为使命,对宁波平台经济发展具有较强的示范作用。针对海商网进行深入案例研究,对宁波平台经济及外贸电子商务行业发展有着重要的参考意义。

二、海商网案例的典型性

随着计算机以及互联网技术的不断成熟与发展,越来越多的企业间交易得以在互联网上实现。其中,B2B(Business-to-Business)平台能广泛聚集买卖方,显著降低交易成本,有效增加市场流动性与效率,受到越来越多的企业,特别是中小企业的青睐。据 eMarket Services 的不完全统计,全球仅有 600 多家大型的 B2B 电子平台交易市场,这些 B2B 平台的存在促进了地区企业间乃至全球企业间的交易,对繁荣地区以及全球经济做出了巨大的贡献。据统计,2013 年 B2B 平台企业市场交易规模达 5.2 万亿元。

B2B 企业之间通过互联网完成企业价值和组织方式整合这一商务方式包括产品服务的交易活动及信息交换。以功能作区分,B2B 有三类:匹配功能、聚集功能以及协调功能。它有助于提高交易效率,降低交易成本,同时企业的"聚集"能产生网络效应和协同效应。

海商网络科技有限公司作为 B2B 外贸公共服务平台,致力于中小微企业的海外网络推广,专注于外贸网络营销方向的研究和创新,根据国际买家的需求和推广经验,自主创新研发了海商网(cn. hisupplier. com),是目前全球最为领先的精准贸易平台,汇聚了优质供应商产品和优质采购商求购信息。通过信息匹配,采购商能在茫茫商海中更快速地找到平台中的中小微会员。海商网应用了全球最为领先的 W. B. S 三合一技术,整合了企业独立英文网站(Website)、电子商务平台(B2B)、搜索引擎营销(SEM)资源,为会员企业提供全面系统的宣传,让中小企业在网络中做到与众不同、脱颖而出,从而让全球贸易更简单。海商网的技术变革和创新发展的轨迹,以及宁波平台经济企业如何通过技术变革,以创新优化带动企业的转变发展,对宁波平台经济企业发展模式与创新研究具有较好的指导意义和借鉴性。

(一)海商网:海量汇聚中小微企业的外贸服务平台

海商网平台产业类别涉及农业产品、服装饰件、工艺品、化工、电气电子、交通运输等 26 大类,1000 多个子类。目前,平台会员数量以每天 7370家的速度增长,海商网成功跻身于全球著名电子商务平台行列,成为中国三大综合电子商务平台之一。海商网聚集了 472665 家采购商和供应商,其中以机械及工业用品行业最多(如图 4-1 所示),已经形成一个全球性的网上贸易市场。其会员企业分布在全国各地,尤其是广东和浙江地区(如图 4-2所示)。

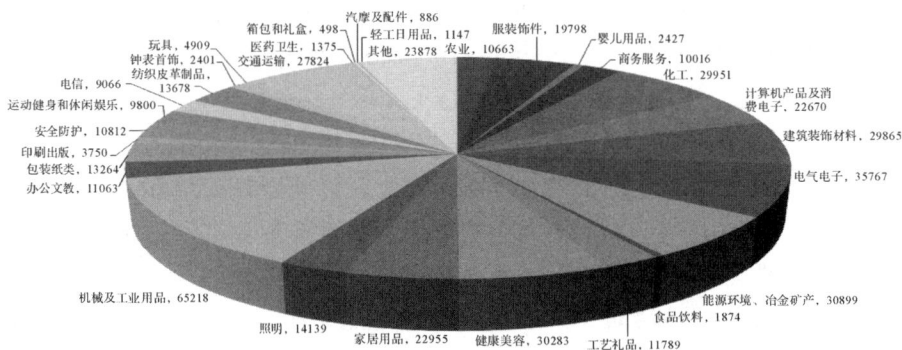

图 4-1　采购商和供应商行业分布

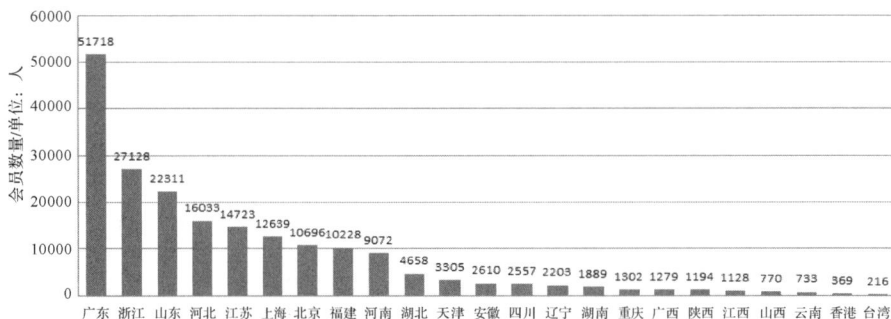

图 4-2　会员企业地区分布

(二)精准营销,为平台中的会员企业开展全球贸易提供便利

精准营销强调的是"精准"和"精确",即以顾客为中心,依托强大的数据库资源,通过现代信息技术手段实现个性营销,借助市场定量分析手段、现代信息技术,对消费者进行精确衡量和分析,做到在恰当的时间、恰当的地点,以恰当的价格,通过恰当的营销渠道,向恰当的顾客提供恰当的产品,实现企业对效益最大化的追求。海商网突破传统的 B2B 推广模式,首创了 W. B. S 推广理念,为企业提供企业自主优化网站、B2B 贸易平台和 SEM 搜索引擎营销三合一的综合网络推广服务,通过分析采购商的使用习惯和搜索途径,精确定位企业的精准关键词。关键词多层次深度定位使海商网平台中的每一家会员企业可以通过产品关键词、公司行业地位、价格服务、名词定义、文化特色等分析,进行准确定位,并实施精准营销,发布最有效、最直接、最匹配的信息,从而使采购商能在茫茫商海中更快速地找到相关企业。通过为平台中的企业提供产品、价格、渠道与顾客需要之间的精准匹配,实

现更精准、可衡量和高投资回报的营销绩效,从而为平台中的会员企业开展全球贸易提供便利。

（三）海商网与同类型平台的对比分析

比较与海商网同类型平台中会员企业获得服务的推广手段以及所获得的服务收益,并针对会员企业的推广方式,产品信息发布要求,采购商访问路径,关键词分类,效果、信息来源等进行对比分析,可以看出海商网的服务具有一定的独特性（如表 4-1 所示）。

表 4-1　海商网和国内同类平台的对比分析

对比项	其他平台	海商网
推广方式	从无品牌做到有品牌;从无知名度到有知名度,从免费做到收费。经历由小变大的过程。如阿里巴巴、中国制造网等等	一方面将企业的个体网站以 B2B 要求做推广,另一方面由平台做推广,让企业能够得到更长远的发展
产品信息发布要求	只要满足平台基本要求即可:产品图片、产品型号、产品名称,简单的描述。主要起到一个简单样本作用	除了样本作用,要提供图片,产品名称、型号外,另要提供品牌、包装、规格、用途、运输方式、付款方式等一系列的产品描述。一方面缩短采购商了解产品的时间,另一方面使企业网站在搜索引擎里的连接点增多、关键词靠前
采购商访问路径	1. 通过平台直接找到很多企业中的一家供应商进行合作 2. 通过搜索引擎,找到平台,再找很多供应商中的一家进行合作	1. 通过搜索引擎直接进入企业独立网站进行合作 2. 通过平台直接找到很多企业中的一家供应商进行合作 3. 通过搜索引擎找到平台,在很多供应商中选择一家来合作 4. 通过搜索引擎（跳过平台内行业目录这个阶段,避免竞争）,直接进入企业二级网站进行合作
关键词分类	因为是做平台的一个会员,所以主要的是产品的关键词	关键词分为产品关键词（行业、目录、细分化）和企业关键词（企业品牌、企业实力、企业形象）。又把所有的关键词分为制造商、供应商、出口商三种性质去做推广,以符合多种推广需要

续表

对比项	其他平台	海商网
效果、信息来源	邮件来自平台。采购商通过平台找到供应商,在供应商中找自己满意的产品。供应商越多的平台,竞争越激烈	一方面来自搜索引擎,另一方面来自平台。避免邮件只能从平台中来。扩大邮件来源,增加推广竞争力,减轻平台内部企业竞争带来的压力
推广持续性	只能依赖平台,一旦不做平台,效果也就随之消失。若暂停之后再做,则之前做的不会对之后有积累作用	由网站、平台和搜索引擎三方面结合起来推广,一旦不做推广,在不考虑平台的情况下,自己企业的网站在6个月内还是可以使用并接收信息
信息覆盖范围	只能在平台上发布信息	不光在平台上发布信息,更主要的是能把信息发布在搜索引擎上,覆盖整个网络,直接与国外供应商进行竞争
品牌体现	只能把产品挂靠在平台上,给国外采购商一种"这个产品是在某个平台上找到的"的感觉,相对突出的是平台的品牌	除了突出平台外,采购商可以直接进入企业网站,给国外采购商的感觉是"这个产品是某个公司提供的",直接体现的是具体公司品牌
现在形势	平台受到国际国内的诸多因素影响,邮件明显减少	从搜索引擎方面大大弥补了平台邮件减少的问题,既做了国内展会(平台)又做了国外展会(搜索引擎)

三、研究方法与案例收集

本章选择的是案例研究方法。尹·罗伯特斯特克等学者确立的案例研究是一种经验性的研究,而不是一种纯理论性的研究。案例研究的意义在于回答"为什么"和"怎么样"的问题,而不是回答"应该是什么"的问题。[1]只有案例本身作为一个完全的、被准确界定的个体样本,其所揭示出来的规律及相关研究结论才有可能被推广应用到更广泛的、具有相似性的群体中。案例研究方法属于经验性研究方法的范畴,包括实地研究、实验研究和调查研究,任何一项好的案例研究都必须依托于坚实的理论基础。案例研究本身并不提出新的理论假设,其作用仅仅限于为已有的理论假设寻找支持其合理性或否定其合理性的证据。案例研究一般是通过选择一个或几个案例来说明问题。根据实际研究中使用案例数量的不同,案例研究可以分为单一案例研究和多案例研究。课题组选择海商网的B2B平台经济作为单一案例进行研究,主要是基于案例的典型性和数据的可获得性。本章通过对海商网案例的研究,在精准营销理论框架的基础上研究其值得借鉴的经验,研究其为什么采用精准营销,怎么样实施精准营销,通过精准营销给平台中的会员企业带来了什么样的效益,有什么可以值得借鉴的经验,等等。本章的研究思路是从研究背景出发,选择海商网作为研究案例,然后在海商网案例研究的基础上提出研究问题,建立理论框架,最后在案例分析的基础上,总结得出综合结论(如图 4-3 所示)。

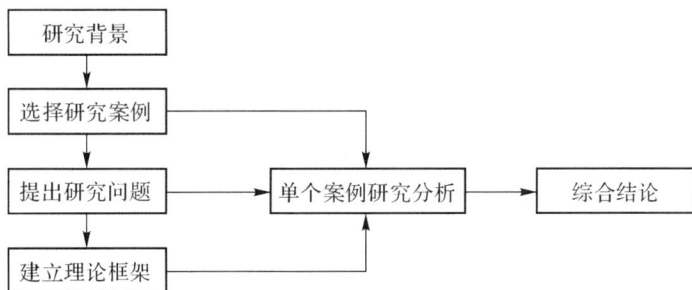

图 4-3 研究框架

常见的数据收集方法有文件法、档案记录法、访谈法、观察法等等。本章案例中的资料收集主要采用多种方法的集合。一手资料主要是通过现场深度访谈、电话访谈、现场观察等方式获取。现场深度访谈分别是通过对海商网董事长陈则立、董事长秘书、人力资源部经理、市场部经理等进行面对面的深度访谈的方法来实现的。观察法是现场观察海商网的文化氛围、办公环境、员工状态等。二手资料主要通过收集法和文件法获得,其主要来源于海商网的官方网站,海商网为我们提供的各种宣传文件、数据和资料等,还有相关书籍、最新期刊,以及海商网的内部刊物。

第二节 理论框架

一、动态能力理论

(一)动态能力内涵

动态能力理论强调企业的整体性、复杂性和动态性,可以用于解释企业如何保持竞争优势。许多学者对此作了深入研究和探讨,极大丰富了动态能力理论。

动态能力概念由 Teece 和 Pisano 首先提出,他们认为动态能力是指企业在快速变化的外部环境中,对内外部资源的构建、整合和重构的能力,是一种改变能力的能力。其中的"动态"指为适应不断变化的市场环境,企业必须具有不断更新自身能力的能力,以便与动态变化的经营环境相一致;而"能力"指在更新自身能力(整合、重构内外部组织的技能、资源)以满足环境变化的要求方面具有的关键作用。[2]

Helfat 认为,动态能力是指创造新产品和流程并对变化的市场环境作出反应的能力,是一个组织有目的性地进行构建、扩展或者修改其资源基础的一种能力。[3] Helfat 等认为企业能力由运营能力和动态能力两部分构成,其中,企业对日常职能性活动的执行能力称为运营能力,而企业在变化的环境中建立、整合、重组资源的能力称为动态能力。[4] Winter 认为企业具有有效协调、配置内外部资源,使企业在竞争中获胜,并保持持续成长和发展的能力。由企业社会资本所带来的各种资源和知识,其中一些通过直接或间接的吸收消化能够转化为企业的动态能力。企业的动态能力由于环境的变化而产生,企业能力改变说明企业的能力与竞争优势在环境发生变化时可能无法持续。环境的动态特征是动态能力概念的出发点,应对环境变化的适应性调整是其特征。

(二)动态能力阶层

从逻辑演进的角度看,以下这些定义论述了动态能力阶层的演进,也就是从零阶层能力(吸收、积累能力)到高阶层能力(创新能力),再到整合或重组能力的演进。Winter 认为,第一类能力就是所谓的零阶(zero level)能力,它只能保证企业在市场上求得生存。比零阶能力更为高阶的就是企业应对变化的创新能力和整合资源的能力。[5] Cohen 和 Levinthal 对吸收能力下的定义是:一个企业对外部新知识的评估(value)、消化(assimilate)和应用(apply)的能力。Mowery 和 Oxley 认为吸收能力是企业处理从外部引进的知识中的隐性成分,以及对这些知识加以调整所需的技能。[6] Kim 认为吸收能力是学习和解决问题的能力。[7] Wang 和 Ahmed 认为吸收能力是指企业识别、利用外部新的有价值的信息,并将其转化为商业结果的能力。[8]

Wang 和 Ahmed 认为创新能力是指企业通过创新行为和过程不断调整自身的战略创新定位,进而开发新产品或市场的能力。三方面的能力各有侧重:适应能力聚焦于企业整合、重组自身资源以应对环境的变化;吸收能力侧重于企业学习外部知识,并将它转化为自身的新能力;而创新能力则强调企业自身的能力与新产品(市场)间的创新路径或过程。[9]

动态能力是企业整合能力。Iansiti 和 Clark 认为:企业整合能力尤其是技术整合能力就是企业的动态能力，即企业在有关自身业务的技术知识演变中挑选出部分与自身现有知识基础关联的技术知识，并执行这种关联的能力。资源整合是一个复杂的动态过程，是指企业对不同来源、不同层次、不同结构、不同内容的资源进行选择、汲取、激活和有机融合，使之具有较强的柔性、条理性、系统性和价值性，并对原有的资源体系进行重构，摒弃无价值的资源，以形成新的核心资源体系。[10]资源并不能自动产生竞争优势，要想让资源产生竞争优势，形成企业核心竞争力，就必须对不同类型资源进行有效整合。对于一个企业或组织来说，必须时刻学会将与企业战略密切相关的资源融合到企业的核心资源体系中来，这项任务伴随着企业的整个生命周期。在企业的整个资源体系中，资源整合始终处于一个非常关键的位置，它是创造新资源、提高资源使用效率和效能的前提。因此，企业资源整合能力，即在企业生产经营活动过程中所具有的选择、汲取、配置、激活和融合企业不同类型资源的能力，决定着企业资源效能的发挥，亦影响着企业的竞争优势。

纵览文献后发现，诸多学者对整合能力进行过较多论述。例如 Maloni 和 Benton 曾提出，整合能力是组织内部或组织之间通过对各种资源的有效规划、协调和控制以获取单一行为所无法达到的综合效益的能力；基于汽车行业（1985—1988 年）和大型计算机行业（1989—1992 年）跨部门产品研发的实证研究，Iansiti 和 Clark 指出，整合能力是企业应对环境变动并达成正向绩效的来源。关于整合能力的度量，他们将整合流程划分为两个维度，即外部整合流程和内部整合流程。其中外部整合流程是指整合外部信息来源产生可行方案。[10]整合能力作为动态能力的一部分，通过组织吸收外部知识获得广泛资源，在组织内部进行重组与构建，这个过程直接影响到企业的开发活动。

二、精准营销理论

（一）精准营销概念

随着信息的爆炸式发展，物质生活的极大丰富，人们的生活方式发生了很大的改变，消费方式也随着这种改变发生了前所未有的变化。对企业来说，常规营销模式所取得的营销效果逐渐下降，效率越来越低。如何实现以最少的资源消耗获得最大的营销效果成为营销人员关注的重点。随着 4G 时代的到来，信息产业的融合日渐加强，精准营销成为现代商业营销的新趋势。21 世纪，世界经济发生了翻天覆地的变化，全球化、知识化、信息化、数字化和网络化使整个世界进入崭新的经济时代。旧的经济模式向新经济模式的转变,消费者的逐渐成熟,产品间的差异越来越小,企业的成本压力不断上升,这种种态势影响着企业的经营理念和营销方式,并对传统的营销方式提出了挑战,在相当程度上预示着传统营销方式应该让出企业营销的主导位置。在这一背景下,精准营销应运而生。精准营销凭借其"精准"的特点,有效地保证了企业营销的效率和效果,在企业的营销活动中发挥着越来越重要的作用。

精准营销理论由营销之父菲利普·科特勒正式提出:企业需要更精准、可衡量和高投资回报的营销沟通,需要制定更注重结果和行动的营销传播计划,还要越来越注重对直接销售沟通的投资。[11]

伍青生、余颖、郑兴山认为,精准营销是通过定量和定性相结合的方法对目标市场的不同消费者进行细致分析,根据他们不同的消费心理和行为特征,企业采取有针对性的现代技术、方法和指向明确的策略,实现对目标市场不同消费者群体强有效性、高投资回报的营销沟通。他们还基于对精准营销的核心思想、主要特征和理论基础的探讨,提出精准营销运营体系应该由六部分构成;把精准营销的方法归为基于数据库营销的方法、基于互联网的方法、基于第三方渠道的方法等三类[12]。

国家邮政局新闻中心营销策划中心首席策划师徐海亮认为:"精准营销"就是在精准定位的基础上,建立个性化的顾客沟通服务体系,实现企业可度量的低成本扩张之路。[13]

下面针对精准营销方式和传统营销方式,从营销手段、营销渠道、沟通效果、市场定位、成本等方面进行对比分析(如表 4-2 所示)。

表 4-2　精准营销与传统营销对比

	精准营销	传统营销
营销手段	先进的数据库技术、网络通信技术等科学技术手段	广告、传单等传统手段
营销渠道	以现代高度分散物流为保障,降低成本	中间渠道繁多,成本过高
沟通效果	与目标客户进行长期个性化沟通	与客户缺乏沟通手段
市场定位	市场定位可量化	市场定位局限于定性
成本	低成本	高成本

资料来源:时炼波,张利华.论精准营销的内涵实时策略[J].企业经济,2009(8):90-91.

（二）精准营销的核心思想

精准营销的核心思想主要基于三项原则：

（1）坚持以客户为导向的基本原则。以满足顾客需求、增加顾客价值为出发点，在营销过程中，特别注重对顾客的消费能力、消费偏好以及消费行为的调查分析，重视新产品开发和营销手段的创新，以动态地适应顾客需求。

（2）低成本。精准营销强调低成本，企业要成本低，消费者也要成本低；要使消费者成本低，除了产品（服务）本身的成本以外，还需要给顾客提供方便（方便获得、方便使用）。

（3）双向沟通。精准营销强调与顾客双向、互动地沟通，让企业很好地了解消费者，让消费者得到尊重，同时也让消费者很好地了解企业，增加消费者的认知价值。

（三）精准营销的主要特征

（1）目标对象的选择性：精准营销最基本的特征就是要尽可能准确地选择好目标消费者，排除那些非目标受众，以便进行针对性强的沟通。

（2）沟通策略的有效性：精准营销强调沟通策略要尽可能有效，能很好地触动受众。

（3）沟通行为的经济性：精准营销强调与目标受众沟通的高投资回报，减少浪费。

（4）沟通结果的可衡量性：精准营销要求沟通的结果和成本尽可能可衡量，避免凭感觉。

（5）精准程度的动态性：精准营销的精准程度本身是相对的、动态的，相对于过去，现在的营销方法"精准"了，未来比现在应该会更"精准"。

（四）精准营销的运营体系

实现精准营销需要建立比较完善的营销运营体系。这个系统至少包括：

（1）明确的目标市场。企业要实施精准营销，首先要在市场细分的基础上选择明确的细分市场作为企业的目标市场，并且清晰地描述目标消费者对本企业产品（服务）的需求特征。只有明确地知道了目标消费者的相关需求有哪些关键特征，才能开始实施精准营销。

（2）清晰、独特的市场定位。非垄断条件下同一目标市场中的竞争者肯定存在，通常还可能很多。企业需要给自己的产品一个清晰、独特的市场定位,以便使自己的产品在众多竞争性产品中脱颖而出。让自己的产品有一个清新、独特的市场定位,是开展精准营销的必要基础。准确找到目标顾客是精准营销的关键。

(3)高效率的顾客沟通系统。"精准"地找到顾客以后,精准营销并没有结束,企业需要与目标顾客进行有效率的双向、互动沟通,让顾客了解、喜爱企业及企业的产品,并最后形成购买行为。

(4)适应小众化分销的渠道系统。顾客实施购买行为以后,接下来企业需要可靠的物流配送及结算系统来支持顾客购买行为的全面完成。该系统对提高便利性、降低顾客成本十分重要。

(5)顾客增值服务体系。精准营销远不只是为了提高一次销售的精准性,更重要的是使企业长期的营销活动日益精准,降低成本、提高效益。因此,顾客增值服务系统是精准营销必不可少的。该系统一方面通过相关服务来进一步提高顾客购买以后的认知价值,另一方面通过提高顾客忠诚度来增加顾客终生价值。这是精准营销的长远目标。

(五)精准营销的主要方法

(1)基于数据库营销方法。建立一个有一定规模、相关信息比较完备的潜在消费者数据库,是进行精准营销的重要基础。建立一个潜在消费者数据库是一项长期、艰巨的工作,需要企业不断积累、持续努力。短期内,如果企业还没有建立自己独立的消费者数据库,可以借助其他组织的消费者数据库(如邮政数据库、社会保障数据库、其他中介机构的数据库等),从中筛选符合自身需要的潜在消费者的信息,来开展精准营销活动。目前基于潜在消费者数据库的精准营销方法主要有:①邮件直复营销。根据消费者的特征,从潜在消费者数据库中搜寻对某一产品很可能有需求的潜在顾客,给这些潜在顾客发送邮件,与他们沟通有关产品及其服务的详细情况。如果找到的潜在消费者与该产品的相关性比较强,营销就能做得很精准(低成本、高收益)。②呼叫中心(Call Center)。与邮件直复营销类似,只是沟通方式主要是打电话。在沟通的信息比较简单的情况下,由于电话是双向直接沟通,沟通效率非常高。③手机短信。手机在我国的普及率越来越高,目前我国的手机用户已超过 4.5 亿。用户使用手机的全过程在电信运营商那里都会留下完整的记录,用户使用语音通话以外的服务更能反映出消费者的特征。企业在营销过程中可以与电信运营商合作,从手机用户数据库中寻找与企业产品特性相符的潜在消费者群体,并直接利用手机与目标用户进行沟通,往往能取得良好的效果。

(2)基于互联网的方法。基于数据库的精准营销是一类非常好的方法,但这类方法也有其局限性:①企业开始的时候很难直接有一个达到一定规模的潜在消费者数据库;②数据库的建设通常需要一段比较长的时间;③数据库需要适时进行更新,否则很容易出现大量垃圾信息(客户状况改变而导致信息失效)。因此,不少企业开始的时候都难以使用基于客户数据库的精准营销方法。基于互联网的精准营销是通过互联网来识别网民的消费心理和行为特征,相关企业再根据这些网民的显著特征来开展针对性很强的精准营销活动。

(3)基于第三方渠道的方法。有些企业难以直接找到自己的潜在消费者,但其他企业(通常是非竞争企业)的渠道却可以非常好地指向自己的潜在客户。当两个企业针对相同的目标顾客群体,虽然产品不同,但是借助对方的渠道能够很好地进行精准营销。[14]

第三节　公司发展历程:基于动态能力的发展轨迹

经济全球化不仅加剧了企业之间的竞争,而且大大增加了企业生存及发展环境的变数。动态能力是企业可持续竞争优势的根本来源。海商网的前身——宁波海博有限公司,仅仅是一家网站服务网络技术企业。随着中国互联网经济的发展,海博公司经过对外部动态环境的知识的吸收与获取、资源的整合与重构,以及对内部技术的研发与创新,发展成为如今集研发、销售、售后服务于一体的 IT 企业,拥有自主研发海商网(cn. hisupplier. com),是目前全球最为领先的精准贸易平台,汇聚了优质供应商产品和优质采购商求购信息。

宁波海博有限公司成立于 1997 年,成立之初总资产仅 10 万元。之后经历了三次搬迁和两次更名,于 2008 年 9 月正式成立浙江省海商网络科技有限公司。经过多年的发展,海商网目前办公面积 1300 多平方米,现有员工 200 多人,汇聚了一批德才兼备、有经验、有理想的网络精英和充满灵感与创新的资深人才。公司多年来一直从事海外网络推广,专注于外贸网络营销方向的研究和创新。海商网络科技有限公司的发展具有明显的企业动态能力,与中国电子商务发展的轨迹同步。

1994 年中国全面接入世界互联网,中国城市与社会的信息化建设由此展开。十多年来,电子商务在全球范围内获得全面爆发式发展,成为全球经济中交易最为活跃、应用较快普及、创新不断涌现的新型经济形态。中国电子商务的发展经历了三个阶段:1999—2002 年是电子商务萌芽阶段。2000年年中公布的统计数据显示,中国网民仅 1000 万。这个阶段,网民的网络生活方式还仅仅停留于电子邮件和新闻浏览。网民未成熟,市场未成熟,以8848 为代表的 B2C 电子商务站点算得上是当时最闪耀的亮点。可惜 8848最终逝去,萌芽期的电子商务环境没能养活几家电子商务平台,只是孕育了一批初级的网民。这个阶段要发展电子商务难度相当大。2003—2006 年是电子商务高速发展阶段。大批的网民开始接受网络购物的生活方式,众多的中小型企业从 B2B 电子商务中获得了订单,获得了销售机会,"网商"的概念深入商家之心。电子商务基础环境不断成熟,物流、支付、诚信瓶颈得到基本解决。2007 年至今是电子商务纵深发展阶段。电子商务已经不仅仅是互联网企业的天下,数不清的传统企业和资金流入电子商务领域,使电子商务世界变得异彩纷呈。中国的电子商务发展将达到新的高度,走进一个现实社会与虚拟社会不断融合发展的新时代。

一、动态能力吸收阶段(2003—2005 年)

吸收能力代表一个企业搜寻、获取、消化与应用知识的能力,这种能力建立的基础在于企业过去所累积的知识存量,而表现出来的特质是组织能与合作伙伴以共同的语言沟通,分享独特的知识,并且能将新知识加以应用。企业的吸收能力越强,它对外界环境的经营掌控能力也就越强,就越有机会把竞争对手的外溢知识引进企业内部。

这一阶段是海商网原始积累的阶段,在这阶段,与阿里巴巴、"中国制造"等 B2B 的电子商务网站不同,宁波海博公司选择网站服务。2000 年,海博与雅虎合作,成为雅虎联盟;2001 年,海博在中国外贸形势的推动下,与欧洲资源合作,开始做海外网站推广;2003 年 3 月,海博成为国内知名电子商务平台"中国制造"浙江省总代理;2003 年 11 月招商引资到国家高新区,并成立宁波市科技园区海博科技有限公司。这一阶段,海商网的业务形式是多样化的,没有自己的主营业务,多种经营使海商网吸收先进的管理知识和高科技的技术,完成了资金和客户的原始积累,为以后的公司发展壮大打下基础。

(一)多元化战略实现了海商网成长和发展

这一阶段的海商网处于建立初期,企业致力于网站服务的业务,但是随着企业的成长，为了更好地满足市场需求、增加销售、减少风险，以及解决企业建立初期资金实力有限、品牌知名度低、技术开发能力相对薄弱、市场网络不完善等缺点，海商网与雅虎合作开展搜索网站推广，并与欧洲资源合作开始海外网站推广，成为国内知名 B2B 电子商务平台"中国制造"浙江省总代理，开始了多元化经营。通过一年多的网站建设，海商网在此项业务开发和建设能力上已经比较成熟。海商网选择开展多元化战略，直接动机是海商网与这些公司合作的各项业务之间存在范围经济，这些业务与网站建设服务的专有知识和共同经验以及管理层运用知识和经验的能力，在多元化经营业务下能够得到提高和加强。

1. 多元化战略使海商网吸收技术和知识

对一家网络科技公司来说，高水平的技术是吸引客户的重要资本，先进的管理和服务是维护客户的重要手段。海商网建立初期是一家注册资金不足 10 万、员工不超过 20 人的小公司，品牌知名度低、技术开发能力相对薄弱使它很难开展业务和挖掘新的客户。雅虎、中国制造网以及一些欧洲资源具有很强的品牌知名度，具有世界上最先进的互联网技术和大批的高科技人才。因此海商网在与雅虎、中国制造网和欧洲资源的合作过程中，参加这些公司的培训，不断吸收先进技术，培养了一大批技术和营销专业人才，扩大了规模，建成了一个拥有强大研发创新和品牌营销能力的完整的企业团队，汇聚大批精于研发、善于销售、优于服务的员工，从而增强了海商网的核心竞争实力。

2. 多元化战略使海商网吸收客户和资金

21 世纪初，互联网经济兴起，与互联网相关的公司在全国各地如雨后春笋般成立。对于发展初期的海商网而言，没有足够的资金支持，要想在日新月异的互联网时代生存不是件容易的事情。海商网在创建初期实力较弱，可利用的资源较少，客户在网站建设的需求外还提出了一些额外的需求。通过与一些知名大公司合作，海商网不光满足了客户的需求，留住了老客户，扩展了新客户，还获得了主营收入以外的额外收入。多元化战略为海商网积累了大量的客户和资金，也为日后发展打下基础。

（二）多元化战略促使海商网自主研发

多元化战略是海商网发展初期采取的战略，此战略促进了海商网的发展，使其完成了原始积累。但是随着电子商务经济的不断发展和市场的不断壮大，电子商务商业发展模式也在不断变化，多种电子商务经营模式和盈利模式不断出现。海商网与知名网络企业的合作业务利润空间不断缩小，业务扩展也越来越困难；但是，经过几年的合作，海商网的知名度不断扩大，管理层不断健全，业务技术团队不断壮大，拥有的高科技人员不断增多，资金实力日益雄厚，客户数量不断增加。多元化战略促使海商网走上自主研发的转型路。

二、动态能力创新阶段（2005—2008年）

创新是一项复杂的活动，在此过程中，新知识得以利用并产生商业绩效。吸收和利用外部知识的能力是创新能力的一个重要组成部分。海商网在前期吸收阶段，通过多元化战略大量获取外界信息和知识，培养和提升能力，进入创新阶段。2005年是中国电子商务从成长阶段步入快速发展阶段的关键年，伴随着中国现代服务业第二次浪潮的兴起，率先盈利的就是B2B电子商务模式。从2005年起，中国B2B电子商务市场迎来第二个高速增长期。在与雅虎、欧洲资源尤其是B2B知名公司"中国制造"合作和完成了一定的原始积累之后，2005年10月，海商网研发中心成立，开始自主创新研发海商网（cn.hisupplier.com）。

（一）海商网的创建

2005年10月，海商网研发中心成立，技术专业出身的海商网CEO陈则立根据多年网站建设服务、域名维护和网站营销的经验，本着把自己的营销理念融合到电子商务平台中去的想法，组建了一支高科技研发团队。经过两年的研发和不断创新，2007年10月，海商网（cn.hisupplier.com）正式上线，公司开始正式营销海商网。自此，海商网拥有自己独立研发的拥有知识产权的电子商务网站，告别了与知名企业合作的代理时代，成为集研发、销售、售后服务于一体的IT企业。2008年9月，浙江海商网络科技有限公司以1000万的注册资金成立。

2008年，正值金融危机，外贸行业面临前所未有的挑战，国内好多知名的电子商务平台企业纷纷退出市场，这对于主营外贸推广的电子商务企业海商网来说，无疑也是相当大的冲击。在市场不景气的情况之下，技术创新是必然的选择。对于企业来说，开发一项新的更加有推广效果的平台技术，是合理和明智的。环境背景、经济形势促进公司技术创新能力的形成，以此带动一项新技术的开发。

从海商网在技术开发前期所做的一系列调研工作包括轮岗分析等的方案中，我们不难看出，公司在技术创新的理念上，动态能力的创新能力体现得淋漓尽致。公司吸收多年电子商务行业经验,已经具备了预测行业发展趋势的能力。在整个技术开发的过程中,各个阶段的工作内容丰富度都有所提高,从而对内、外部知识与信息的创新要求也更加突出。其间不间断召开"找茬会"、进行"头脑风暴"等等,体现了公司在新技术的研发方面,不断否定旧思路、旧观念,不断探索新事物的精神。海商网在吸收外部知识与信息的过程中,同化与转化了这些初级信息,并根据这些被获取的信息对新技术的定位与开发方向进行重新调整。显然,这个过程对一项新技术开发的助益是不可估量的。技术开发团队能从所处的知识信息环境中辨别出相关可用知识,按照自身的组织惯例和过程来分析、处理、解释和理解信息,最终将其转化成新思路的产品成果。

(二)海商网的运营

1. 快速发展的海商网

海商网独创的 W.B.O 三合一网络行销理念,将电子商务平台、品牌建设推广、企业管理、融资等一系列功能与服务形成一套解决方案,让客户能够享受一站式的服务。海商网与其他电子商务平台,特别是与知名电子商务平台相比,在网站建设、技术人员、管理水平方面并无明显优势,但在政府资源、人脉关系以及电子商务平台创新方面,具有自身的特点。海商网成立之初就已经确定了自身的定位和目标,把客户定位在中小微外贸企业。2002 年到 2012 年的十年间,宁波年度对外贸易额从 100 多亿美元发展到近千亿美元,增长近十倍,累计实际利用外资 200 多亿美元;年度境外中方投资额由 200 多万美元跃升至 11 亿美元。宁波的外贸主体在不断壮大。截至 2011 年,宁波有外贸实绩的企业超过 1.2 万家,从业人员超过 200 万人,年出口过亿美元的企业有 140 家。在短短的两年内,海商网的注册会员就达到了 20 多万家,付费会员达到 1 万多家。截止到 2014 年 6 月,海商网的注册会员达到了 40 多万家。

2. 获得多方认同和荣誉

海商网上线后,得到了宁波市政府的大力支持,并得到了客户的多方认同,获得了很多荣誉(如表 4-3 所示)。

表 4-3　海商网获得的部分荣誉称号

2008 年 9 月	HiSupplier 研发技术中心被授予"电子商务企业工程技术中心"称号
2008 年 12 月	被授予高新技术企业荣誉称号;海商 W.B.S 贸易平台软件被授予计算机软件著作权登记证书
2009 年 1 月	海商 W.B.S 贸易平台软件 v1.0 被授予软件产品登记证书
2009 年 3 月	海商电子商务平台软件被授予计算机软件著作权登记证书;在第四届中国电子商务大会上荣获行业电子商务网站最具发展潜力奖
2009 年 4 月	在第四届电子商务大会上荣获中国行业电子商务网站 TOP 100 和 TOP 100 最具潜力奖;海商网荣获"2008 年度宁波市电子商务 5 强企业"第一名
2009 年 5 月	海商网电子商务软件 v1.0 被授予软件产品登记证书;海商网荣获浙商风云榜"2009 浙商最具投资潜力企业"称号
2009 年 6 月	海商网取得增值电信业务经营许可证;浙江海商网络科技有限公司通过软件企业认定,获得软件企业认定证书
2009 年 8 月	海商网入编"全市拓市场促调整保增长工作经验交流大会"材料
2009 年 9 月	海商自助建站软件(简称风格网站)v1.0 被国家版权局授予计算机软件著作权登记证书;海商 SEO 优化软件(简称 SEO 优化)v1.0 被国家版权局授予计算机软件著作权登记证书;海商商情订阅软件(简称商情订阅)v1.0 被国家版权局授予计算机软件著作权登记证书;海商展会发布软件(简称展会发布软件)v1.0 被国家版权局授予计算机软件著作权登记证书
2009 年 12 月	"宁波鄞州海商电子商务工程(技术)中心"被列入区级工程技术中心建设计划;海商网 CEO 陈则立入选中国电子商务专家库;海商网获得"宁波市最具发展潜力网站"奖项
2010 年 2 月	海商网 CEO 陈则立成为宁波企业家协会会员理事
2010 年 4 月	海商网被认定为鄞州区服务外包企业;海商网荣获宁波创业风云榜"2009 优秀服务平台"奖项;海商网荣获"2009 年度中国行业电子商务网站 TOP100";海商网荣获"宁波市优秀企业信息化公共服务平台"称号
2010 年 7 月	海商网在浙商大会上荣获"2009 浙商最具投资价值企业"称号
2011 年 9 月	海商网通过"高新技术企业"认证

三、动态能力整合阶段(2008 年至今)

海商网作为知名的 B2B 电子商务平台,面对市场的发展形势,不断调整战略和服务模式,通过研发和整合新的功能服务,帮助客户提升外贸推广的效果。B2B 作为一种推广模式具有自身的优势,互联网给了客户更多的发展空间和商机。传统的模式陷入发展瓶颈,效果的下降和服务功能的受限,使得客户对 B2B 的推广有了不同的认识。在企业自身通过努力不断提升产品质量和价值以控制运营成本的同时,作为 B2B 平台企业来说,如何通过自身服务的拓展、效果的提升来吸引客户以及帮助客户提升企业产品的核心竞争力,是目前 B2B 电子商务发展的大势所趋。品牌创造价值,品牌代表实力,海商网正是通过整合各种资源和多方位开拓渠道打造自身品牌价值。

(一)整合营销提升品牌形象

1. 参加国际展会

海商网多次参加国际展会,借助展会机会,进行多方面的宣传。让海商网走出去,让更多的国际采购商、国内供应商知道海商网,了解海商网。借助国际展会,进一步提升海商网在国际上的知名度。同时,针对展会,海商网还推出了"参展供应商以更少的钱,享受更高级别的海商网精准营销服务"的特别优惠活动,吸引了众多展商参与。

2. 参加电子商务大会

海商网通过参加电子商务大会,与同行进行交流,获取电子商务发展动态。通过 CEO 发言,记者采访,电视、网络、杂志、报纸等多种渠道全方位报道,整合电子商务大会的影响力和各种资源,扩大海商网的行业知名度和品牌影响力。

3. 承办各项政府活动

海商网通过承办各项政府活动,整合各种资源,扩大行业知名度和品牌影响力。通过这一系列的活动,海商网希望更多的宁波中小企业知道和了解自己的产品和服务,希望将技术和推广模式应用于企业的网络推广、电子商务(如表 4-4 所示)。

表 4-4　海商网承办各项活动

2012 年 12 月	海商网作为服务于外贸企业的电子商务平台,应邀参加了河北省外贸厅组织举办的外贸企业产地证培训会,并带去了海商网精准贸易平台的理念与技术
2013 年 7 月 23 日	海商网等 5 家企业承办由宁波市经济和信息化委员会主办的"宁波软件·贴心服务"系列论坛,希望通过电子商务、网络推广、ERP 管理软件等方面支持企业信息化建设,帮助更多的企业实现信息化管理、信息化营销
2013 年 7 月 25 日	海商网助力"电商换市—软件创新"论坛
2013 年 10 月 27 日	海商网多语种精准贸易平台入选国家工信部"2013 年电子商务集成创新试点工程项目"

续表

2013 年 12 月	海商网承办"中小企业如何实现信息化建设"论坛
2014 年 4 月	海商网等 4 家软件企业承办"宁波软件·集成服务"系列活动
2014 年 5 月	海商网联合信息化服务企业成立"中小企业外贸信息化服务平台"

4. 设立分支机构

随着海商网的不断发展壮大,会员数量的不断增多,业务范围也在不断扩大。海商网提出"立足宁波,面向全国"的口号,在全国各地设立分支机构,把业务扩展到全国。2011 年,海商网美国分公司成立,以全球经济中心美国为基点,辐射全球,为中小企业进军全球市场创造良好的契机,促进国际贸易的发展。目前,海商网在全国设有 22 家分支机构,会员企业遍布全国各地。

(二)整合服务提升品牌价值

1. 编写《精准营销质量提升手册》

为了让海商网的员工和会员客户更好地认知、理解海商网的核心理念以及熟练操作精准营销的手段和技术,海商网团队组织编写《精准营销质量提升手册》,并首先针对海商网各个部门的员工进行有关《精准营销质量提升手册》的培训会。经过培训并进行考试,确保相关人员能够切实掌握相关知识和内容,从而更好地指导客户运用海商网精准贸易平台,更熟练和高效地进行精准营销。

2. 推出精准营销小语种推广

海商网针对 40% 的买家习惯使用母语查找产品这一特点,推出精准营销小语种推广,帮助外贸企业实现本地化营销策略。海商网小语种推广是具有针对性、本土化的精准营销,成功帮助客户开拓更为宽广的市场渠道。小语种推广无论是在关键词优化、本土化,还是产品的描述方面,都提供了更加精准的信息展示和文化推广。

3. 核证供应商认证服务

为了提升海商网客户的核心竞争力和产品价值,2014 年,海商网与 SGS 标准技术服务有限公司合作推出了第三方认证——核证供应商认证服务。SGS 是全球领先的检验、鉴定、测试和认证机构,也是全球公认的质量和诚信基准。

4. O2O 美国生活馆

海商网于 2014 年推出了 O2O 美国生活馆。O2O 美国生活馆旨在打造一个线上线下(Online&Offline)相结合的跨境电子商务平台,通过线下样品展示、线上下单、美国采购直邮,将进口商品直接送到消费者手中。跨境O2O 是一种全新的购物体验,也是高科技、绿色商品的消费体验,帮助更多人提高生活品质,关注健康生活。

第四节　案例讨论:基于精准营销授人以渔的服务平台

一、海商网的概况

"海量网商,全球推广"是海商网的内涵。浙江海商网络科技有限公司(原宁波海博有限公司)成立于 1997 年,总部位于宁波鄞州中心区广博大厦,是集研发、销售、售后服务于一体的电子商务企业。公司注册资金 1000 万元,办公面积 1300 多平方米,健身房、休闲区等配套设施齐全。公司现有员工 200 多人,在帮助企业开展网络营销和电子商务方面掌握了成熟的技术,积累了丰富的实践经验。

海商网下设品牌运营中心、行销中心、客服中心、技术中心、财务中心、人力资源中心六大主要机构,销售部、企划部、客服部、展会部等十二个子部门,具有完整的组织机构和人才格局。

海商网多年来一直从事海外网络推广,专注于外贸网络营销方向的研究和创新,根据国际买家的需求和推广经验,自主创新研发了海商网(cn.hisupplier.com),是中国首创的网上交易会,是致力于精准营销理念并且第一个将 W.B.S 技术和 W.B.O 理念完美结合的综合电子商务平台。其在突破传统电子商务平台的功能局限性,为客户提供传统网络推广服务的同时,又增加了网络传真、短信群发、电话会议、客户关系管理、融资、物流等多元化的增值服务,降低企业运营成本,提升企业发展速度。平台汇聚了丰富的采购商和供应商信息,已经形成一个全球性的网上贸易市场,成为一个行业类别多、种类全、分工细的综合电子商务平台。

海商网平台产业类别涉及农业产品、服装饰件、工艺品、化工、电气电子、交通运输等 26 大类,1000 多个子类,为企业拓展销售渠道、建立自主品牌、办公自动化、资源整合等提供了良好的平台支持,是商人创造商机的最佳选择。海商网秉着"诚心、诚信、诚行"的工作理念,不断开拓进取,协助更多的企业成功跨入网络经济时代,通过互联网这一新兴媒体为企业和社会带来更多效益。目前,平台有会员 40 多万家,新会员数量以每天 200～300

家的速度增长,平台成功跻身全球著名电子商务平台行列,成为中国三大综合电子商务平台之一。海商网致力于将中国产品推向世界,扩大中国外贸出口,改变中国外贸形势,为中国企业提供更多的对外合作商机。中国海商网以 SEO(搜索引擎优化)行销网站为核心,以企业商铺形成 B2B,以企业网店形成 B2C,引入视频播放形成视频导购、展示企业形象,为企业开通博客形成博客群,提供 CRM(企业客户关系管理系统),构建多元化的商贸平台,描绘全球最优秀网络平台的宏伟蓝图。2009 年 4 月,海商网在第四届电子商务大会上荣获中国行业电子商务网站 TOP 100 和 TOP 100 最具潜力奖;2010 年 4 月,海商网荣获宁波创业风云榜"2009 优秀服务平台"奖项;2010 年 7 月,海商网在浙商大会上荣获"2009 浙商最具投资价值企业"称号;2012 年 12 月,海商网获得"宁波服务业名牌"称号。

二、海商网的创新产品和服务——精准营销

海商网突破传统的 B2B 推广模式,首创了 W. B. S 推广理念(如图 4-4 所示)。

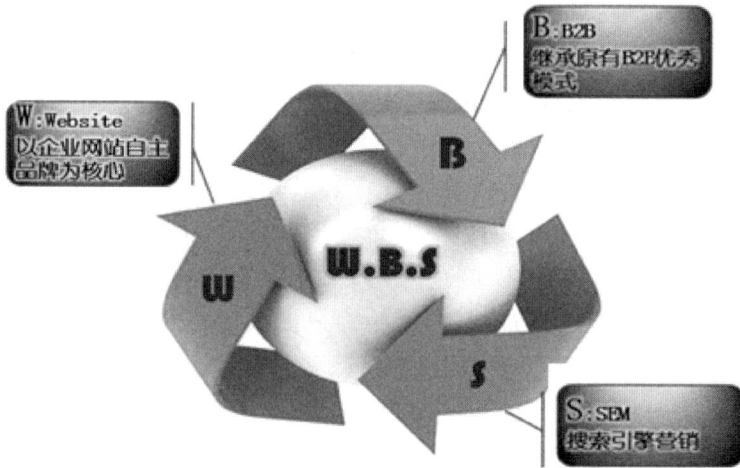

图 4-4　W. B. S 推广理念
资料来源:海商网宣传手册。

为企业提供自主优化网站、B2B 贸易平台和 SEM 搜索引擎营销三合一的综合网络推广服务(如图 4-5 所示),通过分析采购商的使用习惯和搜索途径,精确定位企业的精准关键词。

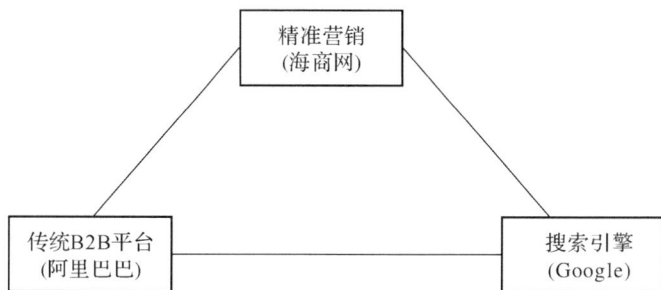

图 4-5　网络推广"三足鼎立"

资料来源:海商网宣传手册。

"精准营销"基本准则:

(1)有条理地组织内容。有逻辑的产品罗列可以帮助买家快速查找并定位到所需产品。

(2)通俗易懂的文字。买家更喜欢点击结构简单清晰、表述通俗易懂的信息来进行浏览和筛选。

(3)提供新颖、独特的内容。新颖独特的内容能够第一时间吸引买家眼球,帮助买家准确明了供应商独有的优势。

(4)使用准确英文发布信息。海商网专注英文贸易平台,买家搜索一般使用英文,为了保证供应商的信息可以被买家准确搜索到,应尽量使用精确标准的、符合国际买家语言和文化习惯的英文来发布信息。

(一)精准营销的广度和深度

海商网是服务中小企业的精准贸易平台,汇聚了优质供应商产品和优质采购商信息,其突出的优势是精准营销,表现为精准广度和精准深度。

海商网精准营销是一种高效营销,通过 B2B 平台、搜索引擎营销、数据库营销、SNS 营销、小语种营销、3D 产品展示、视频、精准关键词分析、原创描述推荐等多项精准推广服务(如表 4-5、表 4-6、图 4-6 所示),做到精准广度和精准深度,精准地展示企业形象,推广企业产品。精准广度:所有网络资源的整合;精准深度:关键词多层次深度定位。

表 4-5　精准营销服务套餐(1)

产品套餐及服务项目		高级供应商	白金供应商	钻石供应商
B2B平台推广	优化产品	300 个	500 个	1000 个
	加密产品	30 个	50 个	100 个
	关键词	/	3 个	3 个
	平台首页广告	/	/	3 个月
	目录频道推广	/	3 个目录 3 个月	6 个目录 6 个月
视频剪辑		5 分钟	10 分钟	15 分钟
3D 展示		5 个	10 个	10 个
精准营销技术		PM 1.0	PM 2.0	PM 3.0
杂志广告		1/5P	1/5P	1/2P
关键词及原创描述分析指导		提供	提供	提供
网站诊断分析报告		系统自带	定制 2 次/年	定制 4 次/年
案例产品添加		50 个	80 个	120 个
客户服务		客服专员	客服专员	VIP 客服
服务价格		18000 元/年	28000 元/年	58000 元/年

资料来源:海商网宣传手册。

表 4-6　精准营销服务套餐(2)

服务项目	服务说明		价格
3D 展示	逼真 3D 产品演示,全方位体现产品的质量和特性。立体感官体验、绝佳视觉冲击、交互性操作体验让产品"舞动"出灵性,实现高效营销战略		1000 元/年(个)
视频拍摄	海商网专业人士帮助拍摄企业视频,动态展示企业环境与企业实力,提升企业形象与品牌(限宁波地区)		500 元/分钟
关键词排名	关键词搜索,产品信息出现在关键词搜索结果首页或目录搜索结果首页		5000 元/年
	关键词搜索,相关产品信息出现在搜索结果页的第一位		10000 元/年
首页产品展示	具有极高商业价值和展示位置,第一时间吸引潜在客户注意,更是企业品牌与实力的展示		8000 元/月
旗帜广告	企业推广必争位置,极具吸引力的展示形式,及时抓住采购商的眼球,提升企业的宣传效果	首页定制旗帜广告	8000 元/月
		行业目录旗帜广告	5000 元/年
		关键词搜索页旗帜广告	5000 元/年
目录产品展示	位于各行业目录显示页下部,是展示企业产品的绝佳机会,同样是商家必争的"稀缺资源"		3000 元/年

资料来源:海商网宣传手册。

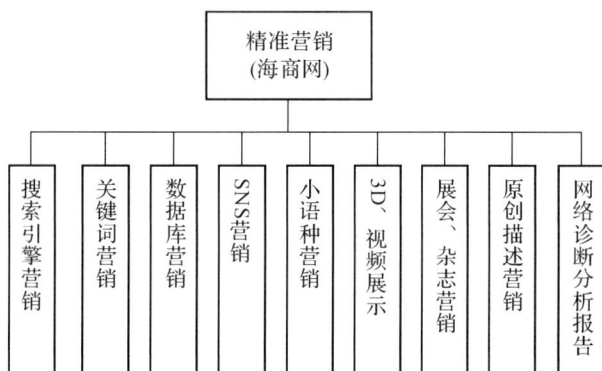

图 4-6　精准营销服务框架图

(二)精准营销——搜索引擎营销

搜索引擎营销是指基于搜索引擎平台的网络营销,利用人们对搜索引擎的依赖和使用习惯,在人们检索信息的时候尽可能将营销信息传递给目标客户。搜索引擎与互联网信息的关系可以做如下比喻:互联网上的信息浩瀚万千,而且毫无秩序,信息像汪洋上的一个个小岛,网页链接是这些小岛之间纵横交错的桥梁,而搜索引擎,则为你绘制一幅一目了然的信息地图,供你随时查阅。

Optify 的年度 B2B 营销报告(基于美国超过 600 家中小企业网站的访问数据以揭示一些中小企业的 B2B 营销现状)指出,2012 年,在 B2B 网站的流量来源方面,谷歌是最重要的来源,占所有访问的 36%。对大多数 B2B 企业而言,搜索引擎优化是其积累行业资源重要的手段,在未来几年内还将是影响其发展的最关键因素。海商网研发的 W. B. S 三合一理念中的“S”指的就是搜索引擎营销。

(三)精准营销——关键词营销

关键词多层次深度定位,通过对产品关键词、公司行业地位、价格服务、名词定义、文化特色等的分析,对每一家会员企业进行准确定位,并实施精准营销,做到每家会员企业发布的都是最有效、最直接、最匹配的信息。关键词是指用户在搜索需求信息时在搜索框中输入的字词。这些客户乐于去搜索的字词,是网站优化的核心。只有优化这些字词,使之在搜索引擎上的排名更好,才能给网站带来更多的流量和更多的客户。所以,选择好关键词是关系网站成败的关键性一步(如表 4-7 所示)。

表 4-7　海商网的关键词

主关键词	即行业关键词,主要用于风格网站首页的优化
长尾关键词	即分组名称和产品名称所使用的关键词,用于优化风格网站产品组和产品详细页

　　海商网关键词策略:第一步:根据自己的服务或者产品,选择 1~3 个宽泛的关键词;第二步:根据已选的宽泛关键词扩展相关关键词;第三步:根据长尾关键词的选词规则确定关键词。

　　(四)精准营销——数据库营销

　　数据库营销是指企业通过搜集和积累客户的大量信息,以及有针对性地制作营销信息以达到销售产品的目的。与传统营销相比,数据库营销具备以下三项优势:第一,能识别每位客户并与之进行单独接触;第二,了解客户是否会购买本企业产品,具体购买什么产品;第三,具有灵活性,能在不同的时间以不同的方式吸引不同的顾客。

　　过去,数据库营销的代表是直邮营销。由于建立数据库和营销费用昂贵,数据库营销基本上与中小企业绝缘。随着互联网时代的到来,数据库营销的成本骤减,使得数据库营销成为中小企业开展电子商务的重要助力。

　　海商网建有客户数据库,它能协助企业根据自身的行业需求,在开展电子邮件营销、电话销售等市场工作的对象的基础上建立自己的行业数据库(其内容包括客户的联络信息、联络人信息、背景信息和属性信息等),最大化地降低企业的成本。由于数据不断地更新与变化,为了客户更好地使用数据库,海商网的数据库服务器安放在上海和美国两地,部分数据库服务器交给专业公司托管,保证数据库的有效性、完整性和安全性,及时更新数据库,并根据客户的不同需求不断地扩充数据库,使之可以随时为企业提供最新的数据信息。

　　海商网除了建有自身的客户会员企业数据库外,还和一些专业的 B2B 数据库公司合作。这些公司拥有的 B2B 数据包括全国各省市企业名录、全国各行业企业名录、全国上市公司名录、外资企业名录、民营企业名录、贸易型企业名录、生产制造加工型企业名录、全国大中型企业名录以及 IT 企业名录,全国技监数据、中国工商企业、中国进出口企业和营业额大于 500 万元的企业的检测数据,采购负责人、IT 经理热门行业信息技术负责人(金融、电信、政府、能源、公共事业)以及新成立企业的信息等,提供的服务包括直邮、群发传真、电话营销、电子邮件营销和短信营销。海商网通过与专业的

B2B 数据库公司合作获得专业精准的数据,能够根据客户不同的市场定位和需求,提供最精确的数据信息以配合客户进行市场推广及广告运作。另外,海商网还根据不同客户的需求为客户策划出最有效的营销模式,使数据为客户服务,满足客户的市场推广活动。精准的数据让企业寻找到最适合自己市场定位的客户群,达到"一对一"的广告传播效果,准确地将信息传达给消费者,而且拥有更高的反馈率。

（五）精准营销——SNS 营销

SNS 近年的火爆是互联网的一大奇观,国外以 Facebook、Twitter 为代表,国内以开心网、人人网、微博以及微信为代表。只要体验过微信的用户都会强烈地感觉到,不管有什么新鲜事,都会迅速在朋友圈中传播开来,其传播的速度和广度都让人惊讶。

SNS 营销是随着网络社区化而兴起的营销方式。SNS 社区在中国快速发展时间并不长,但是 SNS 现在已经成为备受广大用户欢迎的一种网络交际模式。SNS 营销就是利用 SNS 网站的分享和共享功能,在六维理论的基础上实现的一种营销,通过病毒式传播的手段,让产品被更多的人知道。

海商网与 Facebook 等社交网站达成了合作。海商网后台与 Facebook 互通,客户可以通过操作后台,非常方便地将企业、产品的信息同步到 Facebook 上。作为互动性较强的社交媒体,Facebook 能够更为顺畅、精准地将企业形象、产品信息传达至精准的采购商手中,从而赢得更多商机。海商网将 B2B 与 SNS 整合在一起,打通了企业营销与人脉沟通的壁垒,迎合了当今商家免费营销、精准营销的需求。海商网客户可以在 Facebook 上免费注册并任意发布自己要销售和求购的商品,企业可以自己在 Facebook 上找客户,客户也能找到企业。这种新型的 SNS 营销模式使海商网的客户能根据自己的需求拓展人脉,并让所获取的人脉关系产生直接的商业价值。

海商网通过与 Facebook 等社交网站合作简化了平台的功能和结构,为会员企业提供方便,企业的客户只需要登录海商网平台或者 Facebook 等社交网站,企业产品便一目了然地展现在眼前。这一功能为企业提供方便,同时也为迫切寻找产品的用户提供捷径,使其直接看到企业经营的产品是否是自己寻找的产品,拉近了用户与企业的距离,让用户与企业之间多一点认识、少一点询问,更多地节约用户与企业的宝贵时间,得到更多的回报。

海商网的会员企业使用 SNS 营销以后,更加注重企业关系网的建设,在搭建的关系网上来进行信息的交流并展开交易。一个企业要生存发展,除了需要供求信息,还需要其他各种信息,比如同行之间的发展状况,相关行业的状况,对行业前景的判断,等等,这些都是要在与其他企业交流学习的基础上得来的。社交式 B2B 的社会化媒体性质将会更有助于企业获取多元化信息。

(六)精准营销——小语种营销

Google Trends 对买家搜索习惯进行分析后发现,60%的客户使用英文采购,40%的买家则习惯使用母语查找产品。我国的 B2B 电子商务平台大多只提供中英两种语言版本。虽然英语是世界上使用最为广泛的语言,但是如果将之放在全球外贸市场上,难免会将沟通范围缩小。因为许多外贸企业的贸易对象国家相对于发达国家普遍落后,本国母语是其最为常用的语言,如非洲、东南亚、阿拉伯语国家。买卖双方存在语言障碍,则只能通过中间商来撮合,必然会出现产品定价压上抬下,买卖双方绕开对接,买方难以采购到质量可靠、价格合理的一手价产品,产品市场推广单一、狭窄,等等问题。

石建斌等人对 eBay 与淘宝市场竞争案例的分析表明,网站要发展切合各国文化的营销策略才能保持客户的忠诚度[15]。石建斌和张芳等人分别进行的研究表明,网络用户多语种化造成非英语网页快速的增长,电子商务的发展越来越国际化和本地化,一个明显标志就是网站越来越趋向多语种版本[15][16]。这些研究说明,网站建设不仅要注意服务功能的实现,还要考虑本地化的人文因素和国际化的跨境服务问题。海商网针对这一趋势,推出精准营销小语种推广,帮助外贸企业实现本地化营销策略。海商网是我国最早开展多语种服务贸易的网站之一,为适应国际贸易、电子商务发展形势推出小语种精准外贸,帮助外贸企业实现本地化营销策略。海商网多语种精准贸易平台入选国家工信部"2013 年电子商务集成创新试点工程项目"。

海商网主推的小语种主要包括西班牙语、法语、葡萄牙语、德语、俄罗斯语、日语、意大利语、阿拉伯语、韩语、荷兰语等 10 多种语言。小语种推广作为外贸推广一个新的支持点,具有竞争优势和先机优势。海商网精准小语种推广的优势有:

(1)有效迎合当地市场买家的本土化服务需求:涵盖 10 余种语言版本,囊括大部分国外市场,推广渠道足够多,覆盖面足够广。

(2)专业和地道让企业脱颖而出:海商网与国外专业的翻译公司联手推出多语言版本,通过即时联机翻译服务,翻译结果精确,语言表达地道。

(3)方便采购商找到会员企业:海商网精准营销理念贯穿小语种推广模式,海量细分化关键词深入到各大本土化小语种搜索引擎,拓展多渠道的搜索引擎推广途径,满足不同国家和地区的语言习惯和查询方式,让采购商能够用母语第一时间找到会员企业。

(4)让采购商信赖会员企业:海商网精准小语种推广适合国外买家的思考模式,同时产品的故事化描述和公司文化积淀能够全方位展现公司实力和真实性,提升品牌形象,加强会员企业在采购商眼中的可信度。

海商网小语种推广是具有针对性、本土化的精准营销,希望帮助客户开拓更为宽广的市场渠道,无论是在关键词优化、本土化,还是产品的描述方面,都提供了更为精准的信息展示和文化推广。

(七)精准营销——其他营销方式

(1)3D、视频展示:海商网精准营销力求精准展示企业的实力,全方位展示产品的各方面特征,会员企业借助立体逼真的 3D 演示和短小精悍的宣传视频全方位地体现产品的优势和特性。立体的感官体验,绝佳的视觉冲击,交互性的操作体验让产品"舞动"灵性,能够深层次、广角度地彰显企业的大气形象和综合实力。

(2)原创描述:原创和详细的产品描述,配合清晰的产品图片,吸引采购商眼球,延长买家停留时间,同时有助于产品优化。

(3)网站诊断分析报告:海商网为客户提供网站诊断分析报告,体现该网站主要关键词的优化推广情况,通过专业的分析诊断,提出相应的建议,帮助客户达到最佳的推广效果。

(4)展会和杂志宣传:海商网通过实地参展、展会对外宣传资料(邀请函、会刊、报刊、入场券等)的推广、官网新闻发布和 LOGO 链接、现场展馆内外广告发布、礼品(名片盒、购物袋、扑克牌等)发放等诸多途径,使会员企业能被众多国内外参展商和采购商认识和熟悉。另外,海商网精心制作了 *China Supplier* 精美杂志,通过国内外知名展会、采购商团体、美国分公司、合作伙伴等多种途径发放,将中国供应商的最新信息精准送到买家手中。

三、海商网的独特经营模式——授人以渔

海商网拥有专业的业务团队、客服团队和网站分析团队,每个客户都有 3 个对应的服务人员——业务员、客服专员、网站分析专员;秉承满意、超值、忠诚的服务理念,服务人员全心全意为客户提供优质的服务,不仅授之以鱼,更要"授之以渔"。

海商网业务人员定期拜访沟通,客服专员定期电话回访并给出建议,网站分析员一对一上门指导,定期举行"授之以渔"客户培训会,不断提升服务品质。客户在操作过程中也可以参考帮助中心(help. hisupplier. com)、《海商网精准营销质量提升手册》《精准营销案例》,每个案例都通过不同角度展示企业文化。

海商网通过市场开拓、市场竞争、模式创新、技术创新等独特的经营模式,以期达到精准营销、授人以渔的目的。

(一)市场开拓模式

1. 保险公司成功模式

一般电子商务平台都是以收取单次年费为运营模式。海商网则是采用保险公司成功模式,将客户绑定,然后持续收费。

2. 符合企业发展的增值服务

随着电子商务的不断发展,海商网不断探索创新,将自身的优势资源植入平台。这就使得海商网为客户带来的利益进一步扩展,用户体验和黏度都得到有效提升。

3. 综合电子商务平台

海商网是为客户提供网络推广、资源整合、企业管理、融资、物流服务等整体解决方案的,是企业建立自主品牌,提升产品市场竞争力,获得更多商机的最佳选择。客户在使用海商网平台进行产品销售推广、企业管理、融资等服务时,形成了一定的依赖性。这就实现了电子商务平台的可持续发展,让电子商务成为企业发展的一套解决方案。

(二)市场竞争模式

1."田忌赛马"模式

海商网与其他电子商务平台,特别是与知名电子商务平台相比,在网站建设、技术人员、管理水平方面并无明显优势,但在政府资源、人脉关系以及电子商务平台创新方面具有自身的特点。如果把海商网平台的创新功能比作一等马,把海商网的政府资源、人脉关系比作二等马,以海商网的一等马去跟知名电子商务平台的二等马比赛,以海商网的二等马去跟别者的三等马比赛,毫无疑问,海商网肯定获得最终的胜利。

2. 良性竞争模式

海商网在金融危机下推出1.5亿援企计划,帮助广大中小企业度过"寒冬",这一举动在业内引起巨大轰动。作为一家民营企业,在金融危机下伸出援助之手,尽到自己的社会责任,帮助国内中小企业渡过难关,实在难能可贵。虽说现在各种各样的炒作方式已经屡见不鲜,但海商网能够推出这样的方案,足见其魄力与实力。

（三）模式创新

1. 技术先进,模式创新,"一站"到位,省时省力

打破传统的 B2B 推广和手工优化模式,首创了 W.B.S 推广理念,将企业独立域名网站、电子商务平台、搜索引擎营销三者有机结合,做到一个账号后台同时操控三个界面,帮助企业解决"网站建设→信息发布→平台推广、搜索引擎推广、站点链接→吸引客户→双方洽谈交流→下单"全套流程,为企业提供最省时便利的一站式服务,引领了全球电子商务新模式,成为全球最先进的网络推广技术。

2. 符合国际买家的细分化关键词推荐及优化

平台上的产品关键词选择将直接影响企业的推广效果,专业的采购商会使用精确专业的关键词进行搜索。海商网根据客户的产品名称,由系统自动推荐相关的细分化关键词,使产品关键词更专业、更丰富。与此同时,这些关键词将被优化至谷歌、雅虎、MSN、AOL 等国际著名搜索引擎及网站上。

3. 生成谷歌地图 Sitemap

谷歌地图 Sitemap 对于网站在谷歌上的优化至关重要,海商网的黄金会员拥有系统自动生成的谷歌地图,使谷歌更快更全面地收录网页内容。

（四）技术创新

1. 详细访问统计报告

目前市场上的电子商务平台几乎都没有提供访问统计报告的功能,导致用户对自己的投资效果没有一个直观而全面的了解。海商网提供极其详细的统计报告,用户可以从流量、关键词来自哪个搜索引擎等各个方面了解真正的效果。

2. 生成 SEO 行销网站

传统电子商务平台在中国已经相当普及,市场上的平台琳琅满目,良莠不齐。海商网在具备完善的平台体系的同时,创新地提出了电子商务平台结合企业 SEO 行销网站的完美解决方案:海商网黄金会员可自动生成具有优化功能的 SEO 行销网站,大幅提升推广力度。

3. 人工智能打破瓶颈

海商网将运用基于标签的非结构化信息管理技术对非结构化数据进行整合,采购商只要在搜索结果中进行标签选择,就能方便地找到目标。如果供应商在添加产品时定义多个标签,那么采购商的搜索结果会显示符合条件的供应商信息,这样即使排名非常靠后的会员,也能很容易地被采购商找到,而且供应商可以按买家使用习惯定义标签,非常便于采购商搜寻。此外,供应商的创新设计也能方便地通过自定义标签体现在产品信息上,为国内企业转型过渡提供发展机遇。

与传统电子商务网站不同,海商网不但为企业推出二级域名的网站,还推出独立域名的网站,扩大了网站传播的效果。由此可见,海商网以 SEO 行销网站为核心,以企业商铺形成 B2B,以企业网店形成 B2C,从而构建出一个多元化综合性的电子商务平台。

4. 自动生成优化网页

与其他 SEO 企业不同,海商网为客户提供的网页优化全部是自动生成,而非传统的手工操作,客户只要输入产品名、关键词、原创描述等参数,就能自动生成优化后的网页,这样就为客户节省了大量时间。

第五节　结论与启示

一、缺少在线支付是海商网的软肋

在线支付是电子商务系统实现在线交易的基础环节,它是指卖方与买方通过互联网上的电子商务交易平台进行交易时,通过安全的信息技术方法和支付结算流程,基于互联网环境完成支付,将资金由买家账户转入在线支付服务组织提供的中央账户,或直接转入卖方账户完成在线支付,卖家同步获得买家支付信息,开始着手向买家提供在线交易的商品和服务。B2B 在线支付强调三流合一,使 B2B 电子商务交易完成全部的交易工作。B2B 在线交易是 B2B 电子商务实现在线交易的核心环节。海商网作为 B2B 外贸电子商务平台,缺少在线支付功能,无法满足客户实现完整贸易活动的需求。

随着电子商务的发展,中小企业的需求越来越多样化,而在线交易成为企业的重要需求之一。2016 年 5 月 17 日,中国"互联网＋产业"智库、国内知名电子商务研究机构——中国电子商务研究中心（100EC.CN）发布《2015年度中国电子商务市场数据监测报告》。报告显示，2015 年，中国电子商务交易额达 18.3 万亿元，同比增长 36.5％，增幅上升 5.1 个百分点。其中，B2B 电商交易额 13.9 万亿元，同比增长 39％。网络零售市场规模 3.8 万亿元，同比增长 35.7％。海商网作为国内知名的外贸 B2B 平台运营商，应进一步从现有的信息平台向交易平台转型升级，帮助买卖双方安全、便利地完成整个交易流程。

二、动态能力促进了平台的创新发展

动态能力理论强调企业整体性、复杂性和动态性，可以用于解释企业如何保持竞争优势。动态能力是改变能力的能力。动态能力是企业整合、构建和重组内外部能力，以适应快速变化环境的能力。为适应不断变化的市场环境，企业必须具有不断更新自身能力的能力，以便与动态变化的经营环境相一致；在更新自身能力（整合、重构内外部组织的技能、资源）以满足环境变化的要求方面具有关键作用。企业整合能力尤其是技术整合能力就属企业的动态能力，即企业在有关自身业务的技术知识演变中挑选出部分与自身现有知识基础关联的技术知识，并执行这种关联的能力。

首先，市场环境和市场需求的不断变化以及企业自身发展过程中动态能力的演变引导企业创新发展新技术的过程。2003 年，我国"非典"以后，电子商务呈现向上的发展趋势，海商网意识到网络推广成为中小企业最佳选择之一。电子商务行业的发展逐渐成熟，竞争日益激烈，海商网通过对电子商务行业经验的吸收，以及公司创立以来资金的积累和对客户群体的了解、掌握等，吸收内、外部知识与信息，尤其是对国内外 B2B 平台、搜索引擎进行分析，从而为技术的创新奠定基础。其次，在创新技术平台期间，企业的成员通过多次组织学习，召开"找茬会"，进行"头脑风暴"等，多次否定旧思路、旧观念，动态地吸收新的知识和新的观念。海商网在吸收外部知识与信息的过程中，不断转化自己的新的知识和信息，并在此基础上进行创新发展，开发出独创的精准营销，整合平台推广和搜索引擎推广的特点，创造更加精准的推广效果。动态能力中，吸收能力是海商网创新的关键能力，是新技术开发的基础和动力来源，海商网动态能力促进了平台的创新发展。

三、以精准营销技术为核心提升平台的品牌竞争力

精准营销强调的是"精准"和"精确"，即以顾客为中心，依托强大的数据库资源，通过现代信息技术手段实现个性营销活动，借助市场定量分析手

段、现代信息技术,对消费者进行精确衡量和分析,做到在恰当的时间、恰当的地点,以恰当的价格,通过恰当的营销渠道,向恰当的顾客提供恰当的产品,实现企业对效益最大化的追求。在品牌竞争之战如火如荼的年代,建立在网络和信息技术基础上的精准营销模式为企业提升品牌竞争力、寻求新的竞争优势提供了有效的实现途径,精准营销俨然成为企业维系顾客、提升品牌竞争力的有效手段。

企业建设品牌的决定性因素是知识产权和技术创新,技术创新对构建和推广品牌起着极其重要的作用。随着电子商务行业的发展和技术的成熟,B2B 平台越来越多,竞争也日益激烈。传统 B2B 形态下的供应链,工厂—外贸公司—进口商(大 B)—零售商(小 B)—消费者,是自然优胜劣汰过程中形成的商业形态,在碎片化需求到集中订单,然后集中生产,最后到分散销售的过程中,实现效率最优化。但是对于众多的中小企业来说,这种传统的 B2B 平台推广效果越来越差,推广费用越来越高,转化率却越来越低,平台主要流量入口被有实力的公司所垄断。可以说,外贸网络 1.0 时代是网站时代,只要一个网站和一张名片,而且主要还是通过各种展会收取名片来获取客户,网站只是起一个很小的补充作用,提供公司和产品信息、联系方式等等,网站做好后很少有人过问;外贸网络 2.0 时代是网络营销时代,主要利用阿里巴巴等 B2B 网站,同时使用 SEO 等各种网络推广手段,目的就是争取最大的曝光率,实现最大的转化率;现在,外贸网络 3.0 时代是精准营销时代,以社交媒体为主,强调个性化差异化,利用信息炮弹进行精准打击联合。海商网采用全球最为领先的 W.B.S 三合一理念,整合企业独立网站、电子商务平台、搜索引擎营销,使中小企业在网络中脱颖而出。海商网针对中小企业不同的需求,精心组合产品套餐和服务项目,推出精准营销三种服务套餐,会员企业可以根据需求选择,这满足了不同类型客户的需求,提高了竞争力。

四、以授人以渔的服务方式增强中小企业的忠诚度

随着市场经济的发展,竞争环境的动荡变化,企业越来越重视良好客户关系的建立,越来越认识到客户忠诚的价值。只有培育和巩固忠诚客户群,企业才能建立特殊的竞争优势,才能在激烈的市场竞争中,依靠优良的服务质量得到长久的发展。根据 Parasuraman,Zeithaml 和 Berry 的观点,客户忠诚度是指客户对企业的产品或服务的依恋或爱慕的情感,它主要通过客户的情感忠诚、行为忠诚和意识忠诚表现出来。同时,企业通过提升服务品

质,可以增强顾客再购买的意愿。其更进一步指出,提供给客户的服务品质会影响客户推荐给其他客户的意愿,而且,客户对服务品质的认知程度会对其行为产生显著的影响。Cho,Lee,Kim 和 Choi 研究发现,服务品质是影响客户满意度的关键要素,客户的需求被基本满足,进而会在内心产生对服务提供企业的忠诚度[17]。海商网专业的业务人员、客服团队和网站分析技术人员为客户提供优质的服务,以服务好买卖双方为宗旨,把服务放在首位。在解决用户的需求方面,海商网秉承"授人以渔"的理念,无论是平台操作还是网站产品优化,客服部都会给企业专业的建议和指导,不光是把产品卖给客户,同时还教会企业工作人员如何运用精准营销,如何更加轻松地获得订单。另外,客服定期电话回访,网站分析技术人员跟踪指导,为客户专业、高效地解决问题。优质的服务增强了中小企业的忠诚度。

参考文献

[1] STAKE R E. Qualitative case studies[R]. Handbook of Qualitative Research. 2nd ed. 2000.

[2] TEECE D,PISANO G. The dynamic capabilities of firms:an introduction [J]. Industrial & Corporate Change,1994,3(3):537-556.

[3] HELFAT C E. Know-how and asset complementarity and dynamic capability accumulation:the case of R&D[J]. Strategic Management Journal, 1997,18(5):339-360.

[4] HELFAT C E,PETERAF M A. The dynamic resource-based view:capability lifecycles [J]. Strategic Management Journal, 2003, 24 (10): 997-1010.

[5] WINTER S G. Understanding dynamic capabilities[J]. Srategic Management Journal,2003,24(10):991-995.

[6] COHEN W M, LEVINTHAL D A. Absorptive capacity:a new perspective on learning and innovation[J]. Administrative Science Quarterly, 1990,35(1):128-152.

[7] MOWERY D C,OXLEY J E,SILVERMAN B S. Strategic alliances and interfirm knowledge transfer[J]. Strategic Management Journal,1996,17: 77-91.

[8] SKIERA B, ALBERS S, KIM L. Crisis construction and organization learning: capability building in catching-up at Hyundai Motor[J]. Organi-

zation Science,1998,9(4):506-521.

[9] WANG C L,AHMED P K. Dynamic capabilities:a review and research a-genda[J]. International Journal of Management Reviews,2007,9(1):31-51.

[10] IANSITI M,CLARK K B. Integration and dynamic capability:evidence from product development in automobiles and mainframe computers[J]. Industrial & Corporate Change,1994,3(3):557-605.

[11] 菲力普·科特勒,凯文·莱恩·凯勒. 营销管理[M]. 上海:上海人民出版社,2006.

[12] 伍青生,余颖,郑兴山. 精准营销的思想和方法[J]. 市场营销导刊,2006(5):39-42.

[13] 徐海亮. 论精准营销的体系及理论[J]. 中国邮政报,2006-08-18.

[14] 刘征宇. 精准营销方法研究[J]. 上海交通大学学报,2007(S1):143-146.

[15] 石建斌. 多语种电子商务跨境服务贸易实例分析[J]. 商业时代,2008(33):90-91.

[16] 张芳,李芳. 基于互联网多语种分布情况研究与分析[J],计算机应用与软件,2007,24(9):137-140.

[17] PARASURAMAN A,BERRY L L. A conceptual model of service quality and its implication for future research[J]. Journal of Marketing,1985,49(4):41-50.

第五章　宁波航交所:基于双边市场理论的多平台竞争模式

第一节　引　言

一、研究背景

全球港口海运业务重心已向亚洲尤其是中国转移,中国港口的吞吐量在全球占据大半壁江山。近十年来,宁波港口货物吞吐量年均递增 13.5%,集装箱吞吐量年均递增 37.8%。[1]但是,吞吐量等实体物流指标并不能体现港口核心竞争力,只有高端航运服务业才是体现港口核心竞争力的关键因素。

航运产业通常可分为上、中、下游三个要素产业:下游是码头装卸,中游是船舶运输,而上游则是高端服务业,如航运金融、航运法律、航运教育等。虽然宁波在货物吞吐量、集装箱吞吐量上居全球前列,拥有的硬件实力和发展水平属于世界一流,但在高中端航运服务业上却还比较落后,与宁波整个航运经济的发展不匹配。宁波航运业的发展重心还集中于传统的货运增长和航线增加,而在上游的高端航运服务业如航运金融、经济、法律、信息咨询、交易定价和教育培训等方面却显得短缺或者欠发达。[2]航运金融、航运信息发布等功能,才是衡量港口竞争力的核心要素。宁波存在着航运服务体系建设相对滞后,航运金融服务水平较低,航运相关税收政策有待进一步完善,航运领域的复合型人才缺乏,以及与航运相关的法律法规不够完善等诸多问题,迫切需要发展航运交易服务。

在国内部分航运交易所加快发展之际,作为重要的港口城市,宁波应加速发展。在硬件基础达到世界先进水平的同时,服务业更应及时跟上,努力争取在高端航运服务业方面有所突破。2012年9月18日,宁波航运交易所(简称宁波航交所)在宁波国际航运服务中心正式挂牌成立,该中心以航运交易电子商务综合服务平台为基础,汇聚航运交易、航运信息、航运服务等三大平台于一体,为船舶交易、集装箱舱位交易、航运人才服务等相关市场提供交易、信息和服务平台的支撑。国家发改委已将以三大平台建设为主要内容的"航运交易服务试点项目"作为国家电子商务试点项目,该项目也是全国唯一的航运交易示范项目。

二、宁波航交所案例的典型性

(一)开创以提升社会效益为主要目的的电商平台的先河

宁波航交所以为社会提供优质服务,提升宁波整体航运水平,提高宁波航运企业整体经济效益为宗旨,其电商平台建设不以盈利为主要目的,实现了良好的社会效益。这样的电商平台目前还很少见,可以说,该平台在开设目的方面进行了新的尝试。

(二)创新电子政务与电子商务服务无缝衔接的信息化平台

宁波航交所由政府投资参股,不同于大多数以企业为主体的电商平台。该平台的服务思想更先进,政策性更强,为打造服务型政府提供可借鉴的模式;它是我国率先探索利用信息网络平台将航运服务业电子政务与电子商务服务无缝衔接、规范航运服务业秩序以及优化航运服务业环境的电商平台。

(三)第一个整合航运服务综合业务的信息化平台

宁波航交所航运服务业电子商务服务平台是我国第一个整合航运服务综合业务的信息化平台,此前我国其他地区也建设了一些航运交易所,但宁波航交所的综合性、信息化等特征更明显。它的建设将强力推进航运服务业电子商务的实施步伐,提高国民经济的运行效率和质量,也将为中国港口城市航运服务业升级转型的信息化战略提供示范。

(四)第三方公共订舱平台代表订舱平台的发展方向

目前,我国航运电商平台模式从服务对象的角度来划分有两种:

一种是船公司建立的仅限于服务自身客户的电商平台,如中远集运电子商务系统、中谷海运订舱系统等。从发展趋势上来说,未来这类平台将会成为船公司的标配,因而在数量上一定会越来越多,但是这类平台很难做大,基本上只能做自己和联盟方的业务,因为不同的航商之间存在着相互竞争。

另一种是船公司或者第三方打造的公共订舱平台,能够让足够多的客户参与舱位和价格的自由竞争,打造这种平台需要足够的实力。宁波航运订舱平台正属于由第三方打造的公共订舱平台,该平台的公共性使得其业务规模不断上升,从而规避了船公司自建的电商平台难以做大的缺陷。

(五)为港口城市航运服务业升级转型的信息化战略提供示范

港口城市的航运服务业升级转型对促进产业结构调整、转型升级可以起到重要的引领作用。宁波航运服务业升级转型的信息化战略,将为中国港口城市航运服务业升级转型的信息化战略提供示范。

浙江海洋资源优势明显,宁波市政府积极响应国家战略,充分利用海洋资源"硬环境",建设宁波航交所,打造航运服务业电子商务服务平台,提升航运服务业"软环境"。作为我国的重要港口城市,宁波积极探索航运服务业发展新举措,打造航运服务业电子商务信息化平台,其建设经验可以推向全国其他港口城市,从而更快地促进我国航运服务业的整体转型升级,提升国家航运业竞争力。

第二节　理论框架

一、双边市场的概念

目前,有关双边市场问题的研究已成为一个热门的课题。所谓双边市场,实际上是一个具有某种特征的产业市场,在市场交易过程中,这类市场的交易活动必须在平台上进行,平台通过一定的价格策略向交易双方出售平台的产品或服务,交易双方通过接受平台的服务实现交易。[3][4]在经济生活中,此类产业市场上交易平台很常见,如电子商务平台,它为交易双方提供交易服务,交易双方通过平台相互了解,促进交易的达成等。

Rochet 和 Tirole 对双边市场进行了系统全面的研究,从他们对双边市场的定义可以得知,当平台两边用户所制定的价格总水平保持不变时,价格结构(或价格分配)的变化会直接影响这两类用户对平台的需求规模和参与平台的程度,从而影响平台的总交易量。由此可见,在双边市场中,价格结构对于双方对平台产品需求的影响要大于价格总水平。此外,平台厂商的总交易量也不完全等同于总期望收益和总交易成本的比值。

二、外部性理论

外部性理论将网络外部性分为直接网络外部性和间接网络外部性。网络外部性和经济学传统外部性存在区别。在特征与分类中,从需求和供给两个方面来看,双边市场的基本特征,根据 Evans 的文献,可分为市场创造型、受众创造型、需求协调型三种,在具体形态上可分为交易中介、媒体平台、交易支付系统和软件平台。[5][6]通过平台厂商的定价策略和平台偏好差异化与平台竞争引出目前反垄断规制的内容,从理论研究的角度看,尚缺乏一个判断双边市场反垄断的理论体系。双边市场的市场结构类型可以划分为基本结构、存在中间商的结构、用户多平台接入结构、平台互联互通结构、多平台服务结构。

三、双边市场定价的理论评析

Armstrong 对双边市场定价问题的研究为平台经济的研究奠定了基础,其假设条件为双边市场的使用外部性和成员外部性的存在。[3]Rochet 和 Tirole 通过对用户的需求价格弹性作用于平台定价的分析,研究了市场创造型平台厂商向两边收取交易费的定价策略。[4]在假设前提下,分别研究了垄断和竞争时的平台厂商的定价策略。其基本假设有:用户使用平台服务成本为零,平台厂商线性定价,平台厂商按照买卖达成的交易量收取一定费用,买卖双方彼此都是同质的,而且在彼此的总剩余上都是不一样的,平台交易的边际成本大于等于零。

四、竞争平台的定价模型

关于双边市场价格决定的经济学问题,很多文献做了分析。人们得到的一个重要的发现是,对多组消费者的最优定价必须同时考虑和平衡这些组的需求,定价结构也像定价水平一样成为这些产业的界定特征。[7]与勒纳条件和多产品定价不同,最优价格是不与边际成本成比例的,一边的价格甚至可能低于其边际成本。受间接网络外部性大小的影响,平台厂商可能往往向一边或另一边倾斜价格。如果 A 边对 B 边产生了比 B 边对 A 边更大程度的外部性,A 边往往得到一个较低的价格。[8]如前所述,双边市场中平台企业连接的双边用户对平台服务的需求是截然不同的,但又密切相关,因此平台企业在定价的时候既不能按照传统经济学企业的定价方式确定价格,也不能参照传统多产品定价的方法。

Doganoglu 和 Wright 利用霍特林模型的分析框架分析了单边市场和对称市场中多平台接入行为对厂商兼容性选择的影响。他们从社会福利的角度对这一问题进行了分析,研究结果表明:在存在多平台接入的情况下,厂商之间的兼容有利于社会福利的提高,但是厂商兼容之后用户将不再选择多平台接入,致使厂商竞争压力增大,利润减少,因此厂商可能存在选择不兼容的情况。[9]在具有双边市场特征的产业中,平台两边用户多平台接入行为普遍存在。用户的多平台接入行为不仅会影响平台企业的定价总水平,而且还将影响平台企业的定价结构。从以往研究文献来看,早期 Farrell 和 Saloner 对网络外部性、兼容性和标准化问题进行了初步研究,[10]随后对网络外部性展开的研究主要局限于单网络市场,而涉及双边市场中的交叉网络外部性对市场行为作用的研究较少。而且,双边市场的多平台接入在网络标准化和兼容性问题的研究中很少被涉及。尽管双边市场中多平台接入现象普遍存在,但目前很多文献都假设用户是单平台接入的,从而只选择竞争市场中一个厂商的平台服务作为研究对象。

五、垄断结构下平台厂商的定价模型

Rochet 和 Tirole、Armstrong 对垄断竞争定价模型的分析和总结表明,无论双边市场是垄断结构还是竞争结构,厂商定价都是为了增大双边用户规模,达到利润最大化,因此其定价模式是一样的。如果平台对用户收取注册费,就会允许用户平台内竞争;相反,如果平台不收取注册费,为了用户规模和利润最大化,会限制平台内用户的竞争。Rochet 和 Tirole 的垄断和竞争模型针对性较强,适用于银行卡这类产业,对其他双边市场产业研究的可移植性不强。另外由于制度性因素,国家间的比较研究也较为困难。Armstrong 的研究成果及模型由于采用霍特林的分析方法,较为通用,因此现有的文献大多采用 Armstrong 的基准模型进行拓展,对双边市场各个不同行业的竞争垄断行为及定价模式进行研究。

第三节　公司发展历程:宁波航交所的平台策略选择

一、宁波航交所经营面临的难题

(一)初创时期如何增强平台黏性的问题

平台黏性是指个体用户对社区内某个或某些特定人群的交互依赖性,

而不是对某个社区产品或者功能应用的依赖性。通常黏性越高的平台越能体现价值,因此如何提高用户黏性是各平台运营的首要任务之一。[11]

刚刚进入双边市场的平台企业,必须努力把双方吸引到平台上,可以采取的两种重要方式是投资和定价战略。其中定价战略可以采用免费服务甚至对接受服务给予回报,来得到市场一边消费者的临界数量。投资方式是在市场的一边投资来降低这边消费者参与市场的成本。宁波航交所利用免费服务甚至以对接受服务给予回报的方式来吸引客户,增加平台的黏性。这种策略已经收到了良好的效果,平台用户不断增加。

(二)网络外部性带来的客户脱离平台自行交易的难题

对于宁波航交所这个平台来说,随着用户的不断增加,新的用户进入平台所获得的交易匹配机会也越来越多,其所对应的网络外部性就越明显。在平台收取交易费用的前提下,客户脱离平台自行交易将使平台利益受到损失,而那些对交易不收取任何费用的平台则不存在该问题。[12]宁波航交所目前属于后者,因此,客户也没必要挖空心思地脱离平台自行交易。未来如果宁波航交所收取交易费用,则解决这一难题的办法是在交易未完成时,不给供需双方见面的机会。可以借鉴电子商务平台的普遍做法,在交易完成时利用网上电子交易平台进行支付,而不是由需求方直接付款给供应方。

(三)双边客户的多属行为带来的顾客忠诚度问题

影响顾客忠诚度的因素主要有顾客满意度、争取顾客所需的成本、服务质量、能够获得的基本利润、人均营业收入的增长幅度、顾客之间的相互介绍和价格优惠等。[13]由于双边客户的多属行为,其他航交所及船货网等与宁波航交所的某一业务相接近的平台可能会影响到顾客对航交所的忠诚度。

(四)双边或多边客户出现经济纠纷时航交所可能面临的责任

双边或多边客户出现经济纠纷时,航交所可能面临交易安全问题、知情权问题、信息安全与合法性问题、救济权问题等责任问题。

交易安全问题是消费者通过电商平台进行交易的最重要问题,资金、财产和交易安全也是消费者最为基本的权利。作为平台经营者,应对其与商户、商户与消费者之间的交易明显违反公平交易强制法规的现象给予关注、警示并要求纠正。航交所平台经营者应采取合理措施促成交易公平、公正和公开。航交所应当提供安全可靠的交易环境和公平、公正、公开的交易服务,维护交易秩序,建立并完善网上交易的信用评价体系和交易风险警示机制。知情权问题包括平台主体相关信息的知情权、航交所与站内卖方关系的知情权、交易知情权、平台管理制度知情权等。信息安全与合法性问题包括站内经营者和用户的信息安全，保障或促成交易与服务相关信息的真实、完整、准确和安全，交易信息的合法性监督和配合执法等问题。救济权问题包括违法信息纠正机制、交易纠错与退货补救机制、主动构建并促成平台内经营者构建投诉处理机制，平台经营者应督促站内交易经营者出具购货凭证、服务单据及相关凭证，协助消费者实施救济权。

二、宁波航交所的平台类别、属性与业务模式选择

宁波航交所是由宁波市政府、江东区、保税区、大榭开发区共同出资组建的一家国有控股公司。宁波航交所的成立是宁波实施"海洋经济"战略、打造国际强港的重要举措。宁波航交所有限公司实行市场化运作、企业化管理。公司在宁波市工商行政管理局登记注册，是独立经营、自负盈亏、独立核算、多元投资、具有独立法人地位的非营利性企业法人机构。

宁波航交所紧紧围绕规范航运市场行为、建设航运服务体系、培育航运服务产业、促进航运服务业转型升级的功能定位，采取"一所、五市场、多经纪人（中介机构）"的建设架构，形成"三平台、四体系"的支撑系统。建设信息平台、交易平台、服务平台等三大平台，发展船舶交易市场、航运人才服务市场、航运舱位交易市场、液化品船租运市场和航运金融服务市场等五大市场，为客户提供集航运交易、航运金融、航运经纪、信息咨询、政策研究、政务服务于一体的一站式服务。

（一）具有协同效应的网络组织结构的平台集群

我们研究航交所的平台类别、属性与模式的选择问题，主要目的是根据平台类别、属性与业务模式的优缺点来分析航交所未来的发展潜力。由于宁波航交所下设的三大平台、五大市场之间存在着一定的差异，因此，我们不能对其平台属性简单地一概而论。

从宁波航交所的业务内容看，既包含电子商务平台又有电子支付平台，它的双边客户为有销售和采购需求的企业。从平台的开放程度看，由于市场先进入者并不能阻止后来者进入平台，因此宁波航交所不属于封闭平台，更不属于垄断平台，其各大平台、各大市场都应该属于开放式的平台。从平台的连接性质来看，由于航交所属于双边市场或多边市场，因此平台的重要功能就是连接双边或多边市场的客户达成交易，从中获利。例如其中的船舶交易市场，买家和卖家身份比较确定，宁波航交所作为交易中介，并不参与具体的交易过程，仅起到促成双方达成交易的作用，因此其属于纵向平

台。从平台的中介功能看,航交所既扮演了市场制造者,同时也在扮演需求协调者的角色。无论是对于船舶交易市场、航运人才市场、航运舱位交易市场、液化品船租用市场还是航运金融市场,宁波航交所都属于市场制造者,使得不同市场方的成员互相交易。如果一边市场方的成员越多,则另一边市场方的成员便越看重这项业务,因为这会增加互相匹配的机会以及减少配对所需的时间。而航运金融服务市场则更贴近需求协调者型,所制造的产品和服务能引起两个或多个市场方客户之间的间接外部性。从平台所依赖的空间形态来看,由于航交所大部分是电子商务平台网站的虚拟市场,因此应属于线上平台,即虚拟平台;但其经纪人撮合、公开拍卖等交易形式属于线下交易,又属于实体平台,所以宁波航交所属于网上与网下互动,有形市场与无形市场结合的交易平台。从平台的血缘关系来看,由于宁波航交所下设三大平台、五大市场,因此该平台应属于一个"母平台—子平台(众多)"的网络组织结构,形成平台体系的核心竞争优势。母子平台结构与单一平台结构相比在竞争优势的选择上更具广阔空间,这种竞争力的来源是以子平台异质性,即在生产过程中形成和积累的知识与信息的差异性为基础的,正是这些差异性为母子平台的融合提供了协同机会。[12]数据信息的创新与转移是母子平台的竞争优势来源。从平台的演化形态来看,宁波航交所三大平台、五大市场的关系都是共生平台关系,在业务上有一定的互补性,而宁波航交所与三大平台、五大市场的关系则属于宿主关系。宁波航交所凭借其自身的影响力,可发挥出宿主平台和子平台巨大的协同效应。从平台的聚合形态来看,宁波航交所可以算得上是一个平台集群,依托航交所这个枢纽平台,将三大平台、五大市场聚集起来,进行功能的整合,使成本最小化,服务最大化,通过宁波航交所的协调、调度、指挥,使平台集群能够为企业提供信息化服务。

综上可以看出,宁波航交所的平台类别可以说是既丰富多样又具协同效应,且已形成了平台集群。

(二)卖方的单平台与买方的多平台接入属性决定了竞争的焦点主要在单平台接入的一边市场

1. 平台的成员外部性及用途外部性分析

航交所平台市场表现出强烈的间接网络外部性,成员的外部性及用途的外部性强度是影响平台定价的重要因素。一类用户的数量间接地影响另外一类用户,在竞争性市场中,用户可根据自身偏好选择平台服务。用户在多平台接入时,会比较自身选择平台交易的净收益大小,并接受净收益较大的平台服务做交易。[13]对于采购企业来说,航交所平台有越多的销售船舶、提供舱位或人力资源的卖方,则船舶需求、舱位需求或人力资源需求的采购方所得到的采购匹配机会就越大;同时,由于销售企业之间的竞争随着企业数量的增多而愈发激烈,采购方的谈判能力会随之增强。因此,销售方数量越多,平台对采购方的价值越大。而对于销售方来说,航交所的采购方越多,需求量越大,船舶、舱位或人力资源的销售机会就越大,则平台对销售方的价值也越大,从而能更多地吸引其他的销售企业加入平台。航交所更多呈现出来的是一边用户即卖方往往是单平台接入而另一边用户即买方则是多平台接入,在此种情况下,平台竞争的焦点主要在单平台接入的一边市场上,平台降低单平台接入用户一边的价格,可以吸引更多的单平台接入用户进入平台。

双边用户之间的使用外部性是指发生交易或者相互作用时,产生了另一类外部性。使用外部性是与交易量有关的外部性,平台中的交易量越大,交易频率越高,规模经济就越明显,平台为用户提供服务的边际成本就越低,制定的价格也就越低,平台对用户就愈发具有吸引力。[12]使用外部性作为一种事后外部性能够直接降低平台的运营成本。平台的核心价值可以用成员外部性和使用外部性来表现,平台企业一边市场用户的选择和决策对另一边市场用户接入平台的预期价值和效用产生了影响,但是这一影响却很少作用于用户决策。

2. 平台用户的多属行为分析

航交所在我国有很多家,其中还有上海航交所这样的国家级航交所。由于类似的平台很多,会员可以通过付费等形式加入,通过网站获取所需要的信息。因此,宁波航交所的用户也会存在多属行为,在多个航交所平台进行注册,获得更多的信息。这些平台也都是开放式的,会员免费注册或者缴纳一定的会员费就可以加入。这就使得宁波航交所和其他航交所之间存在竞争关系,因为宁波航交所的买方和卖方都可以选择多个平台,因此,宁波航交所和这些航交所之间属于交叉性平台关系。

(三)以丰富的交易品种、暂时的免费服务和循序渐进的规模增长来提高平台的黏性

随着互联网信息产业的兴起,中国电子商务得到了迅猛的发展,经过十多年的发展,已进入高速增长期。从产业特征来看,电子商务平台是具有典

型的双边市场特征的产业。

在经济交易活动中,有些市场交易活动必须在某个平台上进行,这个平台通过一定的价格策略向交易双方(如消费者和商户)出售平台产品或服务,并努力促成它们在平台上实现交易,我们把具有这种特征的产业市场归属于双边市场。

1. 双边客户的召集模式——以给客户带来价值来吸引客户

航交所平台首先获取市场销售方的大量客户,免费为他们提供服务,甚至付费让他们接受服务,从而鼓励购买方参与平台的积极性,为市场培养双方的客户,以获得平台的成功。其实客户在选择平台时,不仅仅看费用,还要看平台能带来的价值。宁波航交所在信息集聚平台和服务平台的基础上,建设基于云服务的电子商务交易平台,丰富交易品种,打造基于实体市场和电子服务的电子交易、基于实体市场和电子商务的网上交易和基于指数的航运衍生品场内电子交易于一体的交易平台,形成实时、准实时交易数据。这些平台和数据对于吸引双边客户起到良好作用。由于宁波航交所成立时间较短,也由于航运交易的特殊性,买卖双方数量都比较有限,因此航交所双边客户的召集模式还不急于改变。

2. 双边客户的利益平衡模式选择——暂时的免费服务

由于宁波航交所成立时间较短,其双边客户尚不稳定,因此在双边客户的利益平衡模式方面可暂不考虑,而是都给予最大利益,以吸引客户加入。航交所建立的会员分级制是一个很好的模式,但它只可以解决卖方客户之间的利益平衡问题;而对于双边客户利益的平衡而言,向获利方即卖方收取会员费,而对买方提供免费服务也许是有效解决双边客户利益平衡问题的方式,当然前提是航交所平台的一方客户成熟且稳定。

3. 规模化和流动性

成功的多边平台企业,如微软、易趣、雅虎等,在主要投资扩大规模之前,为增加流动性,都花费时间测试和调整平台。这些企业先在小型市场中试运行,反复试验并找到值得投资的适当技术与设施。成功的平台企业都采取循序渐进的市场进入策略,经过一定的时间再逐渐扩大规模。与传统的网络效应经济理论不同,没有证据表明可以通过迅速占据市场份额达到控制平台产业市场的目的。许多较早进入市场的平台企业最终都不能保持其在产业内的领先地位,如手提电脑产业的苹果公司以及网上贸易门户的On Sale 网站等等。[14]

宁波航交所亦是采取循序渐进的市场进入策略,经过一定的时间再逐渐扩大规模。在成立之初,计划建立的是船舶交易、航运人才服务、航运舱位交易、液化品船租用和航运金融服务五大市场,但每个市场都有其形成过程,例如宁波航交所优先建立船舶交易市场,条件成熟后,建立航运人才服务市场,目标是成为长三角区域有影响力的船员及劳务交易中心;远期,建设集装箱舱位交易市场、液化品船租用市场和航运金融市场,编制、发布运价指数等,规模在逐步扩大中。继航运指数的发布,面向从事干散货、液货、杂货等水运业务的企业及产业链相关服务机构的"悦龙智航"管理服务平台在 2014 年秋上线,订舱平台——物汇贸平台境内海运费网上支付平台又在 2014 年年底试运行。规模化对平台的黏性也会产生一定影响,规模越大的平台黏性也会越好。

第四节　案例讨论:宁波航交所竞争模式

一、宁波航交所的产品竞争模式

(一)处于投入期的产品延长寿命周期策略

正常产品的寿命周期一般包括四个阶段,即投入期、成长期、成熟期、衰退期。[15]航交所首先应明确所提供的产品所处的生命周期的阶段,并据此采取相应的对策。航交所提供的产品很多都属于信息产品,有其特殊性。目前很多产品尚处于投入期,要想延长产品的寿命周期,未来在产品进入成熟期以后,需要使运价交易指数等指数产品与时俱进,不断完善和升级换代。

(二)为双边客户服务的产品定位与目标市场选择

航交所提供的产品服务对象范围较狭窄,目标市场很明确,主要是船舶生产企业、船舶需求者、航运人才及人才需求者等;在市场定位上,航交所充分考虑了提供的信息产品双边市场的特殊性,提供的产品既可以为市场一方客户服务,也可以为双边客户服务。

(三)纵向延伸的产品组合模式

1. 具有较强竞争力的产品组合宽度、长度、深度及关联性

产品组合的宽度、长度、深度和关联性在市场营销战略上具有重要意义。首先,增加产品组合的宽度,可以充分发挥航交所的特长,使其资源、技术得到充分利用,提高经营效益;而且,实行多角化经营还可以减少风险。

其次,增加产品组合的长度和深度(即增加产品项目),可以迎合购买者的不同需要和爱好,以吸引更多顾客。最后,增加产品组合的关联性(就是使各个产品大类在最终使用、生产条件、分销渠道等各方面密切关联),则可以提高航交所在航运行业的声誉。

从产品组合的宽度看,宁波航交所作为电商平台有三个产品大类,即交易平台、信息平台和服务平台。

从产品组合的长度看,宁波航交所共有 25 个产品项目(如图 5-1 所示)。用企业的产品大类数除以总长度,就可求得一个产品大类平均长度。宁波航交所的一个产品大类的平均长度为 8.3(≈25÷3)。与著名的宝洁公司的5.2 的产品组合长度相比,宁波航交所的产品组合长度发展较好。

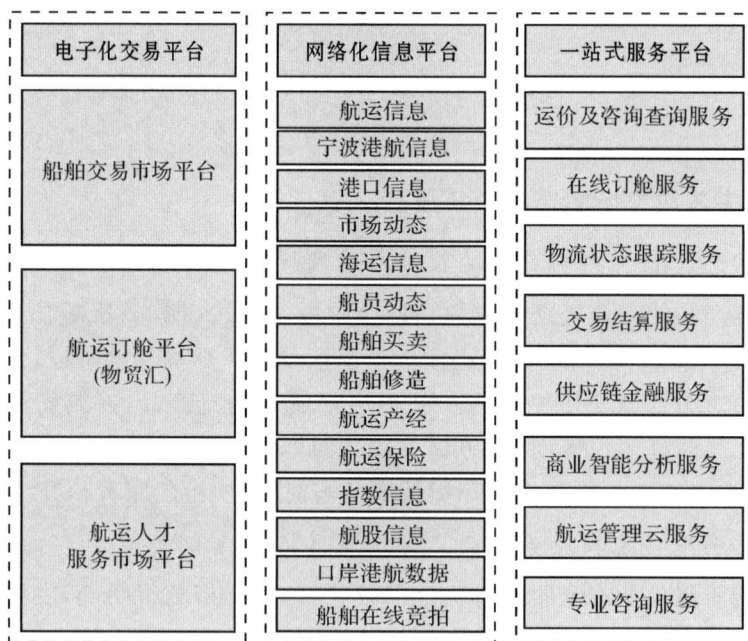

电子化交易平台	网络化信息平台	一站式服务平台
船舶交易市场平台	航运信息	运价及咨询查询服务
	宁波港航信息	在线订舱服务
	港口信息	
	市场动态	物流状态跟踪服务
航运订舱平台(物贸汇)	海运信息	
	船员动态	交易结算服务
	船舶买卖	供应链金融服务
	船舶修造	
	航运产经	商业智能分析服务
航运人才服务市场平台	航运保险	航运管理云服务
	指数信息	
	航股信息	专业咨询服务
	口岸港航数据	
	船舶在线竞拍	

图 5-1　宁波航交所纵向延伸的产品组合模式

产品组合的深度,是指产品大类中每种产品有多少花色、品种、规格,用品牌数除以各种品牌的花色、品种、规格总数,即可求得一个企业的产品组合的平均深度。以宁波航交所的指数信息(海上丝绸之路指数)为例,该产品包括该航交所独家发布的出口集装箱运价指数 NCFI、宁波航运经济指数NSEI(还提供波罗的海干散货指数 BDI),其中宁波出口集装箱运价指数(NCFI)于 2013 年首发时只发布 6 条航运指数,2014 年宁波航交所正式对外发布了宁波出口集装箱运价指数(NCFI)的全部 21 条分航线指数及综合指数,而宁波航运经济指数 NSEI 则涵盖了航运业景气指数、航运企业信心指数、航运业景气信号灯,即宁波航交所的指数信息的深度为 25(21+1+3)。这样看来,航交所的产品组合已经达到了一定深度。

产品组合的关联性,是指一个企业的各个产品大类在最终使用、生产条件、分销渠道等方面的密切相关程度。航交所经营的产品都是与航运相关的,而且都是通过相同的渠道(电商平台)分销,就产品的最终使用和分销渠道而言,其产品组合的关联性大;而且航交所产品结构功能相近,就这点而言,航交所的产品组合的关联性也很大。

2. 纵向延伸的产品组合模式

纵向延伸策略是指企业通过产品线的延伸,不断向产业链的上下游领域拓展,从而使产品组合得到不断更新、重组,以帮助企业适应不断变化的市场需求和激烈的竞争。实行纵向延伸策略可以保证企业利用一定的规模经济和范围经济的效应,实现资源优化利用,降低企业成本,从而为企业继续实行价格竞争策略打下基础。如图 5-1 所示,宁波航交所不仅采用了纵向延伸的产品组合模式,而且其延伸程度很深。

宁波航交所的电子化交易平台和一站式服务平台都呈现出层次性(如图 5-2、图 5-3 所示),至于信息平台则既呈现出层次性又呈现出网络化特点。

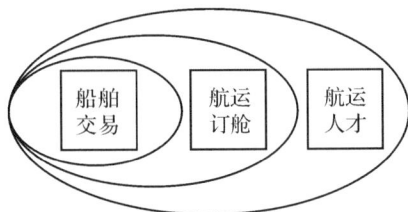

图 5-2　电子化交易平台三层次模型

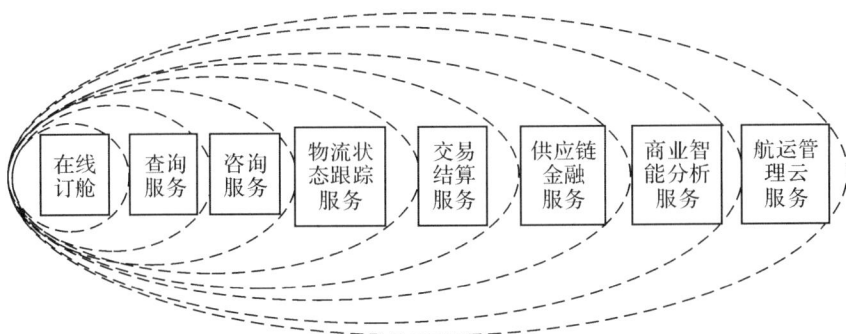

图 5-3　一站式服务平台的层次模型

　　网络化信息平台与三大市场存在着一定的对应关系（如图5-4所示），其中"船舶买卖、船舶修造、船舶在线竞拍"的网络化信息与"船舶交易市场"对应，"航运信息、宁波港航信息、港口信息、海运信息、航运产经、口岸港航数据"等网络化信息与"航运订舱市场"对应，"船员动态"信息与"航运人才市场"对应，此外还有"航运保险、指数信息、航股信息"等延伸信息。

　　宁波航交所有宁波市船舶交易市场平台，该平台信息完整，包括船舶买卖及拍卖。买卖方面，发布的船舶出售信息内容有编号、船舶类型、载货量、船级社、建造地点、建造年月、报价等。船舶求购信息内容主要是船舶类型、载货量、船龄等，并且提供船舶交易信息公示，显示出已经成功交易的船舶，成交价、成交日期都在公示内容中体现。船舶拍卖中，分为贴出拍卖公告进行实体拍卖和在线竞拍。前者是较为普遍和传统的形式，发出公告吸引有兴趣的人前去竞拍。而后者作为电子信息的产物，真正体现电子平台的优势，直接利用电子平台进行在线竞拍，实现了新颖与高效。值得一提的是，在线竞拍中有保证金等法律保护措施。

　　航运订舱市场提供了大量的"航运信息、宁波港航信息、港口信息、海运信息、航运产经、口岸港航数据"等网络化信息，便于顾客了解航运订舱市场的供求情况。

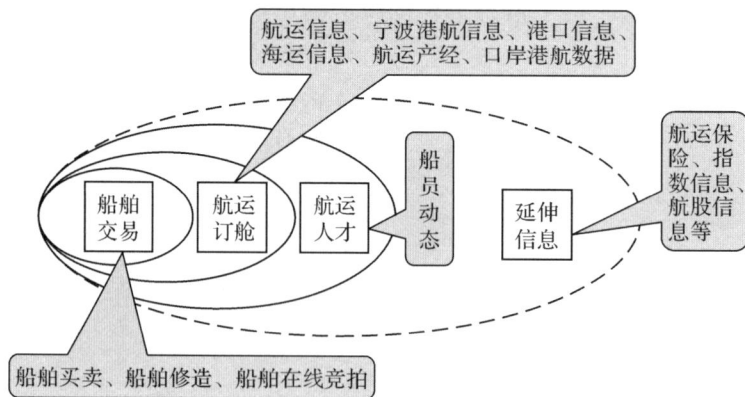

图 5-4　网络化信息平台与三大市场对应关系

　　此外，宁波航交所还衍生出了宁波航运人才服务市场。它提供找工作、招人才的平台，该平台推出了符合现在"微"时代的微招聘和微简历，能够快速发布消息，以简洁的语言快速吸引人们的眼球，应和了现在社会的快节奏。

航运金融愈来愈成为宁波航交所的重要组成部分,它提供的金融信息对整个航运交易市场有着相当大的作用,包括了航运产经、航运股市、航运保险、指数信息、融资产品、保险产品。前四者都是信息类服务,提供了各种信息,更新速度非常快,对于航运交易都是很有帮助的信息,简洁明了,数据性、科学性都很强,让人信服。融资产品则包含了国内外贸易融资、传统融资、航运行业融资、租赁融资,并且每一项都有各种银行的众多服务,如国内贸易里有国内保理、国内信用证,国际贸易中有进出口押汇或贴现,等等。而保险产品有多种保险公司和保险内容,如太平洋保险的船舶保险、平安保险的物流货物保险。

（四）宁波航交所的产品延伸模式

1. 服务差异化:平台服务差异化是平台竞争的一种重要手段。客户会认为双边平台提供的是多种不同服务。宁波航交所有着各种衍生服务,首先,宁波航交所设有一个独立的船舶交易市场平台,而且提供富于特色的网上竞价服务等。可以看出其不仅在意货物,更在意作为载体本身的船舶。其次,宁波航交所设有人才市场,借助平台来找工作招人才,并能发布简短有效的信息。这项服务结合现代的"微"具有一定新颖性,但是实际效果不够理想,其提供的信息极其有限,如:在找工作服务中,发布招聘消息的公司略显不足,信息更新也还不够及时;在招聘人才服务中,发布出来的信息不到两页内容。微信息的情况也差不多,一般信息量都不超过两页内容。可以说此平台尚处于试用阶段,其实用性有待于进一步强化。但毕竟该平台已经设置了人才市场平台,比一些同类企业要先进。而类似于港口信息、海况气象、计划泊位、行业资讯等这些信息,宁波航交所几乎没有涉及,则稍逊于船货网。在保险服务方面,宁波航交所与各种保险公司合作,在保险内容方面提供了较多的选择,符合大多数人的心理。但也可以借鉴船货网将"团购"概念引入其中,让客户像在淘宝上购物一样购买保险,这样既使得用户享受了低价高质的服务,又在无形中增加了大量的客户。

总体来说,宁波航交所的衍生服务做得较为系统化,每一个服务都有其独立的平台,提供完整有效的信息。宁波航交所还应该增加其衍生服务的吸引力,使这些服务得到越来越好的发展。

2. 客户差异化:平衡价格跟双边平台涉及的客户差异程度也有关。要说服卖家有两种途径:低平台收费(甚至为零或负)或平台拥有较多的潜在客户。引入竞争会导致减价,但哪一方市场会获益更多呢? 这由客户差异化的程度决定。当双边市场的客户有差异,通过一些选择机制,定价原则可以对使用价值发生影响。[15]宁波航交所可以借鉴船货网为船东、货主提供可视化协同服务、运费担保支付服务、代办保险服务、港口代理服务、现场协调服务等多项物流增值服务,依靠提升自身的专业化、物流管理的信息化、物流业务的规模化来满足客户差异化需求,在为客户降低成本、提高效率的同时,跳出同质竞争。

二、宁波航交所平台的价格竞争模式

当双边用户在竞争市场有多个平台可供选择,如果平台企业没有采取排他行为且平台的接入成本很低甚至为零的时候,双边用户一般都会选择多平台接入,来获取更大的网络外部性效用。多平台接入用户同时在一个以上的平台上注册,并选择在其中一个平台上进行交易。多平台接入在一定程度上扩大了用户潜在交易对象的范围,从而给用户带了更多的外部性溢出。[16]因此,在平台接入成本(平台的接入费、用户的时间成本等)很低或者为零的情况下,终端用户都会选择多平台接入。平台企业的价格结构由于用户的多平台接入行为而发生了相应的变化。平台企业一般会在单平台接入的一边制定一个低于边际成本的价格,而在多平台接入的一边制定一个高于边际成本的价格。

(一)航交所平台定价的影响因素分析

对于航交所来说,由于其产品的特殊性,其定价受网络的外部性、市场双边的需求价格弹性、中介的相关市场能力等因素影响更大。

1. 交叉网络外部性强度的大小对平台企业的价格制定有着明显的影响。如果一边市场用户对另一边市场用户产生了很强的网络外部性,也就是说另一边市场用户接入平台获得的效用的大小很大程度上受本边用户规模的影响,在这种情况下,平台企业一般对能产生较强交叉网络外部性的一边用户制定较低的价格,而对另一边用户制定相对较高的价格。例如,当市场中存在优质用户时,平台企业将对其收取相对较低的价格。因为优质用户能够为另一边用户带来更多的外部性溢出,从而吸引更多的另一边市场用户接入平台。[11]

2. 市场双边的需求价格弹性:市场双边的需求弹性是平台定价的重要决定因素。通过静态定价模型对比获得的符合直觉的结论是:给定市场一方的规模是另外一方需求弹性的影响因素,那么,当市场上买方数量增加时,平台对买方收取的费用自然会上升,而对卖方收取的费用反而会下降,

具有吸引力的卖方能通过买方那一边规模的增加而获取更高的间接收益。[11]目前对于宁波航交所来说,这种需求弹性尚不明显作用于市场,因为客户的数量还比较有限。可以想象,当供大于求时,市场中的卖方急于提高销售能力,因而可能不在意平台收取的会员费和交易费,并且可以将这些转嫁给购买方;而当供给远小于需求时,对购买方收取一定的会员费可能不会影响或较少影响到购买方加入平台的意愿,因为与少量的会员费相比,能够成交显得更为重要。这样看来,平台获得较好收益的前提是至少有一方客户达到了一定的规模。

3. 中介的相关市场能力:航交所如果通过中介向最终用户提供服务(例如,在宁波航交所提供航运金融服务的供应商以及提供网络支付功能的商家),则航交所平台应尝试通过收取更低的进入费用来"消除"中介的市场能力。如果服务提供方对买方收取较高的费用,平台就应该减少买方交易费用,以减少对这一边的双重压力,同时提高卖方交易费用(也就是通过对卖方的征收弥补买方)。

4. 盈余由另外一边创造:如果宁波航交所平台中市场一方的规模能够为市场另外一方创造重要的外部性的话,那么,通过降低价格吸引这一边成员的参与,对平台而言将是特别有利的。

(二)航交所平台的价格竞争模式

由于平台双边用户的网络外部性,平台的定价模式一般有注册费(会员费)和交易费两种,也就是两部定价法。成员外部性影响了用户接入平台交易和平台厂商的预期,因而是一种事前的外部性。成员外部性在双边用户发生交易或相互作用之前已经存在,与之相对应的是平台收取的会员费(或注册费)。

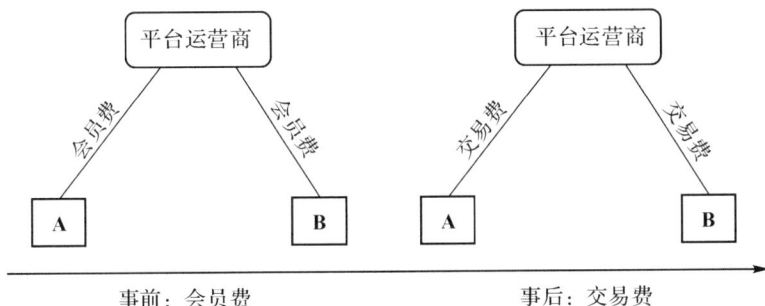

图 5-5　平台的定价模式

资料来源:徐晋. 平台经济学:平台经济的理论与实践[M]. 上海:上海交通大学出版社,2007.

如图 5-5 所示,平台厂商向双边用户征收会员注册费,这一费用的征收先于用户进行的任何交易或者发生的任何相互作用,并且这一费用的多少与交易量的大小无关,当双边用户接入平台进入事后阶段后,双边用户需要将潜在的价值增值通过交易行为转变为真正的价值增值。只有当用户之间通过平台服务进行交易或者彼此发生相互作用时,这一转变过程才能实现。[11]鉴于此,宁波航交所暂时采用不收或少收会员费的策略,以吸引客户加入该平台。随着航运业与金融业的联合发展,我们做到了通过融资租赁以租代买,原本一艘船舶价格动辄上亿元,我们买一艘船的资金可以租用更多船舶。更值得骄傲的一点是,航交所将 SPV(船舶等大型设备融资租赁模式)引入船舶飞机融资市场,使得国际金融中心和国际航运中心相互促进的突破性创新"中国价格"获得认可,用运价衍生品应对国际航运市场的暴涨暴跌。金融与航运联姻的航运金融业,是航运服务业不可或缺的内容,也是宁波航运中心真正国际化的必由之路。但是在航运交易市场上,中资保险机构的国际认可度低、风险定价能力不强,缺乏航运金融服务所需的全球网络布局,仍有待发展。

1. 暂时性低价模式。平台初建时,航交所采用暂时性低价,以吸引客户进入平台,并可达到增进客户对平台加深了解的目的。随着航运指数的推出,客户对平台的需求增大,可以考虑逐步提高会员费。

2. 差别化定价模式。航交所对客户的一方与另一方采用差别化定价。三大平台功能不同,导致客户对平台的需求程度存在差异,因此,对三大平台亦采用了差别化定价模式,即对不同的平台以及每一平台的双边客户采用不同的定价模式。

三、宁波航交所的平台演化模式

(一)平台的寄生与共生

1. 集政务服务、商务服务和金融服务于一体的现代航运服务业的服务大平台

航交所建设了高附加值的信息追寻查询系统,建立会员分级制,深化服务内涵,拓展服务外延,仅其订舱平台即可提供五类服务(如图 5-6 所示)。

其中仅在航运服务方面就提供多项查询服务(如图 5-7 所示)。

图 5-6　宁波航交所订舱平台服务

资料来源:根据宁波市航交所网站资料整理。

图 5-7　宁波航交所的航运服务查询功能

资料来源:根据宁波市航交所网站资料整理。

在供应链金融服务方面提供融资产品和保险服务(如见表 5-1 所示)。

表 5-1　航交所提供的融资产品和保险服务

序号	融资产品名称	保险服务名称
1	国内贸易融资	船舶保险
2	国际贸易融资	海洋运输保险
3	传统融资	船舶建设保险
4	航运行业融资	物流货物保险
5	融资租赁	水路/陆路货物运输保险

资料来源:根据宁波市航交所网站资料整理。

　　2. 集信息展示、信息服务等功能于一体,集供需信息、交易信息一级相关信息的统计、分析和报告等内容于一体的综合信息系统

　　(1)发布海上丝路指数(MSRI)的首发指数——宁波出口集装箱运价指数(NCFI)

　　航交所研发系列航运指数,意欲打造区域性航运价格的定价和发布中心。2013 年 9 月,宁波航交所首次发布了宁波出口集装箱运价指数(NCFI),这是宁波首次推出集装箱运价指数。NCFI 是反映从宁波港口出口的集装箱货运价格变动趋势和程度的相对数,其编制运价信息采自宁波本地 8 家货代企业。NCFI 区别于以前航运指数数据之处在于,其他航运指数数据采样时使用经纪人报价、各公司报送数据等方式,而 NCFI 的样本数

据全部来自编委会成员企业的在线平台,即各企业提供给指数编制委员会的是实时的、未经任何加工处理的全面完整的数据,保证了数据的原始性及真实性。指数编制组再根据相应的甄选规则和数学模型进行计算编制。

海上丝路指数(MSRI)是衡量国际航运和贸易市场行情的综合指数。作为海上丝路指数(MSRI)的首发指数,宁波出口集装箱运价指数(NCFI)于2013年9月在宁波航交所首发,前期6条航运指数发布,选取的样本航线包括宁波到黑海、东非、西非、南非、印度和中东等集装箱航线。试行以来,获得业界好评,宁波在我国航运业的地位越来越重要。

2014年,海上丝绸之路战略已经上升为国家战略,宁波曾经是古代海上丝绸之路的重要发祥地之一,也是现代中国对外开放的前沿阵地,宁波航交所正式对外发布了宁波出口集装箱运价指数(NCFI)的全部21条分航线指数及综合指数,至此,宁波出口集装箱运价指数所选择的航线覆盖了宁波出口集装箱运输的主要贸易流向及出口地区。海上丝路指数之宁波出口集装箱运价指数(NCFI)是全球首份海上丝路指数(MSRI),且率先通过信息联网直接获取市场交易数据和经营数据的数据采集方式来编制指数,并每天更新。

(2)启动"悦龙智航"智慧航运管理平台

与此同时,宁波航交所还启动了"悦龙智航"智慧航运管理平台。宁波航交所通过信息交互融合和大数据应用,为企业、行业和政府管理部门提供在线管理、统计分析等服务,辅助企业优化业务管理、提高运营效率、降低经营成本,助推航运经济转型升级。此外,海运费保险服务以及航运物流电子商务平台等高端航运服务也集中亮相。

3. 打造基于云服务的电子商务交易平台,实现航运交易的全流程电子商务,形成实时、准实时交易数据,为行业分析及航运指数研究奠定基础

作为宁波中高端航运服务业的主要载体,宁波航交所紧紧围绕规范航运市场行为、构筑现代航运服务体系、培育高端航运服务产业、促进航运服务业转型升级的功能定位,建设以电子商务为特色、以交易为核心功能的航运交易电子商务综合服务平台,打造行业领先的"智慧航运"综合服务平台、物贸领域专业的服务机构,为客户提供集航运交易、航运金融、航运经纪、信息咨询、政策研究、政务服务于一体的一站式服务。

宁波航交所致力于通过广泛合作、集成创新和市场发展成为航运要素和资源的集聚、交流和交易中心;通过研究开发"海上丝路"系列指数成为航运服务资源的定价和发布中心;通过引进和借鉴国外先进经验探索中高端

航运服务业发展之路,成为宁波参与"21世纪海上丝绸之路"建设重要的对外合作载体和交易服务平台。

建成全球首个在线集装箱舱位交易市场——宁波航运订舱平台("物贸汇"),即是典型的电子商务交易平台。该平台已成为全国首个境内航运费网上支付试点平台,率先打通网上订舱全流程,成为全国首个船舶线上竞拍平台。

4.三大平台的关系

对于一个巨型平台来说,如果拥有一个高度开放与包容性强的母平台,再拥有一系列成长潜力可观的子平台,母子平台之间形成相互正向反馈机制,那么这个巨型平台便会呈现出指数型的增长效应。但是,就航交所来说,由于航运交易者的群体比较固定,因此,可能难以呈现消费者众多的市场所呈现的增长效应。航交所的服务、信息、交易三大平台与航交所的关系必然是寄生与被寄生的关系,三大平台之间则呈现出共生关系,如同银行卡平台上各银行之间也呈现出共生关系。这种共生关系恰似实体店在某一地域空间上的集中,具有规模效应,使得双边市场中的需求获得充分满足。

(二)平台的衍生与聚合

1.港航金融第三方支付的衍生

对于第三方支付企业,目前最成熟的盈利模式是手续费率差,即第三方支付企业收取商家的手续费和其向银行支付的手续费之差。举例来说,当我们通过第三方支付向商户支付2000元,第三方支付收取商户1%手续费,但其向银行只需支付0.5%的手续费,那么这0.5%的手续费之差就是第三方支付的收入。向接入商家收取手续费用的盈利模式是第三方支付平台快速发展的基础,但其所获得的收益是很有限的。宁波航交所也同样衍生了港航金融第三方支付,这种衍生不一定是以盈利为主要目的,而是更多地作为一个吸引客户的手段而存在。

2.平台聚合的路径

聚合型平台是在平台企业引导下,由海量商家自发汇集形成的平台。作为典型的聚合型平台,航交所对商家实行着较为松散的管理,虽然进驻商家的标准不断提升,但准入政策依然很宽松。在该平台上,除了各种商家,还活跃着大量第三方服务商,比如建站、营销推广、帮助商家做客户关系管理和认证的,以及物流服务商等。

四、宁波航交所平台的盈利模式

(一)双边到多边的盈利模式

在聚合型平台上,平台与平台上企业的服务关系灵活,往往有更灵活的各种服务费。航交所就其提供的数据分析、建站等服务收取相应的技术服务费,也可以从第三方服务中分成。该平台更侧重于将平台上的进驻商和第三方服务商作为支点,通过提高其满足顾客需求的能力来提升顾客体验。

(二)服务集成平台的盈利模式

宁波航交所通过实现对政务、商务资源的整合和互联互通,充分发挥平台集聚效应,逐步成为现代航运服务业的服务大平台。航运交易、航运信息、航运服务三大平台本就说明了宁波航交所具有服务集成平台的特点。建设具有网上交易、经纪人撮合、公开拍卖等多种交易形式,网上与网下互动、有形市场与无形市场相结合的交易平台;建设具有交易、交流、展示等多种功能的,各市场信息综合、内外互通互联的信息平台;建设集政务、金融、保险、评估、鉴证、海事仲裁、法律咨询等多种服务于一体的一站式服务平台。这些设想虽未完全实现,但至少是在紧锣密鼓的建设中,服务集成的特色已初见端倪。

(三)技术集成平台的盈利模式

技术的集成创新是宁波航交所的一大特色。宁波航交所是具备航运企业管理云服务、航运经济运行情况监测分析、多格式政务申报和数据交换、航运产业链商业智能分析、智慧航运交易的多功能综合服务平台。只有推开大数据的大门,才能站在信息经济的平台,促进政府管理模式和企业商业模式的创新,实现智慧技术的高度集成、智慧产业的高端发展和智慧服务的高效精准,实现传统航运向智慧航运的快速跨越。随着"悦龙智航"智慧航运管理服务平台的上线,宁波航交所技术集成平台的建设速度在不断加快。

(四)市场集成平台的盈利模式

五大市场的建设足以看出宁波航交所的市场集成特点。对于实体市场来说,店铺实体越密集,越有利于吸引客户,从而促成买卖交易。平台亦是如此,由于市场之间的关联关系,在一个市场的双边客户可能同时也是另一个市场的客户,例如船舶交易市场的双边客户可能同时是航运金融市场的客户,这就使得市场和市场之间发生连锁效应,既有利于增加各相关市场的客户群,提高平台黏性,同时也有利于增加盈利。

五、宁波航交所平台的指数品牌化战略

航交所的品牌亮点在于指数的研发。宁波航交所不仅发布了宁波出口集装箱运价指数(NCFI)和宁波航运经济指数(NSEI),还提供波罗的海干散货指数(BDI),其中宁波出口集装箱运价指数(NCFI)已经包含了全部 21 条分航线指数及综合指数,而宁波航运经济指数(NSEI)则涵盖了航运业景气指数、航运企业信心指数、航运业景气信号灯。在此基础上还加强进口集装箱、进口干散货、进口原油等航运指数的研发,与重庆航交所合作研发江海联运指数,与国家铁路总公司合作研发海铁联运指数,提高海上丝路指数丰满度。

此外,"悦龙智航"(如图 5-8 所示)的发布也加强了其品牌性及影响力。

图 5-8　"悦龙智航"功能分类

资料来源:宁波市航交所网站。

宁波航交所加强合作交流与品牌建设。研究航运经纪人行业管理办法,发展各类航运中介机构,鼓励其与宁波航交所各市场采取联营或加盟形式,不断壮大航交所规模。鼓励试办国际航运电子交易论坛、国际货代订货会等重要展会,加大市场宣传和推广力度,加快打造服务品牌。

六、宁波航交所平台的"互联网＋航运服务"模式

2015 年 7 月,宁波航运舱位网上交易市场正式运营,"互联网＋航运服务"模式正式落地。宁波航运舱位网上交易市场是国家发改委"航运交易服务试点项目"的重要组成部分,由宁波航运交易所全资子公司宁波航运订舱

平台有限公司建设和运营,是基于真实的交易数据和运价信息所建立的电子商务交易平台。宁波航运交易所有限公司是一家集航运舱位交易市场、船舶交易市场及航运服务人才市场于一体的国有企业,是宁波参与"21世纪海上丝绸之路"建设重要的对外合作载体和交易服务平台。

船公司垂直电商服务和第三方航运交易平台始终是我国航运电商的两大主流。航运电商的本质是一种集成了航运供应链服务的信息平台,虽然并没有本行业的先例,但是可以借鉴其他行业的发展经验来预测它的发展。

"连横型"第三方平台将会胜出。这一类平台很有可能来源于货代、交易所或信息技术公司,作为第三方,他们的成功不仅不能跟传统货代对立,反而应当充分利用规模庞大的货代企业,实现合作共赢,他们的核心竞争力是共赢模式创新,是航运领域的"淘宝"和"去哪儿"。宁波航交所为客户提供集航运交易、航运金融、航运经纪、信息咨询、政策研究、政务服务于一体的一站式服务,与其他航运服务企业共赢。

七、宁波航交所电商平台成功的成因分析

（一）循序渐进的平台建设路径

平台成功的典型路径:平台在初建时期不贪图规模,而以循序渐进的方式逐步扩大规模,逐步吸引客户加入。初创时期为增强平台黏性宜采用低价或差别化定价策略。

（二）规避风险的平台设计

在平台设计上减少供需双方单独联系的可能性,有利于规避客户脱离平台的风险。为解决风险控制问题,应梳理平台之间的关系,并且以协议来规避。

（三）多样的产品和服务

多样的适应市场需求的产品和服务产业链有利于提高顾客忠诚度,推进公共平台与航交所平台的数据共享。围绕航交所平台建设要求,以中高端航运服务业政务服务需求为延伸,实现与工商、税务、检验检疫、海关、人力社保、海事、港航等相关机构公共数据及查询功能的互联;实现与信用宁波相关数据的互联,共建宁波口岸诚信评估体系及国际货运代理企业的诚信评估应用体系,向社会提供诚信应用服务;航交所要综合政务和港口码头、航运企业及其他相关平台的数据,积极开展行业统计、市场分析和发布航运指数等工作。

（四）跨界合作理念指导下的服务嫁接与合作

以跨界合作的理念，探索自身平台与其他相关平台之间的服务嫁接与合作。服务集成、技术集成与市场集成的平台既有利于平台规模的扩大，也有利于盈利的形成。

在提升船舶交易服务能力方面，加快船舶交易市场服务功能的拓展，扩大船舶交易种类；开展船舶国有产权转让业务，搭建宁波市国有船舶处置统一平台，打造船舶交易市场专业化的船舶产权转让服务品牌。进一步深化与宁波海事法院的合作，共同搭建船舶司法拍卖平台。根据市场发展的需求，逐步通过在国际航运服务中心开设咨询代办等海事、港航管理部门的政务服务窗口，与国际航运服务中心加强联动等手段，完善船舶交易公共服务体系。建立第三方船舶技术评估中心，为金融、保险、海事法院等机构提供船舶价值评估、船舶状况勘验和船舶海损公估等服务。积极争取国家政策支持，设置国际船舶登记制度政策试点。

（五）航运金融服务市场的建设

积极推动航运金融服务市场建设，研究制定航运金融服务市场创新发展扶持政策和相关优惠措施，鼓励和吸引银行、保险、融资租赁、股权投资基金等金融专业机构，为航运服务产业提供金融服务保障；支持航交所与有关金融企业合作，共建宁波市小微航运物流企业融资平台，扩大航交所金融服务能力和范围。

第五节　结论与启示

一、航交所电商平台建设的结论与启示

（一）航交所电商化的本质在于降低交易成本

电商的本质是一种降低交易成本的销售方式。电商本身不能脱离交易主体和交易行为，它只是简化并扩大了原有的销售渠道，更接近于交易达成的撮合工具。具体降低的交易成本可以分为物流、信息流和资金流三个方面。

从物流角度看，航交所电商平台可以压缩渠道。从层层经销商的分销体系转变为从卖家仓库直接到买家的配送系统，不仅加快了商品周转，也节约了渠道费用。从信息流角度看，可以降低双向的搜索定位成本。对于买

家来说,电商平台降低了搜寻成本、比价成本以及交易时间等;对于卖家来说,电商平台降低的是实体店展示成本和广告宣传成本,尤其是近年来流行的互联网营销和社交媒体营销更是达到了"四两拨千斤"的效果。从资金流角度看,电商平台压缩了渠道层级,使得资金周转加快。以上三大优势大大降低了交易成本并最终反映为售价上的优势而扩大了交易量。

从品类数量、账期、运营成本和库存周转天数四个维度来观察,可以发现,京东商城的运营效率要远远高于线下各渠道商。虽然电子电器类产品和航运提供的运输服务产品有诸多差别(中间渠道、上下游集中度、标准化程度等等),但这些差别并没有明显到大相径庭的程度,因此航交所电商化能够降低成本是毋庸置疑的。

(二)基于双边或多边的第三方平台成功的关键在于整合零散的上下游客户

第三方所建立的平台是使企业与企业之间通过互联网进行产品、服务及信息的交换。平台主要着眼于零散而繁杂的上下游关系。第三方平台能够让各方以更快速和便宜的方法来建立自己的销售或采购渠道,加快了信息流和资金流的流转速度。宁波航运交易平台从经营模式来看,比较完美地契合了互联网平台的生存价值:让零散的上下游客户更快、更实惠地来建立自己的销售或采购渠道,加快信息流和资金流的流转速度。

(三)搭建政府平台更符合市场需要

政府搭建的平台,其政策性更强,服务性更强,不会片面追求盈利,因此对于多边市场的客户来说,社会价值更大,效益更高,也会更受欢迎。政府所建立的平台,更适合于对城市发展起到带动作用的服务行业,或者对整体经济意义明显的行业,例如对"一带一路"产生重要影响的航运业及造船业。宁波航交所可以说是政府搭建的航运电商平台的典范,其社会效益不可估量。

(四)电商平台压缩货代渠道,直接下单更加便利

目前,国内两大集运巨头中海集运和中远集运均以人工订单为主,客户采用电话、邮件等方式下单。对于中小货主来说,中间还隔着货代,甚至还有二、三级货代,其中交流的不便和时间的耗费为中小货主带来了极大的不便。更何况如果订单出现错误,多方沟通很容易导致效率低下的局面。[17] 如果中小货主直接在电商平台上向船公司订舱,由于所有信息都是船公司直接提供,沟通更加快捷、准确、透明,同时也省去了客户与货代、船公司销售员之间沟通的中间环节,从而达到提升工作效率的目的。

　　在信息交流方面，传统服务模式往往存在信息交互不及时、不透明、成本高的特点。运输途中更需要中小货主和货代人工处理和查询物流进度、单据流转、报关手续。而现在，国内主要航运电商（如宁波航运订舱平台）可以做到随时查看舱位、运价，完成在线下单、结算支付，还能查看货物运输和单据流转情况。

　　由于线上下单在信息交互方面存在明显优势，集运电商平台将显著压缩货代的生存空间，但是并不能完全取代货代。一方面，集运船东历来就有一部分所谓的 BCO① 客户资源，集中度较高，难以通过电商化降低成本；另一方面，航运电商平台发挥的作用是加快信息流转和信息的标准化处理，而货代在辅助货主订舱、单据处理、进出关手续等方面仍然会发挥很大的作用。

　　（五）集运客户集中度低，更适合电商平台

　　查看集运、散货和油运三个子行业具有代表性的上市公司的前五大客户销售占比发现（如图 5-9 所示），集运公司的客户集中度非常低，前五大客户销售占比不足 3％，这说明集运公司平时面对的是较为零散的大量中小客户，集运公司理应更重视与中小客户合作产生的交易成本。就算每次交易能减少的成本不多，但客户足够多，足够散，加总起来就能节约可观的成本。对于前五大客户销售占比达到 30％～60％ 的散货和油运公司而言，维护与大客户的合作关系显然比维护与中小客户的合作关系更为迫切。因此，作为下游集中度更低的行业，集运公司更迫切地需要电商平台来降低成本和提升自己的服务品质。

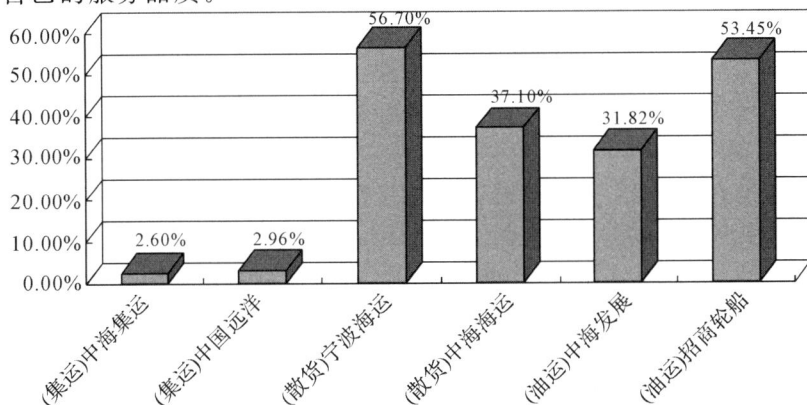

图 5-9　代表性航运公司前五大客户销售占比

---

① 　BCO：即 Beneficial Cargo Owner 的缩写，货物拥有者权益。

二、航运电商发展展望

(一)集运将成航运电商竞争主战场

渠道层级、客户集中度、标准化程度和产业利润率四个方面可以决定一个行业的电商化情况。如果以此为标准来考察航运电商,可以发现,集装箱运输、散货运输与油轮运输均存在冗余低效的二级货代、三级货代甚至是 N 级货代,不过,其中集装箱运输因其面临更多零散的下游客户和产品更为标准化,更易实现所谓的航运电商化。

(二)用"互联网+"对接航运服务平台是必然趋势

利用"互联网+"的思维,将"互联网+"、航运和国际贸易结合,依托海上丝路指数,打造参与"21世纪海上丝绸之路"建设的宁波方案。

海上丝路指数系列包括宁波出口集装箱运价指数及宁波航运经济指数。该系列指数的数据来源包括市场交易数据、智慧航运监测平台及口岸中介代理诚信体系平台等,掌握企业实际数据,同时利用大数据进行分析挖掘,使指数更加贴近市场实际需要。宁波航交所的目标是将海上丝路指数打造为国际市场所认可的指数。用"互联网+"对接航运服务平台是航运电商发展的必然趋势。

(三)船公司平台各自为战,公共订舱平台将一家独大

根据统计,90%以上的货主和货代都会选择两个及以上的航运公司承运货物,因此第三方电商所建立的平台就天然地具有了信息集合和比价的优势,该类平台满足了顾客一站式向多家公司、多条航线发送货物的需求(类似于航空票务中的"携程"),并且平台会利用此种优势强势扩张,挤压其余平台生存空间,互联网行业赢者通吃的现象也将在此展现。总之,未来真正能够崛起的平台一定是个开放的平台,能容纳船东、货主、银行、评级机构等航运的各方参与者,而宁波航运订舱平台就是这样的平台。

宁波航交所的航运订舱平台发展将降低航运企业的销售成本和空箱率,但正如很多互联网初创平台所面临的问题一样,该平台自身的盈利能力近两年还很难看清楚。单从业务发展来说,在目前国际最大公共订舱平台 INTTRA 还未在中国本土化发展的阶段,航交所在国内的发展还有很大的空间。

参考文献

［1］包凌雁,宋兵.宁波高端航运服务业"渐入佳境"［N］.宁波日报,2013-03-11.

［2］宋兵,李聪.宁波航运交易所"加码"国际强港建设［N］.中国水运报,2012-09-19.

［3］ARMSTRONG M,WRIGHT J. Two-sided markets with multihoming and exclusive dealing［J］. Idei Working Paper,2004.

［4］ROCHET J C,TRIOLE J. Platform competition in two-sided markets ［J］. Journal of the European Economic Association,2003,1(4):990-1029.

［5］EVANS D S. The antitrust economics of multi-sided platform markets ［J］. Yale Journal on Regulation,2003,20(a).

［6］EVANS D S. Some empirical aspects of multi-sided platform industries ［J］. Review of Network Economics,2003,2(3):191-209.

［7］ROCHET J C,TIROLE J. Cooperation among competitors:some economics of payment card associations［J］. Rand Journal of Economics,2002,33(4):549-570.

［8］PARKER G G,ALSTYNE M W V. Two-sided network effects:a theory of information product design［J］. Management Science,2005,51(10):1494-1504.

［9］WRIGHT J. One-sided logic in two-sided markets ［J］. Review of Network Economics,2004,3(1):42-63.

［10］FARRELL J,SALONER G. Standardization,compatibility,and innovation［J］. Rand Journal of Economics,1985,16(1):70-83.

［11］徐晋.平台经济学:平台竞争的理论与实践［M］.上海:上海交通大学出版社,2007.

［12］徐晋.平台产业经典案例与解析［M］.上海:上海交通大学出版社,2012.

［13］罗锐韧.哈佛管理全集(下)［M］.北京:企业管理出版社,1997.

［14］颜梅.电视平台产业:数字时代的电视产业发展模式研究［M］.北京:经济科学出版社,2012.

［15］饶贵生,张美忠.市场营销学［M］.南京:南京大学出版社,2006.

［16］叶笛,刘震宇.平台式网络商务模式运营及定价策略分析［J］.南京财经大学学报,2012(6):54-61.

［17］戴勇.基于双边市场理论的第四方物流平台运营策略研究［J］.商业经济与管理,2012(2):12-17.

其他参考文献：

王谢宁.互联网双边平台的企业行为、模式与竞争策略[M].大连：东北财经大学出版社，2012.

陈宏民，胥莉.双边市场：企业竞争环境的新视角[M].上海：上海人民出版社，2007.

陈应龙.双边市场中平台企业的商业模式研究[D].武汉：武汉大学，2014.

周丛根.网络经济背景下的商业模式创新路径研究[D].上海：上海社会科学院，2011.

赵书坤.网络零售企业商业模式创新影响因素研究[D].杭州：浙江工商大学，2011.

吴勇，冯耕中，王能民.我国典型物流公共信息平台商业模式的比较研究[J].商业经济与管理，2013(10)：14-21.

易法敏.电子商务平台理论综述[J].商业研究，2010(2)：205-208.

周正.基于双边市场理论的电子商务平台竞争规制研究[D].大连：东北财经大学，2010.

俞晔.网络社区对 B2C 电子商务平台品牌忠诚影响机理实证研究[D].上海：上海交通大学，2010.

王晓燕.电子商务平台信用融资模式研究[D].成都：西南财经大学，2013.

宁波市政府办公厅.宁波市人民政府关于加快宁波航运交易所建设的若干意见（甬政发〔2013〕73 号）[EB/OL].[2013-06-21].http://gtog. ningbo. gov. cn.

李强.海上丝路启航：宁波航交所再发新航运指数[EB/OL].[2014-09-12].ht-tp://news. xinhuanet. com/info/2014/09/12/c_133639146. htm.

上海证券报"一带一路"采访报道团.宁波航交所：用互联网＋思维对接一带一路［EB/OL］.［2015-5-13］. http://finance. sina. com. cn/stock/t/20150513/103222169361. shtml.

安晖，吕海霞.以平台经济引领经济转型发展[N].科技日报，2013-10-25(01).

陈浩.上海航运交易所领跑航运中心建设再迈一步[N].21 世纪经济报道，2009-05-20.

吕靖.关于建立"大连航运交易所"的模式初探[J].大连海事大学学报，1994(4)：72-76.

王国才.网络外部性、差异化竞争与主流化策略研究[J].中国管理科学，2005，13(5)：105-110.

刘广启.平台企业商业模式创新研究[D].上海：东华大学，2014.

王硕.服务集成平台中消息机制的实现研究[D].长春：吉林大学，2009.

第六章 世贸通：基于平台战略的外贸服务方式转型与发展

第一节 引 言

一、研究背景

宁波是外贸大市，中小微外贸企业数量众多，号称"蚂蚁雄兵"，在地方进出口贸易中居于举足轻重的地位。但是，自 2008 年下半年以来，随着国际金融危机逐步向实体经济蔓延，世界经济增速明显放缓，目前也还处在危机后的调整期，总体疲弱的态势还没有明显改观；国际市场需求进一步萎缩，市场竞争激烈，贸易保护主义威胁增大，货币贬值，一些地区的局势动荡加剧，国际贸易风险和不确定性在进一步增加，贸易环境日益严峻。国内经济进入新常态，下行压力依然存在。国内投资和经济增长放缓，市场要素价格持续上涨，生产成本全面上升，宁波低成本优势和传统比较优势在弱化，中小微外贸企业正面临着前所未有的出口压力，经营困难，日子难过。在此情况下，研究中小微外贸企业如何整合资源优势，聚指成拳，搭建外贸出口平台，转变贸易服务方式，突破出口瓶颈制约，已迫在眉睫。

二、案例的典型性

宁波世贸通国际贸易有限公司（简称世贸通）案例的典型性主要表现在：

（一）宁波外贸企业的新典型。宁波世贸通是在宁波千百万中小微外贸企业面临出口困境下,于 2011 年搭建起来的外贸服务云平台,属于宁波新出现的、代表着未来发展方向的一站式外贸服务平台。

(二)国家电子商务试点企业。2012 年 8 月,仅成立一年的世贸通荣获国家首批"国家电子商务试点企业",承担"国际贸易电子商务服务试点项目"并获中央专项资金扶持,先后成为浙江省首批外贸综合服务试点企业、宁波市重点电子商务平台、宁波市重点外贸公共服务平台、宁波市电子商务促进会执行会长单位。

(三)商业运行模式新。世贸通打破传统外贸服务方式,创新一站式外贸服务模式,将外贸软件开发商、网络营销商、外贸服务商以及几千家中小微外贸企业的比较优势联合起来,既有技术支持,又有海外网络营销优势,还有广大客户的货源优势,聚指成拳,为破解中小微外贸企业出口难题,提升国际竞争力,闯出了一条新路。

(四)发展速度快。该公司虽然成立时间不长,但却发展迅速,会员单位从无到有,至今关联企业已超 7000 余家,日常交易企业客户数量 800 多家;平台年交易额实现每年翻番,2012 年 6000 万美元,2013 年 1.3 亿美元,2014 年 4.2 亿美元,到 2017 年,该平台规模将达到 30 亿美元。

(五)独特的运营模式。世贸通已在运营过程中形成了自身独特的运营模式,即:外贸云平台+国内外会员企业。

三、案例研究意义

本案例研究的意义在于:(1)对于宁波众多中小外贸企业利用外贸进出口一体化全流程操作平台,发挥信息资源的联合,提高自身比较优势,拓展海外市场网络,扩大出口具有重要的现实意义。(2)世贸通搭建的外贸云平台汇聚众多外贸企业和行业领袖人物,以新型的商业运作模式智慧驱动中小外贸企业扩大出口、转型升级,对宁波打造新型经济平台,提升企业国际竞争力有一定的引领和借鉴意义。(3)本案例将依据平台经济、网络经济、资源整合、产业联盟、比较优势、国际竞争力、中小企业管理以及其他相关贸易理论的交叉融合与综合应用进行研究,具有一定的理论创新和研究价值。

四、研究方法及资料收集

研究方法:本选题主要依据平台战略理论,结合运用产业联盟、电子商务及相关贸易理论,在借鉴国内外学术界以往研究成果的基础上,采用理论分析、调查研究、案例剖析、归纳综述等多种方法,有计划、按步骤稳步推进,最终完成本项目的研究。

　　具体步骤与方法：根据项目研究的问题，列出研究框架：（1）对本项目研究所依据的平台战略及涉及的相关理论进行概括综述，为本研究提供理论支撑。（2）分析世贸通外贸服务平台搭建的背景、历程、公司的战略转型与发展。（3）重点对世贸通案例进行剖析。首先，对宁波世贸通面临的宏观环境与行业现状进行分析。其次，介绍世贸通外贸平台的概况、服务宗旨，分析一站式外贸服务平台运行现状、综合服务功能的发挥及其优越性，分析世贸通平台运行过程中可能出现的风险及对风险的防范，提出促进世贸通外贸平台健康发展的对策建议。最后，从对宁波世贸通案例分析中得出结论，总结出搭建其他经济平台可以借鉴的经验。

　　资料收集：资料收集是项目研究的前期准备。第一步，课题组成员进行分工，通过多媒体、图书馆书籍资料和中国期刊网、维普、学位论文数据库等查找收集平台经济、平台战略等相关研究文献作为二手资料。世贸通的二手资料主要来源于世贸通的官方网站，以及百度上搜索的新闻媒体的报道。第二步，根据研究目标和内容，列出调研提纲，到世贸通进行实地调研，通过走访观察，与企业领导、员工深度访谈交流；对于需要补充的资料或确认的信息，通过电话访谈、电子邮件、回访等方式获取。第三步，对收集的资料进行归类整理，将新发现的问题纳入研究目标，制定和修改研究框架，为项目研究做好充分准备。

第二节　理论框架

　　本选题主要依据平台战略理论对世贸通案例进行研究，除此之外，本研究还涉及诸如中小外贸企业、产业联盟、商业模式与电子商务等相关理论，一并作介绍。

一、平台经济与平台战略

（一）平台经济

平台经济是近几年新兴起的一门学科，目前还没有统一、明确的概念。

国外研究平台经济的主要有三个团队：在北美，是以哈佛大学商学院的Hagiu先生为核心的研究团队，工作重点在于对平台经济的建模分析；在欧洲，是以帝国理工学院的Gawer女士为核心的研究团队，主要侧重于平台经济领导力的研究，以及最近展开的对 intel（英特尔）、cisco（思科）的平台咨询；在亚太，是以麻省理工学院柏拉图实验室、西安交通大学为依托的平台经济工作组，重点在于对平台经济学整体的体系梳理、理论提升和案例分析，并且已经在平台经济学、平台竞争战略上做出了领先的系列成果。

国内的主要研究者认为，平台经济学属于产业经济学的一个分支。平台是一种现实或虚拟空间，该空间可以促成双方或多方客户之间的交易。平台经济学就是研究平台之间的竞争与垄断情况，强调市场结构的作用，通过交易成本和合约理论，分析不同类型平台的发展模式与竞争机制，一并提出相应政策建议的新经济学科。平台的存在是广泛的，它们在现代经济系统中具有越来越大的重要性，成为引领新经济时代的重要经济体。[1]

安晖等认为，平台经济是指依托超市、购物中心等实体交易场所或门户网站、网络游戏等虚拟交易空间，吸引商家和消费者加入，促成双方或多方之间进行交易或信息交换的商业模式，主要是通过收取会员费、技术服务费、交易佣金等费用获取收益。[2]

平台经济模式具有双边市场、交叉网络外部性、增值性、快速成长性等主要特征，在给平台企业带来巨大回报的同时，还能通过信息精确匹配、规模效益或定向营销等方式给在平台上交易、交流的双方带来便利和实际利益，从而达成多方共赢。安晖等还认为平台经济并不是一种完全崭新的商业模式，早年的中介公司所扮演的就是平台型企业的角色，其所从事的经济活动即属于平台经济。但由于技术水平有限，传统平台型企业的业务活动容易遭遇地域、时间等限制，平台经济发展也会受到一定影响。随着信息网络技术的飞速发展和互联网的应用普及，平台经济正在实现更加迅猛的发展，越来越多的平台型企业纷纷涌现，并催生了新一轮平台经济浪潮。[2]

（二）平台战略

平台战略同样没有一个规范统一的概念，近两年学者们在不断地总结。白灵等认为，当某种产品或服务的使用者越来越多时，每一位用户所得到的消费价值都会呈跳跃式增加。比如电话、传真机、QQ、网上社区、微博——通过使用者之间关系网络的建立，达到价值激增的目的，这样的一种商业模式就是平台战略。[3]白灵等认为在以平台为中心的产业当中，平台的参与者越多，平台越具有价值。换句话说，用百度搜索信息的企业越多，百度越有价值；上阿里巴巴做贸易的公司越多，阿里巴巴越有价值；用QQ的人越多，腾讯越有价值……平台型公司的诱惑很大，沃尔玛、苹果、分众、京东……都是以平台模式横行各个产业。平台型公司的掌控者掌控着属于自己的企业生态圈,如同一个收门票的人。

魏程远指出,平台战略就是构建多主体共享的商业生态系统并且产生网络效应实现多主体共赢的一种战略。平台战略区别于传统的项目服务模式和产品服务模式,着眼于以高效率、低成本的方式提供信息服务。其核心思想就是"统一应用,统一平台,统一数据,个性化服务"。[4]夏文韬认为,平台战略就是用户需求为上。无论是打造新平台还是创造内容,受众的根本需求和他们的使用习惯是最核心的标准。做平台,就是"搭台唱戏",有人听戏才要搭台。平台的核心在于把用户吸引到这个平台上来。平台不在于多,在于精。一般来说,一个同类平台最终能存活下来的概率不会太高。人们的时间有限,一般不会花大量的时间在不同的平台上,而是往往选择第一个出现的,或者是最方便的平台。平台的搭建需要有战略的眼光和独特的角度。[5]

陈威如等认为,平台商业模式的精髓,在于打造一个完善的、成长潜能强大的"生态圈"。这个平台拥有独树一帜的精密规范和机制系统,能有效激励多方群体之间互动,达成平台企业的愿景。认为全球许多重新定义产业架构的企业成功的关键是建立起了良好的"平台生态圈",连接两个以上群体,弯曲、打碎了既有的产业链。平台生态圈里的一方群体,一旦因为需求增加而壮大,另一方群体的需求也会随之增长。通过此平台交流的各方也会促进对方无限增长,进而通过平台模式达到战略目的,包括规模的壮大和生态圈的完善,乃至对抗竞争者,甚至是拆解产业现状、重塑市场格局。他们还系统地探讨了"平台"这个改变人类商业行为与生活方式的概念,并且创新性地研发出了系统框架,解释平台战略的建构、成长、进化、竞争、覆盖等战略环节;并以中国本土的互联网企业作为案例研究分析的对象,对腾讯、阿里、起点中文网、世纪佳缘、拉卡拉、维络城、大众点评等企业,从平台战略的角度进行了解析和点评。[6]

(三)平台战略的典范

徐晋分析了网络游戏平台、网络门户平台、移动终端平台、手机操作平台、搜索引擎平台、购物平台、网络社交平台、电子支付平台等各个平台的竞争特点、典型案例以及未来的发展趋势,指出平台经济模式创造了一个又一个财富传奇。无论是鼎盛的苹果手机、早期的沃尔玛、现在的Facebook,还是中国本土的淘宝,神话般的财富光环,全部笼罩在平台之上。[7]

夏文韬分析了微信的案例。当半开放、人际关系不太紧密的微博平台正热时,再复制一个类似微博的平台已没有意义。腾讯早先吃了微博平台的亏,由于布局晚,始终没有超过新浪。然而,微信的出现让腾讯绕过了正面竞争,给新浪微博一个致命的冲击。因为它发现了人们在沟通中的一个新需求。[5]

夏毅指出,平台经济的作用已经体现在世界 500 强企业上。这些企业通过信息平台,将生产销售的各个环节分割出来,分别形成了制造平台、采购平台、信息平台、物流平台、营销平台、售后服务平台等。例如,苹果公司将苹果 70% 的制造环节分包给中国和东南亚的企业,将在中国的产品销售分给了中国联通和中国移动,苹果公司自己则集中全力研发操作系统和核心配套软件。苹果公司也是平台经济的受益者。[8]

白灵指出,在全球最大的 100 家公司中,有 60 家公司的大部分收入均来自平台商务,其中包括苹果、思科、谷歌、微软、日本电报电话公司等著名公司。在中国,诸如淘宝、百度、腾讯、人人网、上证交易所,以及盛大游戏等公司,同样亦通过平台商业模式获利并持续扩大市场版图。

二、中小微外贸企业与产业联盟

(一)中小微外贸企业

2011 年 6 月 18 日,国家工业和信息化部、国家统计局、国家发展和改革委员会、国家财政部联合下发文件《关于印发中小企业划型标准规定的通知》(工信部联企业〔2011〕300 号),该文件根据企业从业人员、营业收入、资产总额等指标,结合行业特点将中小企业划分为中型、小型和微型。由于外贸企业涉及行业比较广泛,根据此文件无法对微型外贸企业进行明确界定。2012 年 3 月,中国出口信用保险公司推出"小微企业信保易"承保方案,该方案将小微外贸企业界定为"上一年度出口额 300 万美元以下的出口企业或符合《关于印发中小企业划型标准规定的通知》认定标准的出口企业"。因此,各地在实践操作中对小微外贸企业的界定多以"年出口额 300 万美元以下"为标准。

中小微外贸企业具有经营灵活、应变能力强、重出口、轻进口、产品比较单一等特点。中小微外贸企业多属于专一经营商品进出口的流通型公司,没有自己的实业,获利能力较差,容易受到市场变化的冲击。我国中小微外贸企业当前面临的主要挑战为:国际贸易环境严峻,外部需求减弱,国际市场竞争激烈,贸易保护主义威胁增大,国际贸易进一步萎缩,等等。

（二）产业联盟

1. 资源整合

资源整合是系统论的思维方式，就是要通过组织和协调，把企业内部彼此相关但却彼此分离的职能，把企业外部既参与共同使命又拥有独立经济利益的合作伙伴整合成一个为客户服务的系统，取得 1+1 大于 2 的效果。

国外学者的研究结论表明，当新创企业所处环境的不确定性较高、资源供给不充足时，采用创造性的资源整合方式能够提高企业能力，并为顾客创造价值。成功的创业者大多都是资源整合的高手，创造性地整合资源是他们成功的关键因素之一。[9]针对企业遇到困境、无法依靠自身扭转败局的问题，周嵘在《整合天下赢》中提出，企业应该通过资源整合，整合自己所缺的资源，快速把企业做大做强，而那些没有整合意识的企业，既不能整合别人，又不愿意被别人整合或别人根本不想整合的，只能淘汰倒闭、遗憾终生。[10]

2. 产业联盟

简•霍普兰德和罗杰•内格尔最早提出战略联盟这个概念，他们认为战略联盟就是两个或两个以上的企业或跨国公司，为了实现共同的战略目标所采取的共同合作、共担风险、共享利益的联合行动。

中小企业的三种发展战略之一便是战略联盟，它是指两个或两个以上的企业为了实现自己在某个时期的战略目标，通过合作协议的方式所结成的松散的联合体，以达到资源互补、风险共担、利益共享的目的。组建战略联盟的出发点是弥补单个企业战略资源的有限性。任何企业，无论是大企业还是小企业，总会在一定的时间或一定的区域受到自身资源有限的束缚，而组建战略联盟可以拓展企业可配置资源的范围，实现优势互补，产生更大的综合优势。

产业联盟是相关产业中的多个企业，为了抓住市场的机遇，获得较大的竞争优势，通过协议合作、重新组建等方式，将企业的优势资源和核心能力聚集在一起，形成一个半开放临时性组织，以共同完成某一关键项目的组织模式。[11]

产业联盟是指在某一特定的领域中，企业及支撑机构为了追求产业的规模和范围经济，以某一个主导产业为核心，形成一个持续、有强竞争力的联盟体。[12]

总体看，产业联盟是我国企业生存和发展的未来，将成为 21 世纪一个重要的组织形式；在管理理论中，它亦将上升到一个非常重要的地位。

三、商业模式与电子商务

商业模式是企业开展赖以生存的业务活动的方法,决定了企业在价值链中的位置。早在 20 世纪 50 年代就有人提出商业模式的概念,90 年代,"商业模式"一词开始流行。泰莫斯认为商业模式是指一个完整的产品、服务和信息流体系,包括每一个参与者和其在其中起到的作用,以及每一个参与者的潜在利益和相应的收益来源与方式,构成赚钱的这些服务和产品的整个体系被称为商业模式。

电子商务是利用计算机技术、网络技术和远程通信技术,实现整个商务(买卖)过程中的电子化、数字化和网络化。人们通过网络、商品信息、完善的物流配送、方便安全的资金结算进行交易。电子商务体现的开放性、全球性、地域性、低成本和高效率等内在特征,超越了作为一种新的贸易形式所具有的价值。电子商务不仅改变了企业本身的生产、经营、管理,而且对传统的贸易方式带来冲击。其最明显的标志就是增加了贸易机会,降低贸易成本,提高贸易效益。在带动经济结构变革的同时,对整个现代经济生活产生了巨大而且深远的影响。[13]

基于平台经济的电子商务 O2O 模式,是将线下商务机会与互联网的技术结合在一起,让互联网成为线下交易的前台,同时起到推广和成交的作用。随着互联网上本地化电子商务的发展,信息和实物之间、线上和线下之间的联系变得更加紧密。O2O 让电子商务网站进入新的一个阶段。[2]

由于世贸通是 2011 年才新成立的贸易进出口平台,因此缺少相关的文献研究资料,只有相关人员的解读。纪福建认为,企业需要一起抱团整合优质资源和汇聚管理智慧,进一步降低企业运营成本和经营风险,借鉴创新理念,学习成功经验,在学习交流中得到启发,从管理实践中得到提升。

世贸通专注于打造一站式的进出口流程服务外包平台,是用信息化服务手段帮助外贸企业进行业务拓展、内部管理及效率提升。钱世雄认为,世贸通是要建立一个能为广大外贸企业提供整合化服务的大平台,让更多的外贸服务商、外贸人士都能够参与。

理论界对企业利用资源整合优势、产业联盟,以及中小微外贸企业的相关问题研究较多,而对平台经济、平台战略的研究则刚刚起步。针对宁波中小微外贸企业如何创新经营模式等问题的相关研究较少,对成立时间不长、处于初期运行阶段的宁波世贸通的论述、研究更是少之又少。因此,本选题将在前人研究的基础上,着重对宁波世贸通如何在平台战略的基础上进行资源比较优势整合，搭建外贸平台，帮助中小微外贸企业破解出口困局进行多角度分析，探究宁波世贸通的未来前景和可能遇到的瓶颈制约，提出相应的对策建议，以期为世贸通的快速发展及预期目标的实现、宁波新型经济平台的不断搭建提供有价值的借鉴与参考。

四、项目研究框架

本章以平台战略为理论基础，分析宁波世贸通一站式外贸服务平台的搭建、运行现状、平台具有的优势和存在的风险，提出世贸通外贸平台进一步发展的对策建议，得出对本企业以及对其他外贸企业具有指导性的结论与启示。研究框架如图 6-1 所示。

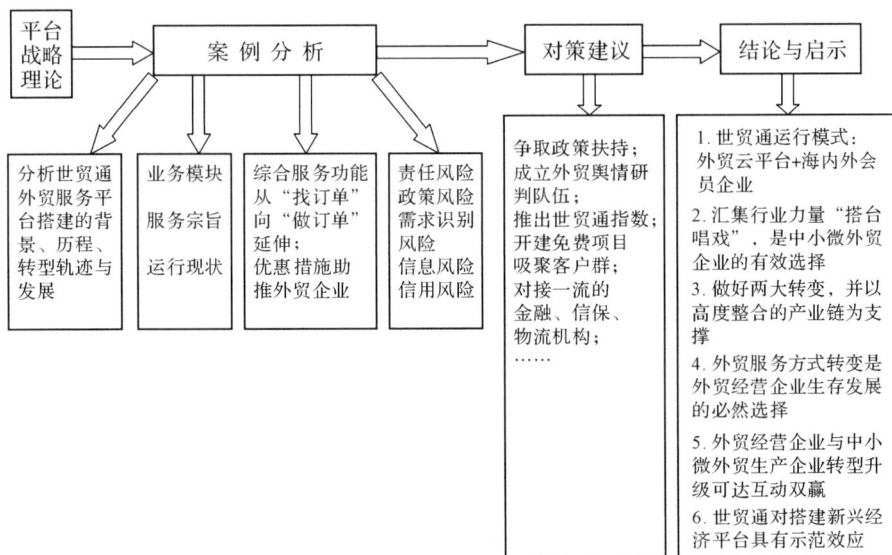

图 6-1　项目研究框架

第三节　公司发展历程：外贸服务由传统向
一站式服务平台转型

宁波世贸通国际贸易有限公司是宁波海田控股集团有限公司旗下的一家新型外贸服务公司，也可以说是宁波海田集团转型的一个化身。

一、传统贸易：海田集团遇到的困境

宁波海田控股集团有限公司是 1994 年经国家外经贸部批准，由宁波海田集团控股组建的外贸企业。公司注册资本人民币 5000 万元，主要经营进出口代理服务，主营业务包括粮油食品、土畜产品、纺织服装、轻工工艺品、机电设备、五金矿产品、化工医保产品、船舶等商品进出口业务和技术进出口业务，接受委托代理进口业务和出口业务，承接中外合资经营、合作生产、"三来一补"及转口贸易等业务。经过多年的发展，已成为一家综合性的大型外贸公司，年经营规模约 10 亿美元，进入全国 500 强和宁波市 5 强外贸企业之一。海田集团与 100 多个国家和地区的 700 多家客户建立了长期稳定的贸易关系，成为宁波当地的外贸巨头。但在 2011 年 7 月之前，这个外贸巨头的业务仍全部沿用传统的贸易方式。虽然它也一再扩规模、调结构，规范管理，但随着跨境电子商务的飞速发展，电子商务以其快捷、方便的特性将外贸市场的蛋糕一块一块地切走，海田集团感到了新的形势带来的生存与竞争压力。

二、基于平台战略：一站式外贸服务平台的提出和搭建

在认清电子商务对传统贸易带来的冲击之后，海田集团更看到了外贸电子商务的巨大市场潜力，在稳固传统外贸业务的同时，将转型方向瞄准了外贸电子商务，决心打造"宁波版阿里巴巴"。海田集团的领导层认为，宁波 15000 多家中小外贸企业近年来纷纷涉足电子商务，这为其提供了充足的客源。另外，在电商中"尽管阿里巴巴、环球资源网、易趣网等 B2B 平台做得非常出色，但这些平台以促成订单为使命，一旦订单完成，平台就退出双方的实际交易环节"。"阿里巴巴"们留下的市场空白，正是他们可以大显身手的地方。正是基于对这种平台战略的考量，海田集团于 2010 年 9 月开始进行平台系统研发，2011 年 7 月投资 1000 万元，成立宁波世贸通网络科技有限公司，下设子公司宁波世贸通国际贸易有限公司，进军 B2B 电子商务领域。世贸通网络科技有限公司的技术研发，为世贸通一站式进出口交易平台的搭建和上线提供了全方位的技术支持，2011 年 11 月，一站式进出口交易平台"世贸通"上线运行。世贸通成为一个利用先进的互联网技术，采用现代电子商务服务模式，为外贸中小微企业和个体，以及离岸公司、境外在华机构提供涵盖信息、物流、通关、金融、保险等全程化、一站式、管家式服务并专注于进出口业务流程外包的电商平台。

三、外贸服务转型:一站式外贸服务平台带来的快速发展

世贸通成立后,公司计划通过 3 至 5 年的努力,使平台交易规模达到 20 亿美元,服务区域从宁波扩展至全国,成为宁波外贸新的增长点之一。从实践情况看,2011 年 11 月,世贸通正式上线运行以后,第 1 个月签约客户 5 家,平台交易额 100 万美元,第 3 个月签约客户增到 41 家,交易额突破 700 万美元,之后仅两个月就签约中小企业近百家。2012 年完成进出口在线交易操作 7 亿元人民币,完成免费在线咨询服务逾 3000 次,为广大外贸群、个体提供包括政策引导、流程培训、风险管控、疑难解答在内的全面咨询服务。2013 年会员企业达到 1400 多家,完成进出口在线交易操作约 12 亿元人民币。2014 年 5 月,平台已有 4000 多家企业注册,日常活跃用户超过 800 家,实现网上交易约 2 亿美元。2014 年宁波市外经贸局公布第一季度宁波市进出口额最大的 200 强外贸企业中,宁波世贸通国际贸易有限公司排名第 6。世贸通实现了外贸服务方式的彻底转变,在经营业绩上,在其他外贸公司普遍经营困难、日子难过的情况下,实现了会员企业与交易规模的跨越式发展。

概括世贸通的发展历程,我们可以梳理出它的阶梯式发展道路:

2010 年 9 月,依托海田集团进行平台系统研发;

2011 年 7 月,宁波世贸通网络科技有限公司成立;

2011 年 11 月,世贸通一站式综合服务平台上线;

2012 年 8 月,世贸通荣获国家首批"国家电子商务试点企业",承担"国际贸易电子商务服务试点项目",获中央专项资金支持;

2013 年,与中国银行、中信保合作推出订单无抵押信用融资;

2014 年 3 月,被列入宁波市 18 家外贸实力效益企业;

2014 年前 3 月,平台进出口总额突破 2 亿美元,会员公司 4500 多家;

2014 年年底,平台旗下控股企业总额达 4.2 亿美元,关联企业 7000 家。

2015 年,世贸通移动端的外贸综合服务系统在第二季度上线;建设和推出进口跨境服务平台;与海南航空集团积极洽谈双方合作;完成上海世贸通的布局工作,启动以宁波、上海两大港口为依托的平台新征程。

良好的发展形势,加速了世贸通走出宁波、服务更多外贸企业的步伐。目前世贸通有 1/4 的客户来自宁波市外的长三角地区,包括温州、绍兴、台州、金华等外贸发达地区,还有 1/5 的客户是境外客商,分布在美国、欧洲、日本、中东、南非和巴西等地。为使世贸通网点遍地开花,目前公司已启动全国八个城市的子站点建设,其中上海基地和绍兴子站正在建设中。公司的短中长三级战略则是"立足宁波港、面向长三角、世贸全球通"。公司的理念是"以不变之初心,求可变之未来",即适应时代潮流而变,应客户需求而变,应市场大势而变。公司认为,平台、互联网、电子商务等均是这特定时代的载体和工具,应紧跟时代而变,永远启迪自身的智慧,追随时代的气魄。公司的奋斗方向是致力于服务中小外贸企业,让小企业拥有大公司、大平台的待遇,梦想是让单证更方便、让海关数据更透明、让退税速度更快、让物流成本更低、让业务风险更小、让小企业拥有尊严。

第四节　案例讨论:一站式外贸服务平台助推企业崛起

一、世贸通面临的宏观环境与行业现状

(一)宏观环境

20世纪90年代,B2B电子商务开始进入外贸行业,并得到了迅速发展,外贸B2B服务平台不断涌现。目前,外贸B2B平台从业务模式上主要分为两类:第三方信息撮合型外贸B2B平台和小额外贸交易服务型B2B平台。撮合型外贸B2B平台大多还停留在信息咨询层次,只解决了"找生意"的问题,不能为外贸企业或个人提供全程外贸操作服务,即"做生意"的问题,也无法确认买卖双方信息的真实性。小额外贸交易服务B2B平台采用速递出口的方式,在一定程度上方便了做小订单的外贸企业,但其背后却存在着涉嫌变相走私、逃避外汇管制、偷税漏税和侵犯知识产权等巨大法律风险。

电子商务作为一种基于电子信息技术和浏览器、服务器应用方式的新型商业运营模式,可实现消费者的网上购物、商户之间的网上交易和在线电子支付以及各种商务活动、交易活动、金融活动和相关的综合服务活动,具有普遍性、方便性、整体性、安全性、协调性和集成性等特点。合理有效利用电子商务平台来改变传统经营模式、降低交易成本、提高运行效率,已逐步成为当今社会商业活动的重要形式。

2013年9月2日,海关总署批复宁波跨境电子商务试点实施方案,宁波成为继郑州、杭州、上海之后,全国第四个跨境贸易电子商务服务试点城市。为了加快产业集聚、扶持电商外贸企业,宁波市政府于2013年10月出台了《宁波市外贸实力效益工程实施办法(试行)》。该办法提出,在全市范围内

重点培育 20 家全球布局、跨国经营的渠道型、供应链管理型、总部型外贸流通企业，争取到 2016 年，相关企业的经营规模、资本实力明显增强，业务带动力、社会声誉度、综合竞争力更上新台阶，其中 5 家外贸流通企业进出口规模超过 10 亿美元。在这些企业中，世贸通成为宁波市重点扶持的 5 大企业之一。世贸通的跨境电子商务在全国的布局发展可谓遇到了天时地利的机遇。

（二）行业现状分析

宁波是浙江的一个贸易大市，优良的产业基础和交通优势使其成为浙江外贸的领头羊，许多行业在省内甚至全国具有优势，与此相适应的是宁波贸易服务企业众多。虽然相比北京、上海、深圳等城市，宁波电子商务产业缺乏先发优势，但"电商细胞"活跃，后发冲劲十足。

根据宁波市电商工作规划，宁波 2012—2017 年发展电子商务产业的五年路线图是：至 2017 年，全市电子商务交易额将超过 5000 亿元，网络销售突破 1800 亿元，跨境电子商务占外贸出口比重达到 12％；在郊区和主要建制村建设 1300 个电子商务服务点，向 50 万人普及电子商务知识，企业电子商务应用普及率达到 85％。未来几年，宁波市将全力打造"一城两区一中心"电子商务产业城，在江北区规划建设电子商务城及服务外包产业园区、电子商务物流中心，将海曙区的宁波电子商务园扩建提升为电子商务产业园区。着力培育十大市级重点第三方平台、百家市级重点电商企业和电商服务企业，力争到 2017 年，全市电子商务销售额超亿元的企业达到 100 家，形成电商骨干企业"顶天立地"，中小企业"铺天盖地"的良好发展局面。宁波还将在阿里巴巴、京东、苏宁云商等第三方电商平台开设"宁波特色商品馆"、"宁波电子商务专区"，加快建设大宗商品交易平台，发展跨境电子商务，推动宁波各类工商企业借助第三方电商交易平台或自建电商平台开展营销活动，扩大销售；在江北陆港区、奉化方桥、梅山保税港区等地规划建设电子商务物流园区，引导基础电信运营商、增值电信业务服务商、内容服务提供商和金融服务机构协作，为电商发展提供支持。从目前看，宁波每年有千亿美元左右的外贸交易规模，外贸电子商务发展潜力巨大，为世贸通提供了巨大的市场空间。

二、一站式外贸服务平台业务模块与服务宗旨

宁波世贸通国际贸易有限公司是一家新型的以 B2B 电子商务一站式进出口服务平台为依托的高科技外贸服务企业，现有员工 70 多人。世贸通一站式进出口服务平台目标定位于借助互联网平台，为中小微外贸企业提供服务。公司利用先进的互联网技术，将电子商务与服务外包的理念灵活运用于外贸服务行业，建立了一个全程化、全方位的进出口服务平台。

该平台功能可大致划分为 12 大模块，其中提供给客户的前台功能模块包括在线下单服务、查询统计分析、咨询服务、信用评估服务、B2B 商贸服务、无限通信服务。平台内部使用的后台功能模块包括业务操作管理、客户关系管理、员工管理、系统对接模块、协同办公系统、用户权限管理（如图 6-2 所示）。各功能模块又可细分为若干子功能。

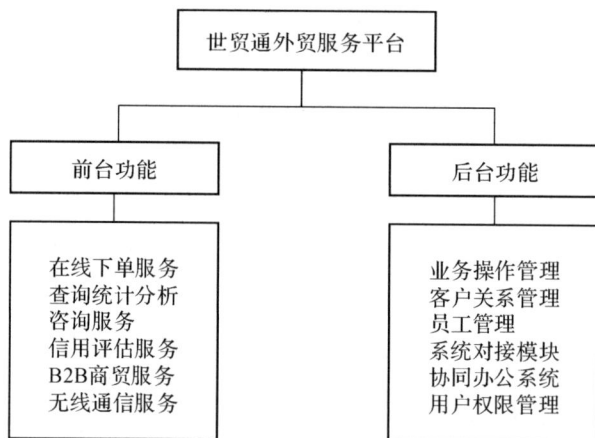

图 6-2　世贸通外贸服务平台功能

世贸通平台主要开辟了信息、物流、通关、金融四大项服务内容，具体涵盖供求、政策，运输、仓储，单证、报检、报关、口岸，保险、外汇、核销、退税、融资（如图 6-3 所示）。其他的还包括订舱、结算等外贸操作。

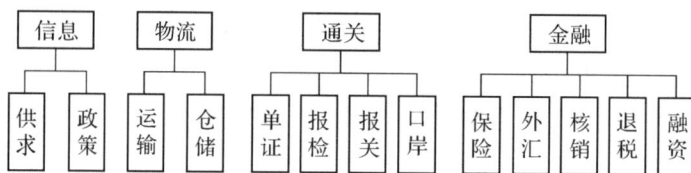

图 6-3　世贸通平台服务内容

平台将传统外贸电子商务平台经营模式进行了创新与提升，实时为中小微外贸企业提供信息发布、交易匹配、合同签订、支付结算、信用评价、物流、金融、保险和通关等一体化、全程化、透明化、全方位管家式的高效专业服务。平台利用先进的物联网理念，将货物、资金、单据等流向全面结合，通过前后台信息的交换与处理，客户可以对进出口进程进行跟踪，真正实现"世贸通供应链管理体系"。

世贸通平台不仅服务于国内贸易厂商，还着力服务于境外采购商，专门为境外采购商开发建立了一站式进出口服务平台英文版，这在国内属于首创。平台不但为中国厂商及外贸企业服务，也为境外企业开辟了一个互动的窗口，使其加速了解中国市场，更快速地找到适合自己的产品和工厂，整个操作流程由世贸通平台给予保障，保证交易安全。根据世贸通的规划，国外的终端销售商只要与世贸通开展合作，甚至可以不在中国设办事机构，仅仅通过世贸通平台就能够完成下单以及考察工厂、执行订单等。目前已在华设立办事机构的海外买家也可以借助世贸通平台，加速订单流转，提升订单执行的安全性，降低订单执行的成本。近年来，世贸通在中国进出口商品交易会、中国国际日用消费品博览会、芝加哥日用消费品展会等国内外重要展会上，已和众多境外采购商广泛接触，并初步达成合作意向。

三、一站式外贸服务平台运行现状分析

（一）平台实现了从"找订单"向"做订单"的延伸

现阶段，宁波中小微企业出口贸易机遇与挑战并存。一方面，宁波供应商制造的产品质量已获得了全球采购商的普遍认可；另一方面，受欧债危机、贸易摩擦以及人民币汇率升值等因素影响，中小企业面临的竞争压力越来越大。为应对日益激烈的国际市场竞争，越来越多中国制造商通过使用B2B电子商务平台开展国际营销和产品推广，以获得更大的发展空间和发展主动权。宁波外贸企业尤其是中小型外贸企业对第三方B2B电子商务平台的需求持续扩大。而现有第三方平台大多还停留在信息咨询层次，以中国制造网电子商务平台为例，其采用"网上洽谈，网下交易"模式，如同婚介，只介绍买卖双方认识，再通过一定的支付手段完成交易。除了交易信息的发布、搜索、初步沟通在电子商务平台完成外，只解决了"找订单"的问题；而后续签订合同、物流配送、资金支付等业务均在线下完成，不提供全程外贸操作服务，即"做订单"的问题。同时，现有平台无法确认买卖双方信息的真实性，导致大量的虚假供求信息充斥平台。此外，大多数传统外贸服务平台提供的服务缺乏差异性，随着平台数量与注册用户企业数量的增多，全球相对稳定的求购信息被大大分流，平台的"找订单"效果也大打折扣。

世贸通外贸服务平台打破了传统贸易服务方式，采用现代技术，通过电

子商务与服务外包的有机融合,为中小微外贸企业提供信息、交易、物流、通关、金融等一体化服务,实现从"找订单"到"做订单"的延伸。中小企业签约成为平台会员后,可以与国际买家或卖家进行即时的互动和多币种交易,并享受平台提供的运输、仓储、单证、报检、报关、保险、融资、外汇核销、出口退税等服务。不仅如此,中小企业还能享受平台集成的资源优势和价格优惠,从而提升国际竞争力。

(二)平台发挥了综合服务功能

世贸通与传统外贸 B2B 平台最大的区别是把信息、物流、通关、金融、保险等整个流程全部做完,实现一站式服务。

物流方面,世贸通与宁波国际物流发展股份有限公司旗下的宁波电子口岸、第四方物流商城进行了战略合作,实现了通关数据的互联互通和物流信息的无缝对接。客户只要登录世贸通平台物流模块,点击自己需要的物流服务,15 分钟内几套优化方案就会呈现,涵盖海运、空运、托卡等各种服务。

金融方面,世贸通与交通银行联手推出全新的订单融资服务——"天一易贸通",中小微外贸企业无须抵押即可获得贷款。世贸通还与中信保战略合作,一次性统保 5000 万美元,利用平台的优势,将信保产品以最优惠的费率通过最专业的把控传达给中小微企业,为中小微企业开拓海外市场保驾护航。

世贸通还联合中国银行在宁波独家推出了第三方银行外币虚拟子账户。这一做法彻底改变了外贸综合服务或外贸代理行业中小微企业没有银行资金往来记录的局面。今后,与世贸通合作的中小微企业任何到账信息,均可直接通过网银系统自行管理。这对于外贸企业来说,可以积累进出口记录,保存资料作为今后申请信用贷款或贸易融资的基础资料。

在出口退税方面,外贸企业最为关注的退税一块,世贸通推出了新的服务,出口商在承诺利用世贸通物流的情况下,在货物出运 3 天后,合作客户就将拿到退税款,款项由世贸通垫付,这无疑让中小出口企业吃下了"定心丸"。假若一次性出口 100 万美元的话,退税估计有 70 万元人民币左右,这些退税款以前至少要 2 个月才能拿到,而世贸通预先垫付,3 天即可拿到,这对企业来说,大大增强了资金的使用效率,降低了成本。

世贸通一站式进出口服务平台以最便捷的方式聚集物流资源和交易信息,以最规范的方式实现交易和支付,迅速撮合交易,降低交易成本,实现交易和服务的便利化、规范化。自平台运营以来,世贸通已经与宁波海关、宁波电子口岸、中国出口信用保险公司宁波分公司、中国银行、交通银行、宁波银行、深圳发展银行、上海浦东发展银行、世贸企业咨询公司和宁波国际物流发展股份有限公司等建立了长期战略合作伙伴关系;同时,已有约4000家企业注册,日常活跃交易用户超过800家。世贸通的会员有1/4来自宁波市外的长三角地区,包括温州、绍兴、台州、金华等外贸发达地区,还有1/5的客户是境外客商,分布在美国、欧洲、日本、中东、南非和巴西等地。会员主要有工厂、外贸公司、外贸个人、境外驻中国机构等。

这种基于互联网的一站式服务受到中小微外贸企业欢迎。企业把单子交给世贸通打理,可以更放心、更省心、更省钱。由于把大量的单证业务、物流业务、保险和融资等环节"甩"给了世贸通平台,中小微企业可以更加专注于接订单、做订单、开拓业务。据测算,中小外贸企业在平台上每做100美元生意,能比自建团队方式节省15美元,并且订单执行更有保障。

(三)平台综合服务措施的优越性明显

综合服务措施的优越性除了上述外,还体现在服务费方面:收费方式简单明了,费用清单前台透明化,手续费用较低,报关1美元仅收取0.05元人民币服务费。在线服务方面:提供在线下单、通关状态查询、收付款明细查询、订舱信息在线确认、报关文件在线下载、快件查询等全程外贸在线服务。信息及资金安全方面:重要数据实现异地灾备、定期备份、网络防火墙及防入侵检测,中国银行第三方监管账户,保证资金的绝对安全。平台在提供基本外贸服务的基础上,进一步完善物流信息、金融服务、保险服务等子平台,新建呼叫中心子平台、协同办公系统和人力资源管理系统等后台支撑系统,进一步提升平台功能和安全性;从软硬件投入、人才引进以及沿海城市子站建设等方面积极实施世贸通战略规划,进一步完善各功能模块,从出口、进口两个领域同步提升世贸通整体服务能力。

由此,世贸通外贸服务平台的优势可以明显地体现出来(如表6-1所示)。

表 6-1   世贸通平台的服务优势

对比项目	世贸通	委托其他公司出口	自营出口
服务费	收费方式简单明了 费用清单前台透明化 报关 1 美元仅收取 0.05 元人民币服务费	普通	慢
通关效率	海关绿色通道 最快速的通关效率	10 至 30 天	至少 60 天
退税	最快出口后三天内免费垫付所有退税款,无须任何手续费	市场价	市场价
物流费用	世贸通与四方物流平台进行无缝对接,15 分钟内提供 3 套报价 收费低于市场价	无	无
金融融资服务	交通银行—世贸通金融服务方案 信用证押汇融资 出口信保融资等	无	无
在线服务	提供在线下单、通关状态查询、收付款明细查询、订舱信息在线确认、报关文件在线下载、快件查询等 全程外贸在线服务	无	无
信息及资金安全	重要数据实现异地灾备、定期备份、网络防火墙及防入侵检测,中国银行第三方监管账户,保证资金绝对安全	低	低

（四）新的优惠措施助推外贸企业发展

2014 年 8 月 18 日,世贸通宣布推出让利会员企业的“5 个 1”优惠举措,从当年的 9 月 1 日起施行。此次的“5 个 1”优惠包括:

1 免——零基础服务费。对于通过世贸通平台出口的宁波市内中小微企业免收出口服务费。选择世贸通外贸综合服务平台出口,预计每出口 100 万美元可以省下 5 万元成本,而且还不用培养自己的报关、报检、报税等操作人员。

1 户——免费开立中国银行子账号。免费为每个合作客户开立中国银行子账号,独立匹配网银,便于合作客户进行资金查询及监管,助力中小微企业建立银行信用。

1 保——免费中信保服务。为合作客户提供免费中信保服务,“客户投保,平台买单”,世贸通平台与中信保 EDI(电子数据交换)对接,投保实现完全在线操作,在线投保,省时,省钱,更省心。

1贷——出口订单在线融资服务。世贸通还联合中国银行推出出口订单在线融资服务。凭借中信保保单、出运记录,出口企业在货物出运后就可获得世贸通平台的融资支持,单笔业务最高融资额可达100万元人民币,单个客户融资额度最高可达500万元人民币,最快3个工作日内获取融资资金,并且市场融资利率相比普通小贷优惠30%以上。

1快——快速通关及快速退税服务。享受世贸通快速通关及快速退税服务,选择世贸通物流,出口退税最快可在货物出运后3天到款。

"5个1"优惠举措让世贸通会员企业得到了实实在在的利益,对推进宁波外贸产业链整合升级,实现外贸平台与中小微外贸企业共发展,共建良好外贸生态环境起到了良好作用。[14]

四、外贸服务平台的优势及可能出现的风险及其防范

(一)责任风险

尽管世贸通对会员发布的信息经过若干道审查,但仍不能完全避免会员可能发布虚假或侵犯第三方权益的信息,这可能使该公司面临承担法律责任及信誉损失的风险。

针对上述风险,公司认真学习《信息网络传播权保护条例》及《互联网著作权行政保护办法》等政策,加强了解有关规范对互联网信息中著作权侵权责任的认定。此外,要求会员在注册时必须同意《用户协议》(该协议规定:所有的用户对其发布信息的准确性、完整性、即时性、合法性都独立承担所有责任)。

(二)政策风险

世贸通一站式进出口服务平台流程涉及海关、出入境检验检疫、国税、外管等各部门的政策,平台的功能规划、平台战略制定都应该与国家相关政策和当地政府的经济发展规划保持高度的一致性。

为了防范政策风险,世贸通组织专家对外贸相关政策进行深入的研究,同时组织各政府部门专家对外贸流程进行政策合法性评估,确保平台外贸流程从规划时即与国家政策尤其是国家的通关和退税政策保持一致。平台推出后,对新颁布的政策进行实时跟踪分析,将政策的变化及时反映到平台应用上。

(三)需求识别风险

虽然世贸通已经进行了深入的市场需求分析,但具体需求规划是否准

确充分还有待实践检验。同时,随着外贸形势、信用制度、经济状况的变化,客户的具体需求也会变化,及时满足客户变化的需求才能留住客户。

世贸通深入分析明确了各相关方的业务需求,明确界定需求范围;平台建设团队需要帮助系统各方表述自己的需求,以保证需求的准确提出;系统建设双方要定期或不定期地进行需求的交流,确保需求理解的一致性;进行需求管理,将需求进行编号,并记录需求的状态、条件、时间等,当变更需求时,在双方达成一致后,记录相应的改变。

(四)信息风险

商务平台可能会受到黑客攻击等人为干扰和通信线路质量差、自然灾害等物理性干扰,影响数据传输和存储,造成数据丢失或者资料泄露。平台的客户资料与交易数据是中小微外贸企业与平台经营的根本,数据的泄露或丢失将给客户与平台带来巨大损失。

世贸通从防火墙技术、信息加密技术、身份认证技术等方面建设了信息技术安全保障网,同时采用完善成熟的硬件设备,保证数据的安全性。加强软件系统日常维护管理,做好机房防火、防盗、防水、防雷等工作,确保硬件设备的安全。建立意外事故应急处理实施方案,通过定期演练确保相关人员熟练掌握系统故障时的替代措施。加强对操作人员的管理,从制度上保证数据安全,与参与系统各个环节的人员均签订保密合同,强化员工安全教育和职业道德教育。

(五)信用风险

由于社会存在的诚信问题增加了在电子商务虚拟市场中交易时的不确定性,买卖双方和商务平台都只有数字化交往,用电子方式谈判、签合同、结账,当贸易一方发现交易对自己不利时,可能就会企图否决已经做出的电子交易。

虽然对于买卖双方的违约行为,商务平台可采用免责条款加以规避,但是交易违约行为会影响平台声誉,降低平台对优质客户的吸引力。为保证会员信息的真实性,世贸通可考虑由第三方(工商局、税务局、财务局、公安局等)对企业资质的相关信息进行审定,反馈到交易中心。同时,平台建立信用等级制度,采用交易后评价的方式对会员执行合同情况予以直观体现。

五、促进世贸通外贸平台健康发展的建议

(一)积极争取政府相关政策的扶持和落实

根据《宁波市人民政府关于印发〈宁波市外贸实力效益工程实施办法

(试行)〉的通知》(甬政发〔2013〕108 号)的有关规定,宁波世贸通国际贸易有限公司被列入宁波市 18 家外贸实力效益企业名单。世贸通将享受财政奖励政策以及相关扶持政策。

在海关方面,世贸通可享受企业海关便利措施,在通关、查验、物流方面享受优先政策,走绿色通道,保障进口大宗商品"当天报关、当天放行"。

在金融方面,信保、人保对世贸通实施支持政策,提供世贸通更多增值服务,给予世贸通费率优惠,加快理赔追偿。世贸通享受金融外汇便利化措施。中国进出口银行宁波分行优先为世贸通安排本外币贷款额度,降低世贸通的融资成本。

在税收方面,宁波市国税局对世贸通实行"一企一策"的扶持政策,有助于世贸通获知最新的退税政策,有效规避政策风险。

世贸通享受宁波港股份有限公司扶持措施,可免收接单放行成本、减免提前进场堆存费和部分吊机费等作业费用,享受专人服务和绿色通道及一站式优质服务等。

对于上述政策,关键是要促进落实。除此之外,世贸通在具体业务运作方面还希望得到如下支持:

1. 海关在日常管理中,创新对世贸通的评级考核模式。针对外贸综合服务企业采取平台模式考核,提高容错率。若有处罚,建议追责到平台实际服务企业,世贸通平台负相关监管责任;在处罚不到时,由平台承担连带的相关经济责任,但不处以简单的提高查验率、降级等处罚措施。

2. 为世贸通平台提供绿色通关支持,提高通关效率。若有查验,加快查验放行速度;若有处罚,提高处罚办理效率。

3. 为世贸通进出口商品的正确归类提供帮助和支持,期冀有专人配合,提高归类正确性。

4. 商检方面,加大对世贸通开展市场采购模式下的商检支持力度,加快办理速度;加快相关原产地证办理时的审证及批复速度,予以优先办理、专人办理。

5. 国税方面,一是对世贸通一站式外贸综合服务平台的退税服务予以全新定位及肯定,将世贸通模式与传统的出口代理退税模式区别对待。二是加快退税审核进度。比照市外贸实效企业,在同一申报期内,国税部门专人服务,优先受理,优先审核,优先审批。三是取消增幅报告。平台的发展以大数据全流程作为支撑,在科学管理及健康运营下,业务规模必将呈较大增幅发展,现有的国税部门增幅报告必将制约平台的规模化发展速度。

6. 提高平台公信力,加大宣传扶持力度。将世贸通作为重点外贸公共服务平台(外经贸分管)、优秀电子商务平台(贸易局分管)及智慧示范项目(经信局分管)等加以扶持。另外,建议从市级层面加大对世贸通平台的宣传支持力度,推动平台品牌建设。

7. 加大信保补助力度。提高对世贸通的出口信保规模,五年内对平台支出的保费进行全额补助,通过对平台的支持使出口信保服务惠及更多中小微企业。

8. 加大对世贸通引进优秀 IT 团队的政策支持。主要从创新项目研发补助、技术人才补贴、人员技能培训、人才落户优惠政策等方面开展支持。

9. 认定金融服务资质,加大融资支持力度。鼓励世贸通联合银行推出结合进出口订单的无抵押融资服务方案,通过平台服务记录,为中小微企业建立信用档案。人民银行、银监等金融相关部门优先对世贸通开展融资等金融服务进行资质评估和认定工作。对世贸通结合银行开展的支持中小微外贸企业的融资服务,给予银行机构协调、风险管控引导、坏账赔付、利息补助等支持。

10. 安排专项扶持资金。主要用于平台研发、软硬件设备投入、营销宣传等方面。

11. 加大税收扶持力度。2014 年至 2018 年,对世贸通产生的水利基金予以全额减免,并将世贸通产生的税收在市区两级的财政留成部分予以适当返还。

(二)划分世贸通外贸平台与会员企业的责权利

世贸通应坚持其作为第三方综合服务平台的定位,不断完善外贸产业链的服务内容,提高各项服务的水平与质量,避免参与到与国外采购商的实际国际贸易中去,否则可能会引起国内出口商也即平台客户企业对买家信息安全的担忧,从而影响平台业务的开拓。

同时,世贸通应通过签署服务协议来规范会员企业与平台各自的责任、权利与义务,具体规定双方的工作内容与职责。虽然世贸通是作为第三方综合服务平台,但是在现有国际贸易相关法律法规的规定下,世贸通在实际提供服务的过程中,在某些环节上,是作为出口主体单位的,一旦产生贸易纠纷,这势必会为世贸通带来更多的责任与风险。

所以,世贸通平台若想取得健康长远的发展,必须妥善解决好平台责权利的划定。同时,我们也呼吁政府外贸相关监管部门,特别是国税与海关两个部门能够在相关的监管法规上，明确外贸综合服务平台的法律地位与身份，将其与实际的外贸经营主体单位区分开来，当出现相关的查验等问题时，能够区分综合服务平台与出口主体单位的责任。

（三）将会员企业归类整合形成产业链

作为外贸综合服务平台，世贸通不仅可以在发展前期为外贸企业提供单证、物流、通关、金融、保险等各项服务性内容，当平台发展到一定规模，聚集大量会员企业时，可以将会员企业按照所属行业供应链进行分类，形成在单个行业上下游供应链企业的纵向分类，比如将原本都是外向型的布料商、辅料商、服务制造商归类后，可以促成这些企业内部的业务合作关系，为这些企业拓宽市场。在平台服务体系内整合多个行业的产业链企业，可以形成平台内部的供应链关系、内部的供货交易关系，进一步为会员企业提供商机，带动整个产业链的内部整合与发展。

（四）成立外贸舆情研判与服务队伍

在国际贸易形式多变、国内外贸企业发展形势不容乐观的今天，世贸通平台在对会员企业大量交易数据与经营数据进行统计分析的基础上，可以在适当时候发布外贸行业指数，实时反映外贸行业的最新发展动态，并为相关政府部门的决策提供信息参考。同时，世贸通利用掌握的资源多途径搜集外贸舆情，积极向监管部门反映，从而建立起外贸企业与政府相关部门的舆情反馈通道，提高市场、企业、政府的联动机制。

（五）实时推出世贸通指数

由于云计算、移动互联技术的推广，原来在生产、经营、管理和销售乃至生活等过程中产生的大量数据都可以被及时收集。世贸通在经营中形成的数据云集中在贸易订单及其执行的领域，为数据分析的开展提供了基础条件。

世贸通可依据平台的功能，根据中小微企业的订单，提供完善的月、季、年度分析报告，指导他们的战略制定、产品定价、市场调整、贸易方式的选择，以及一系列关于物流、金融、保险方面的解决方案。对交易全过程中大量进出口信息进行安全、及时的收集分析和处理，推出世贸通指数，包括行业的订单景气程度、价格水平、订单执行效率以及生产组织水平、物流服务水平、金融服务水平等贸易方面的动态指标，让这个指数起到长三角区域外贸行业发展的风向标作用。

（六）不断开发出科学便捷安全的外贸商务软件

外贸综合服务平台为会员企业提供服务,服务便捷性是衡量服务水平的重要指标之一;依托电子商务平台技术团队的技术开发实力,不断为外贸企业的商务活动开发外贸管理软件,提高传统中小微外贸企业的信息化水平,为企业创造更大的附加值,也是平台努力发展的方向之一。传统中小微外贸企业的信息化水平普遍较低,大多数企业仍采用 excel 制单,当客户与单证较多的时候,相关文件的管理与查找成为一个问题。利用信息化软件系统可以轻松解决此类问题,同时也能够提高会员企业对平台的黏性与忠诚度。世贸通虽已拥有一支专业的 IT 技术团队,负责前后台系统的运营维护,又有国际贸易方面的专家,信息技术的精英,物流、金融等领域的行家,还有母公司宁波世贸通网络科技有限公司开发的世贸通外贸供应链管理软件 V 1.0 并已取得计算机软件著作权,与浙江大学软件学院建立了战略关系,但还应从多方面努力优化提升,不断推出科学、便捷、安全、实用的操作软件。

（七）不断聚集国内外商务信息资源,拓展网络营销优势

目前,世贸通平台已经整合了车队、报关行、货代、银行、保险公司等众多优质的外部服务资源,对这些既有资源的维护与管理占用了现有平台团队大量时间与精力。平台后续资源的整合需要建立专职的资源整合服务团队,专职负责外部资源的寻找、合作落实工作,并且打破各个外部资源的独立性,将这些外部资源进行有效整合,进一步提高服务资源的效率,同时进行整合创新,不断开发新的服务内容。

（八）开建免费项目吸引客户群

实践证明,电商好多项目的免费入门不但不会降低收入,反而会扩大影响,吸引客户群,增加收入。百度的免费使用、腾讯的免费娱乐游戏、微信的使用都是最好的证明。随着形势的发展,外贸代理会走向免费服务时代。目前,深圳、江苏等外贸服务网络平台已相继推出免费服务。阿里巴巴旗下外贸服务网络平台"一达通"率先打开了外贸代理基础服务费免费这个"魔盒",随后的大道商诚网、上海春宇供应链也相继推出外贸免费代理服务。作为宁波和长三角地区外贸综合服务的佼佼者,世贸通推出的"5 个 1"服务举措,使宁波 2 万多家外贸企业得利,而且还不用培养自己的报关、报检、报税等操作人员。

世贸通的外贸代理基础服务费免费,是继阿里巴巴"一达通"平台、大道

商诚网、上海春宇供应链之后又一家推出外贸代理免费服务的网络平台。随着互联网应用逐步普及到外贸服务领域，海关、检验检疫、税务、船公司甚至出口信用保险、金融机构等都在推行无纸化作业或电子化服务，这使得各类外贸综合服务网络平台不再需要配备大量的操作人员，降低了成本；同时，互联网思维的引入，使得各类外贸服务平台将外贸代理免费作为一个吸引流量的入口，吸引更多中小微外贸企业到网络平台上开展外贸交易活动。外贸代理基础服务费免费成为未来的一种趋势，而整合资源，提供更多的增值服务，将是互联网平台最终实现盈利的渠道。世贸通还应在会员加入等方面实行免费进入，以便吸引更多客户。有弃有取，在推出免费服务项目的同时，通过整合其他各种资源，提供更多的增值服务，如帮助中小微外贸企业进行无抵押融资、投保出口信用保险以及帮助外贸中小企业在海外建立仓储基地、连锁渠道，或者帮助中小微外贸企业对接客户等，实现世贸通与中小微外贸企业的双赢或者多赢。

（九）树立信誉，管控风险，对接一流的信保、金融服务机构

信誉关乎企业的生命，世贸通在管控上述可能存在的风险的同时，还应坚强自身建设，树立良好的企业形象与信誉。对接一流的信保、金融服务机构，确保资金流畅通无阻，以此增强会员企业对世贸通的信任度、依赖度。2014 年 8 月 18 日，在世贸通宣布从 9 月 1 日起推出的"5 个 1"服务举措中，已联合中行推出全国首个第三方银行监管账户、为出口企业投保信用保险买单、出口订单在线融资服务、出口退税货物出运后 3 天到款等举措，[14] 对世贸通保障客户资金流、提高自身信誉具有积极意义。

（十）实现外贸、物流信息互联互通，无缝对接，确保货畅其流

贸易与物流紧密相关，货畅其流是提升客户与贸易公司效益的重要举措，货流梗阻不但会影响商务合同的兑现，使效益下降，更会影响公司的信誉。因此，第三方物流对于没有具体实业的贸易公司来说显得尤为重要。世贸通应与一流的物流公司对接，确保客户业务畅通。

第五节 结论与启示

根据上述分析，我们可以得出如下结论与启示：

一、世贸通运行模式：外贸云平台＋海内外会员企业

世贸通在经营中形成的数据云集中在贸易订单及其执行领域，为数据分析的开展提供了基础条件。目前针对中小微企业，世贸通可以根据他们的订单提供完善的月、季、年度分析报告，指导他们的战略制定、产品定价、市场调整、贸易方式的选择，以及一系列关于物流、金融、保险方面的解决方案。这并非仅仅依靠平台专家的智慧，而是来源于平台的功能，对交易全过程中大量进出口信息进行安全、及时的收集、分析和处理。平台如能推出反映长三角区域国内外贸易现状，包括行业的订单景气程度、价格水平、订单执行效率以及生产组织水平、物流服务水平、金融服务水平等贸易方面的动态指标的指数，将对长三角区域外贸行业的发展起到风向标的作用。

概括世贸通的运行模式，可以总结为"外贸云平台＋海内外会员企业"；而世贸通的赢利模式则是做好平台，向规模要效益，向产业链要未来。

二、汇集行业力量"搭台唱戏"，是中小微外贸企业的有效选择

从目前看，传统欧美市场恢复缓慢，新兴市场未兴即衰，国外买家的付款方式越来越苛刻；国内人力成本与原材料成本不断上涨，退税周期漫长；中小微外贸企业业务规模小，与货代、银行、保险等机构缺乏谈判权；外贸公司缺少固定资产，申请银行融资困难……上述种种问题，加剧了传统中小微外贸企业的生存窘境，而外贸综合服务平台的出现，可以一揽子地解决这些问题，可以通过平台集聚的规模效应，为中小微外贸企业整合提供各种优质的服务商，为外贸企业的发展提供良好的支撑环境；同时它也是中小微外贸企业抱团取暖、抱团发展的有效选择。

三、世贸通实现两大转变，并以高度整合的产业链为支撑

世贸通在服务好中小微企业的同时，实现了两大转变，一是从国内服务向国际服务的转变，二是从流程服务向供应链服务的转变。这两大转变架起了中小微企业与国际市场平台的接轨，实现了外贸公司与中小微企业共创更好的品牌支撑，共拓更大的国际市场，同时，也让海外市场更好地了解中国。外贸服务公司在实现转变的过程中，必须要以会展、物流、海外仓、保险、金融、跨境等产业链的高度整合作为前提和支撑。否则，后续工作跟不上，平台难以长期支撑，公司难以发展壮大。

四、外贸服务方式的转变是外贸经营企业生存发展的必然选择

中小微外贸企业因为其自身经济实力弱，研发不足，渠道拓展能力差，

在外贸企业转型升级的浪潮中很难进行传统意义上的品牌塑造与海内外营销渠道拓展等方面的转型升级，而通过改善外贸企业的外部生存环境，特别是服务环境，能够从微观层面提高企业的国际市场竞争力。外贸企业的经营成本由多方面组成，其中物流成本、人力成本、金融成本、保险成本等都可以通过外贸综合服务平台来降低，同时通过外贸综合服务平台的服务，还可以接受多种买家付款方式与多种运输方式。在买家资金紧张的市场环境下，灵活的付款方式、运输方式也是企业除了产品价格、产品质量之外的重要竞争要素之一。而且，平台的搭建，会员的聚集，实力与信誉度的提升，可以使外贸公司与一流的金融、物流等服务公司建立良好的关系，达到互动双赢的效果。总之，外贸综合服务平台的出现为中小微外贸企业的成功转型升级提供了一种现实方案。

五、外贸经营企业与中小微外贸企业转型升级可以互动双赢

（一）创建"找订单→做订单"新模式，实现外贸全流程供应链低成本管理

以 100 万美元的小型企业为例，一般情况下完成外贸流程，公司需配置 1 个单证人员，1 个财务人员，以及报关报检、货运代理、出口退税等 4～5 个人员，这增加了企业的人工成本。而把这些业务交给外贸服务平台，仅用较少的费用就省却了这一系列的麻烦，平台不光为中小微企业解决了"找订单"的问题，更能利用网络规模效应，通过整合外贸供应链资源，为客户提供物美价廉的通关、物流、保险、融资等服务，从而降低企业的经营成本，增加客户利润。中小微外贸企业通过利用平台服务，从繁杂的外贸实务操作中解放出来，从而将主要精力投入到商务拓展中去。

（二）交易数据半透明化，为第三方信用评估提供便利

世贸通外贸服务平台涵盖物流信息、报关、报检和退税等功能，客户通过平台可随时查询订单处理的进程及货物的运输状态、货物出入境状态等情况，对交易进展了如指掌。在长期交易过程中，平台积聚大量真实可靠的用户历史交易数据。用户可以有选择地在 B2B 商贸平台上公开自己的历史交易数据，以证实自己的外贸实力，从而获取国外客户或供应商的信任，为其销售或采购活动提供有力的证明。同时，交易平台也可凭借这些数据向第三方机构提供可靠的信用评估服务，如为银行提供中小微企业贷款前的信用评估，为企业解决融资难问题的同时，也为银行等金融机构节省了大量的资信调查成本。

(三)一站式外贸服务,规范进出口流程

中小微企业出于成本考虑,对小额外贸通常采用速递出口方式,速递出口在一定程度上方便了做小订单的外贸企业,但其背后却存在着巨大的法律风险,如变相走私、逃避外汇管制、偷税漏税、侵犯知识产权等。一站式透明化的信息、通关、运输、保险、港口、物流、金融等外贸服务,有利于将小额外贸引向正规的进出口操作途径。

(四)提升社会效益

一站式外贸服务平台正常运行后,对社会效益的提升表现为:对国民经济的净贡献较大,在一定程度上促进经济增长,增加政府的财政收入;直接或间接拉动就业,为大中专毕业生、外来务工人员和当地富余劳动力提供较好的就业机会,对宁波市的再就业工程具有积极推进作用;通过电子商务的创新应用,借助互联网平台实现不分地域、不分行业、异地结算的“虚拟外贸服务”新模式,整合全国的外贸资源,将其投放到特定的地区(比如宁波),为该地区带来大量的外贸服务资源,尤其是金融和物流服务资源,实现物流、资金流、商流整个价值链的贯通,促进当地金融和物流等高端服务业发展,为打造绿色 GDP、建设低碳经济产业链带来新的思路,也为地区建设“虚拟外贸服务中心”与智慧城市提供强有力的支持。

六、世贸通对搭建其他新兴经济平台具有示范效应

当前国际贸易形势严峻,复杂多变,推进外贸稳定增长、提升质量效益是一项重要而艰苦的工作,大力培育自己的外贸综合服务企业和外贸公共服务平台是宁波外贸发展的一项重要工作。在外贸转型升级任务紧迫的当口,宁波世贸通一站式外贸服务平台的搭建与发展是一个成功的“智慧外贸”案例。在短短的几年时间里,它的会员已超过 7000 家,交易额突破 4.2 亿美元,跃居宁波市前三强企业,成为宁波市重点扶持企业,国家首批“国家电子商务试点企业”,成为宁波外贸加快转变发展方向、提升国际化水平的一个缩影。世贸通平台极具战略性,落地性强,它所走过的道路、成功的经验与教训,将对未来宁波培育和搭建各种新兴经济平台起到良好的示范、借鉴和指导作用。

参考文献

[1] 徐晋,张祥建.平台经济学初探[J].中国工业经济,2006(5):40-47.

[2] 安晖,吕海霞.以平台经济引领经济转型发展[N].科技日报,2013-11-25(01).

[3] 白灵,彭靖,唐婷.平台战略:教你将小企业打造成巨无霸[J].商界,2013(6):50-53.

[4] 魏程远.新媒体环境下的平台战略研究——以盛大网络为例[J].新闻世界,2013(11):146-147.

[5] 夏文韬.平台战略:用户需求为上[J].网络传播,2014(3):32-33.

[6] 陈威如,余卓轩.平台战略:正在席卷全球的商业模式革命[M].北京:中信出版社,2013.

[7] 徐晋.平台竞争战略[M].上海:上海交通大学出版社,2013.

[8] 夏毅.平台经济正成为全球主要商业模式[EB/OL].[2013-11-04].http://news.eastday.com/eastday/13news/node2/n4/n14/u7ai79912_K4.html.

[9] IRELAND R D,HITT M A,SIRMON D G. A model of strategic entrepreneurship:the construct and its dimensions[J]. Journal of Management,2003,29(6):963-989.

[10] 周嵘.整合天下赢[M].北京:石油工业出版社,2013.

[11] 郭岭.现代产业组织模式研究[D].武汉:武汉理工大学,2004.

[12] 王磊.以产业联盟促进京津冀地区第二产业合作开发的战略研究[D].天津:天津工业大学,2007.

[13] 张倩,王敏聪.电子商务对中国国际贸易的影响[J].中国商贸,2011(24):99-100.

[14] 殷浩.外贸综合服务平台世贸通推出"5个1"优惠举措:外贸代理将进入免费时代[N].东南商报,2014-08-19(A14).

第七章　船货网:大宗干散货船货配载交易的 4PL 先行者

第一节　引　言

一、研究背景

世界资源生产地和消费地分布不均,因而大量工业原材料必须以大宗散货的形式远洋运输,正是干散货远洋运输为世界工业生产提供了源源不断的原材料,如金属矿石、煤炭、粮谷、化肥、水泥等。截至 2014 年年底,全球干散货船运力规模达到 9917 艘,2013 年载重量达 72147 万载重吨。据克拉克森(Clarksons)数据显示,2014 年全球干散货海运量为 45.11 亿吨,增长 4.2%。其中全球铁矿石海运量 13.21 亿吨,增长 11.1%;煤炭海运量 11.75 亿吨,增长 0.8%。2015 年世界经济延续 2014 年态势,干散货运输市场仍然供大于求。

我国拥有生产用码头泊位超 3.1 万,货物吞吐量连续 9 年位居世界第一,已成为世界港航大国。由于我国的工业结构特征和资源结构特点,散货运输占港口总运输量比重较大且增长较快。我国 2014 年铁矿石进口量 9.33 亿吨,同比增幅为 13.9%;煤及褐煤进口量为 2.91 亿吨,同比下滑 11%。宁波—舟山港货物吞吐量稳步上升,全港货物吞吐量首次超越上海港,达到 8.73 亿吨、2000 万标准箱,坐上货物吞吐量排名中国及世界第一的宝座。目前,宁波—舟山港已成为集装箱远洋干线港、国内最大的矿石中转基地、国内最大的原油转运基地、国内沿海最大的液体化工储运基地和华东地区重要的煤炭运输基地。

改革开放以来,我国对大量工业原材料的需求持续旺盛,推动了大宗干散货运输的迅猛发展。但是自 2008 年金融危机以来,我国干散货航运市场深受国际金融危机影响,运价持续走低,使得船货企业配载交易矛盾突出,企业竞争十分惨烈。2014 年和 2015 年大宗商品价格的暴跌进一步加深船货企业配载交易的矛盾:(1)船舶运力从 10 年前的极度匮乏到如今完全过剩,沿海干散货运价不到几年前的 30％,全行业亏损严重;(2)信息化、可视化、智能化的电子信息技术在干散货航运方面应用程度低,寻找船货资源效率低下,货主、船东、港口信息难以共享和协同;(3)缺乏全程服务供应商,没有权威的第三方公正配载交易平台,行业服务标准缺乏,服务质量参差不齐,大中小海运企业缺乏公平的竞争环境;(4)物流外包、全程物流、虚拟货主、虚拟海运船队等全新航运物流理念和模式在业内尚未广泛推广应用。正因为以上种种困境与乱局,干散货海运依靠经营运力赚取运费(租金)的传统运营方式已经走到尽头,新的出路在于谋求新的联合与整合:运用现代信息技术、物联网技术,整合船舶资源、码头和堆场资源、客户和市场资源,在干散货船货配载交易供应链的纵向、横向上拓展,从传统船货航运服务提升到干散货现代物流服务,融入国际干散货供应链或建立以干散货航运为主导的新型商业模式,从干散货全程航运物流供应链(即第四方物流,fourth party logistics,4PL)服务平台中获得可持续发展的潜力。一个信息对称平台加业务协同平台的第四方物流——船货网正是在这一背景下应运而生的。

二、船货网的案例典型性

目前,专注于航运领域的互联网信息平台有国际船舶网、中国船期网、船讯网、航运在线、航运城、有货运、宁波航运交易所等(见表 7-1)。国际船舶网旨在打造“船舶领域的专业门户网”,致力于打造中国船舶第一网,建立船舶行业内最大、最有使用价值的电子商务平台。中国船期网旨在打造“运价引擎,船期革命”,主要实现海量的船期与运价数据无缝接入,实时查看船期、实时运价。船讯网旨在打造“实时查询船舶动态的公众服务网站”,能够为船东、货主、船舶代理、货运代理、船员及其家属提供船舶实时动态,能给船舶安全航行管理、港口调度计划、物流、船代、货代带来极大的方便。航运在线旨在构建"全球最大的网上航运交易市场",专业面向航运、海事、外贸、船舶、物流等相关企业,提供在线交易、新闻资讯以及网络推广、企业信息化建设等综合性电子商务服务。航运城旨在打造"国内领先、公正专业的第三方航运电商平台",公司致力于将先进的网络科技手段与传统航运业务相结合,免费帮助货代进行市场推广,协助货主寻找合适的承运商。爱船网旨在构建"航运信息港",永不屏蔽航运人发布的商业信息和联系方式。

表 7-1　航运相关的网络信息平台

网络平台名称	上线时间及网址	定位	主要功能	依托公司
船货网	2012 年 12 月 www.945156.com	大宗干散货配载协同平台	以信息化、标准化为核心的中国首家大宗干散货船货配载交易和协同平台,致力于实现社会船舶运力和货源的在线公平配载交易;平台运用第四方物流理念,融入网络信息技术、电子商务、交易规则、智慧物流、物流金融等现代技术和理念,对干散货航运物流服务进行创新升级,使船东、货主、港口、物流商、代理未被满足的业务需求在船货网上得到实现和协同	浙江金辉江海物流股份有限公司
宁波航运交易所	2011 年 11 月 www.nbse.net.cn	宁波中高端航运服务业的主要载体(信息平台、交易平台、服务平台)	紧紧围绕规范航运市场行为、构筑现代航运服务体系、培育高端航运服务产业、促进航运服务业转型升级的功能定位,建设以电子商务为特色,以交易为核心功能的航运交易电子商务综合服务平台,发展航运舱位交易、船舶交易、航运服务人才等市场,提供集航运交易、航运金融、航运经纪、信息咨询、政策研究、政务服务于一体的一站式服务	由宁波市政府、江东区、保税区、大榭开发区共同出资组建的一家国有企业
中国船期网	2012 年 2 月 www.soushipping.com	一站式国际航运信息发布平台(运价引擎,船期革命)	通过专业的航运 B2B 垂直搜索引擎,对信息进行搜集、分析、梳理、甄别、处理、整合,及时准确地发布航运新闻,有针对性地为客户提供及时、准确、完备的船期信息,从而满足客户从了解、比较、选择最优航运产品到实际订舱、操作等各阶段对船期信息的需求,为客户打通信息获取渠道,降低信息获取成本,提供高效、便利、透明的整合信息服务	厦门鑫炬信息科技有限公司

续表

网络平台名称	上线时间及网址	定位	主要功能	依托公司
爱船网	2014 年 8 月 www. aiship. cn	航运信息港	公益航运、海运信息在线发布平台,免费提供货盘信息、空船信息、班轮、租船、船舶买卖、海员求职、海员招聘等信息,永不屏蔽联系方式	上海劳艾得投资咨询有限公司
国际船舶网	2008 年 9 月 www. eworld ship. com	船舶领域的专业门户网,中国船舶业最好的信息服务商	以一切从客户的需求出发,与客户及时联系、交流,推出准确、高效、更人性化的服务为宗旨,以诚信、专业、高效为经营理念,致力于打造中国船舶第一网,建立船舶行业内最大、最有使用价值的电子商务平台	上海海樱文化传播有限公司
船讯网	2007 年 www. shipxy. com	实时查询船舶动态的公众服务网	能够为船东、货主、船舶代理、货运代理、船员及其家属提供船舶实时动态,能给船舶安全航行管理、港口调度计划、物流、船代、货代带来极大的方便	搜船(北京)网络技术有限公司
航运在线	2000 年 www. sol. com. cn	业界领先的网上航运交易市场	专业面向航运、海事、外贸、船舶、物流等相关企业提供在线交易、新闻资讯以及网络推广、企业信息化建设等综合性的电子商务服务。是中国第一家航运门户网站,也是目前中国最著名的航运门户网站之一	航运在线(大连)信息技术有限公司
航运城	2014 年 8 月 www. shippingcity. com	第三方航运电商平台	公司致力于将先进的网络科技手段与传统航运业务相结合,免费帮助货代进行市场推广,协助货主寻找合适的承运商	航慧(上海)网络科技有限公司

　　2012 年 12 月 12 日,船货网正式上线运行,开启了第四方物流实践,中国大宗干散货船货配载交易有了新的协同平台。而船货网却是从一家普普通通的海运物流公司"起航"的。

　　2000 年,受上海航交所举办的现代物流培训启发,宁波金辉海运发展有限公司以 50 万资金注册成立,开始了第三方物流服务的实验。2002 年再投入 150 万注册成立宁波金辉物流有限公司(后更名为浙江金辉江海物流股份有限公司,简称金辉物流),从事国内江海港口间货物运输,重点为各大钢铁企业、矿业公司等提供船舶运输、装卸仓储、中转配送、船货代理等一体化物流服务。2003 年完成货运量 420 万吨、营业收入 1 亿元,到 2005 年完成货运量 950 万吨、营业收入 3.5 亿元。在随后的几年中,年度运输规模持续超越 1000 万吨。但是受 2008 年金融风暴影响，世界航运物流进入低迷阶段，基于传统运作模式的国内港口、航运物流企业等开始了白热化的激烈竞争，企业经营愈发困难。在这一背景下，2010 年金辉物流开始探索互联网服务，公司董事长张海光把眼光瞄准了 4PL＋互联网，利用信息化拓展更多的货源、更多的运力，实现在线智能配载船货信息，并且提供全程可视化的物流服务，致力构建一个整合大宗干散货货盘、运力资源，协同船东、货主、港口、物流商、代理商等多方需求的协作平台。依托金辉物流，宁波船货网信息科技股份有限公司注册成立（简称船货网），专门维护运营船货网平台。船货网历时两年研发而成，于 2012 年 12 月 12 日上线运行，推出了一站式物流服务、第三方竞价交易、航运物流衍生服务三大服务模式，电脑版、手机版、400 客服呼叫中心也同步投入运营。2013 年实现货运量 1230 万吨，刷新历年最高纪录；2014 年首月货运量突破 150 万吨，刷新单月最高纪录。"船货网将整合大宗干散货货盘、运力资源，协同船东、货主、港口、物流商、代理商的需求，实现船有所容、货有所载、港有所通。"船货网董事长张海光如是说。当前，在世界经济动荡、航运业全行业亏损严重的经济大背景下，金辉物流通过创新经营，成为国内转水矿民营企业市场占有率第一的物流企业。

船货网正是持"以第四方物流理念，运用现代信息技术，建立中国大宗干散货航运物流服务标准，打造中国大宗干散货船货配载交易和业务协同平台，让参与方省时、省力、省钱、省心"的开发愿景，利用网络信息技术、电子商务、交易规则、智慧物流、物流金融等现代技术和理念对干散货航运物流服务进行了创新升级，以信息化、标准化为核心，致力于实现社会船舶运力和货源的在线公平配载交易，搭建中国大宗干散货船货配载交易和协同平台，使船东、货主、港口、物流商、代理商未被满足的业务需求在船货网上得到实现和协同，打造全新服务理念，引领行业变革，打造中国干散货物流市场的阿里巴巴。

船货网是"大宗干散货配载协同平台"，是以信息化、标准化为核心的中国首家大宗干散货船货配载交易和协同平台，致力于实现社会船舶运力和货源的在线公平配载交易。目标明确，协同多方，集多元服务为一体，具有很强的研究价值和实际运营经验，值得总结、参考与借鉴。

通过理论梳理和前期调研，选择船货网作为研究案例的理论与实践意义在于：

（一）大宗干散货航运物流已成为我国国民经济与社会发展最为重要的

输送物流。目前我国连续 9 年港口货物吞吐量位居世界第一,其中宁波—舟山港已成为国内最大矿石中转基地、国内最大的原油转运基地、华东地区重要的煤炭运输基地,2012 年超越上海港达 7.44 亿吨、1500 万标准箱,位居世界第一,2014 年达 8.73 亿吨、2000 万标准箱。

(二)航运业矛盾重重、船货企业竞争惨烈,亟待大宗干散货航运物流变革突破与转型升级。自 2008 年金融危机以来,我国干散货航运市场深受影响,运价持续走低,船货配载交易矛盾突出,企业竞争十分惨烈:船舶运力严重过剩,运价不到几年前的 30%,全行业亏损严重;船货资源浪费严重,配载效率低下;信息化程度低下,船、货、港信息难以共享和协同;服务质量参差不齐,缺乏行业服务标准,缺乏公平的竞争环境;等等。

(三)大宗干散货船货配载交易第四方物流(4PL)平台构建是当前大宗干散货航运物流转型升级的希望所在。大宗干散货船货配载交易 4PL 平台,是基于平台经济和 4PL 理论,运用现代信息技术、物联网和大数据等新技术,整合船舶资源、港口资源、客户和市场资源,在干散货船货配载交易供应链的纵向、横向上拓展,从传统船货航运服务提升到干散货现代物流服务的一种新型商业模式,从干散货全程航运物流供应链服务中获得可持续发展前景。

三、研究方法与资料收集

(一)通过中国知网、万方数据库、JSTOR 典藏期刊数据库、EBSCO 科学技术/商业信息数据库、Elsevier Science 全文电子期刊数据库等国内外主要学术期刊数据库,搜集、整理和分析相关理论与文献资料,形成基本的理论分析框架。

(二)调查问卷与深度访谈法。在理论支撑的基础上,通过发放问卷的方式对船东、货主、港口、代理商、物流商、金融保险等开展问卷调研,根据大宗干散货航运业特点,选定宁波地区相关企业开展问卷调研,重点对宁波市物流协会会长王鲸、船货网总经理张海光、宁波金辉江海物流公司相关人员进行深度访谈,了解大宗干散货船货配载交易现状,找寻构建 4PL 平台所需资源协同问题及制度创新困境所在,形成研究观点,并比较相关网络平台,得出结论和启示。

第二节　理论框架

一、大宗干散货航运物流理论

国外船运公司在实践中推动了航运物流及其理论发展。在 20 世纪 80 年代的世界航运低谷期,世界各大航运公司迫于盈利压力打破了传统运输方式,开始实行多式联运、多元经营的物流服务。日本邮船公司(NYK)在 1984 年首次将物流服务引入航运界,随后马士基(Maersk)、美国总统轮船公司(APL)、东方海外(OOCL)等纷纷开展物流服务,利用物流信息技术系统(LOGIT)为客户提供额外的跟踪信息服务,旨在控制、组织货运,但并不考虑母公司下的船公司是否满舱满载。近年来,国内学者纷纷对航运物流系统与体系、物流业务流程以及新技术在航运物流中的应用等方面进行了研究。林建清通过应用系统工程的数学方法和模型等方法来整合优化航运企业物流系统;[1]孙玉峰运用现代物流理论重点研究了大宗散货物流园区建设系统和管理体系;[2]黄强从基础设施建设、行业管理、发展环境、人才培养、约束性评价等五大方面构建长江航运现代物流战略目标体系;[3]刘秋生等根据航运物流的特点建立了航运物流管理信息系统模型;[4]徐聪研究认为散货运输企业建立航运信息系统可以将航运企业信息流、物流、资金流等各要素更好地进行科学合理的配置;[5]杨家其等从服务管理机制、财务管理机制和操作管理机制三个方面分析航运企业业务流程再造;[6]施欣、严薛栋、吴青等研究了 EDI 技术、RFID 技术、物联网技术在航运物流业中的应用,及其推动航运业务流程改造,提升航运物流效率和服务水平的情况。[7][8][9]

国内外学者从决策支持系统、虚拟物流、船货匹配方法、算法设计或模型等方面开展了船货配载交易研究。国外学者比较了中长距离的海运整车运输和零担运输的成本和效益,建立了一个基于数据库的决策支持系统,为托运人选择合适的运输方式和承运人提供科学的依据;引入了航运虚拟物流概念,建立了中小型航运企业虚拟物流合作伙伴选择的评价指标体系,并利用 BP 神经网络算法为中小型航运企业选择合作伙伴提供科学的依据。陈仙桃等研究了满足远洋运输行业特定需求的船货匹配方法,即有效的属性描述方法、匹配损失及收益的计算方法;[10]沈国华针对武钢工业港的单一货物品种,即钢材实现人工配载的物流优化进行了研究;[11]卜祥智开展了基于收益管理的集装箱班轮舱位分配随机模型研究;[12]任昕建立了海运集装箱空箱分派优化模型;[13]刘建林、施欣研究构建了不定期船运输市场优化决策支持系统;[14]孙绍伟、董妍慧、姜阳进行了一种航次货载最优选择的算法设计研究;[15]陈燕、陈飞建立了基于班轮运输货物多维属性的收益管理模型。[16]

二、平台经济理论

平台现象出现较早,但平台经济(platform economics)起步较晚,有关平台经济的概念、内涵与特点也在逐步丰富中,目前,国内外学者重点探讨了平台经济的交叉外部性、双(多)边客户、定价机制等方面内容。国外对平台经济的研究始于 2000 年左右,主要代表人物有 Rochet 和 Tirole、Roson 等,开始他们仅对平台的双边现象进行了描述。[17][18]Rochet 和 Tirole 作出了关于平台经济研究的开创性工作,即平台以及与之相关的双边市场的一般理论,其主要标志是 2004 年在法国图卢兹召开的"双边市场经济学"会议对平台经济的共同经济特征进行了探讨。[17]国内最早研究平台经济的学者徐晋提出,平台是一种现实或虚拟空间,该空间可以促成双方(或多方)客户之间的交易。[19]叶丽雅认为,平台型企业就是拥有网络优势的企业互联网,特别是当今移动互联网时代,信息化和服务化将催生平台型企业以及平台经济、平台经济学与区域经济学、产业经济学、数字信息经济学等相关领域的发展。[20]Evans 以及 Rochet、Tirole 精确分析了平台理论与网络外部性理论、产品定价理论的关系,区分了平台使用费和平台会员费,作出了"成员外部性"和"用途外部性"的区分。[21][17]Gawer 和 Cusumano 探讨了平台产业双边(或多边)客户的存在关系,即双边需求是相互依存的,且都是平台的最终用户。[22]徐晋等指出平台客户存在多属行为策略,是平台竞争结构内生决定的,这种多属行为是协调博弈的一种可能结果,并分析了"策略选择方式"在平台经济双边需求中的作用。[19]Armstrong、Rochet 和 Tirole、Roson 等探讨了平台业务的低价或免费服务的情况,认为平台起到了市场调节者的作用,可以通过非价格模式来影响市场表现,参与平台的积极性将决定双边市场的需求状况。[23][17][18]

经过学界、业界多年探讨,目前大多数人认为,平台经济是指在平台运营者、平台参与者、运行规则三大要素构成的基础上,依托移动互联网、物联网、云计算、大数据等新一代信息技术,平台运营者遵循"一方投入多方获益"的运行规则,集聚要素资源,整合产业链,重构业务流程,从而实现共享共赢的一种具有交叉外部特性的新经济形态。

三、第四方物流(4PL)理论

4PL(第四方物流理论)是由美国埃森哲(Accenture)管理顾问公司于1998年首先提出的,"4PL是一个集成商,它对公司内部以及其他组织所拥有的不同资源、能力和技术进行整合,提供一整套的供应链解决方案"。国内学者一般认为,4PL是指不参与具体物流活动,只对物流活动进行系统设计、资源整合、经营管理、信息共享,提供物流解决方案或供应链方案,并以此为交易活动的全过程。

4PL作为一个较新的理论,在学界、业界一直存在着较大的争论,当前,国内外学者重点探讨了4PL内涵、功能与价值,并在理论与实践上探讨4PL运作及其流程与制度一体化设计。刘奕和邱明辉等对3PL和4PL作了比较,并提出了4PL商评标准;[24]张新和田澎、张中强和扬俊武对4PL产生的背景进行了分析,提出了4PL是解决物流瓶颈的关键;[25][26]杨宝军和李华增对4PL在供应链决策规划中起的作用作了阐述;[27]陈建清等提出了4PL决策支持的初步框架;[28]东猛等提出了运输企业的流程改造以及物流信息平台的建设实施;[29]毛光烈提出了4PL平台流程与制度一体化的创新设计。[30]

通过以上的文献梳理可以发现,国内外学者对大宗干散货航运物流的研究,多数关注航运物流系统或体系构建、物联网技术等新技术在航运物流中的应用等方面,并有学者从决策支持系统、虚拟物流、船货匹配方法、算法设计或模型等方面开展了船货配载交易研究。但从平台经济理论与4PL理论的视角来审视大宗干散货航运物流,协同船东、货主、港口、代理商、物流商、金融保险等多方资源与信息,构建全程物流、全程服务的相关研究文献所见较少。基于此,本研究借助平台经济的交叉外部性、双(多)边客户、标准化,以及借助4PL理论的流程再造、流程与制度一体化设计、信用制度等理论工具,来审视大宗干散货船货配载交易问题,努力建构大宗干散货船货配载交易4PL平台,实现大宗干散货全程物流、全程服务及标准化,促进我国大宗干散货航运物流的转型升级。

第三节　公司发展历程:干散货航运物流服务的创新升级

一、创立起步阶段(2000—2005 年)

我国有漫长的海岸线和众多的岛屿及通航河流,是一个有着悠久而辉煌航海历史的航运大国。新中国成立后,特别是改革开放以来,我国的航运业取得了举世公认的长足发展,成为世界航运界一支不容忽视的力量。尽管如此,当时我国物流发展还存在许多制约的因素,包括交通运输基础设施和设备水平低,大型综合货运枢纽、物流基础、物流中心匮乏,信息系统建设落后,信息技术应用水平低,地方保护主义严重,行业壁垒坚固,多头管理、分段管理,缺乏明确有效的政策措施,等等。物流强调的是多式联运,但由于涉及管理部门太多,我国物流业在组织方式、服务规范、技术标准等方面与发达国家相比存在着巨大的差距。

2001 年,我国入世谈判取得突破性进展。世界贸易组织 WTO 成员方就我国于 2001 年正式入世问题达成一致,我国在提出申请 15 年后终于实现加盟 WTO,而港口运输业是我国承诺入世后开放的诸多市场领域之一。在中美双边市场开放协议细则中,我国除承诺逐步放开交通、维修等领域外,还将在 3 至 4 年内取消在货运、仓储等领域的限制;为了进入国际市场,和国际接轨,我国相应放宽了许多国家政策,已有一批先进国际物流服务供应商进军我国。他们在给我国企业带来竞争和压力的同时,也带来了先进的物流技术、设备和理念,这为我国物流行业注入了一股新生血液,也为国内企业提供了一个宝贵的学习、合作的机会。加入 WTO 后,我国港口业面临发达国家港航集团的挑战,亟待削减成本、提高运作效率,这迫使我国航运业从单一品种经营向建立综合物流系统发展,为成为现代物流业的中心进行一系列重组与创新。同时,我国港口航运业将逐步与国际接轨,走综合化、集约化的道路,这也为我国港口航运业带来了许多新的发展机遇。发展综合物流成为航运企业调整经营策略、获得竞争优势和提升盈利能力的重要发展战略。

当时我国确定的"十五"(2001—2005 年)期间商品物流配送规划提到,在之后几年里,我国将逐步提高社会化、专业化的物流配送在生产和流通中的比重,力争实现以社会化、专业化物流配送企业为主,承担生产原料、半成品和商品的供应与消费环节的物流配送;推动物流消费区域的合理布局,发展跨地区、跨行业、跨所有制的物流配送资产重组和业务经营联合体,建设铁路、公路、航空、水运等运输方式有机结合,储存、运输、配送、分拣、加工、包装等功能合理配置的一体化商品物流中心、配送中心网络体系;积极探索利用第三方物流配送企业建立企业供应链系统;争取物流成本占国民生产总值的比例降低 2%,物流配送企业的设施装备、管理水平、服务质量接近国外先进水平。为此,国内贸易局在全国各大区的中心城市,选择符合现代商品物流配送基础条件的企业,建立 30 个现代化水平的物流配送中心示范项目。在此基础上,培养和发展 10 个左右较大规模、具有全国性经营网络的专业物流配送骨干企业。计划在 5 年后,社会化物流配送达 50% 以上,培养若干条贯通全国且便于开展国际物流配送业务的联运干线,构成全国性商品物流配送的"绿色通道"。同时,地方政府也在积极配合国家的政策,对现代物流给予极大的重视。在这样的倡导下,在"十五"期间我国沿海货运量年均递增率 3.8%;我国内河货运量年增长率为 3% 左右。2002 年全世界的海运集装箱物流量为 2.5 亿标准箱,我国的海运集装箱物流量为 3721 万标准箱,占 15%。2002 年我国内地海运集装箱物流量达到 2969 万标准箱,比 2001 年增长了 39%。从总体规模来看,无论是船公司、货代、港口吞吐量、船舶大型化等方面,我国海运都处于蒸蒸日上的迅速发展时期。

恰恰也是在这样一个时期下,"大物流"的概念时常被提起。2000 年,受上海航交所举办的"现代物流"培训启发,宁波江北金辉海运发展有限公司以 50 万资金注册成立,开始了第三方物流服务探索之路。

2000 年 6 月,金辉物流创始人张海光从国企海运负责人岗位辞职,创立宁波江北金辉海运发展有限公司;2002 年 5 月,公司搬迁到江东区,更名为宁波江东江海物流服务有限公司;2003 年,公司名变更为宁波金辉矿产品物流有限公司;2004 年,公司更名为宁波金辉物流有限公司。

在这个阶段,金辉物流主要从事国内江海港口间货物运输,重点为各大钢铁企业、矿业公司等提供船舶运输、装卸仓储、中转配送、船货代理等一体化物流服务,尚未构想船货网,但是我们仍然可以看到,第三方物流服务的理念从公司创办之初便贯以始终,金辉物流对传统航运业经营模式进行了大胆创新。在中国航运干散货运输细分市场,通过对社会货运船舶进行有效整合并以此组成大型虚拟海运企业,打造出了一个较为专业的船舶经营公司,为各大客户提供货源配载、船舶代理、业务协同和信息处理等一体化干散货航运物流服务。

二、第三方物流实践阶段（2005—2012 年）

2006 年，国际干散货运输市场走势明显与 2004、2005 两年有所不同，2004 年为中间低、两头高，2005 年则是前高后低，到了 2006 年是明显的前低后高走势。2006 年 BDI 指数（波罗的海综合运费指数）全年平均值为 3180 点，比 2005 年均值低 190 点，比 2004 年均值低了 1320 点。到了 2007 年，中国强劲的铁矿石需求和拥堵的港口依然是支撑干散货运输市场的主要因素，由于市场价格再度接近前期高点，市场谨慎心理再度增强，运费价格也充分反映了供需形势和港口状况，远期市场（FFAS）已经成为短期市场走势的风向标，短期内港口状况不会得到明显改善，短期市场将保持高位震荡，等待外在因素的进一步变化。

在这个时期，金辉物流进入了一个平稳发展的阶段。公司从 2004 年起连续获得江东区骨干企业、资信等级 AAA 企业，2006 年成为首批浙江省重点流通企业，荣获中国物流诚信企业，并入选浙江省流通领域物流行业十强，2007 年被列为国家重点流通企业监察样本企业，2009 年被评为宁波市服务百强企业。六年多来，公司取得了很好的经营业绩，累计完成货运量 4500 多万吨，累计完成货运产值 15 亿多元。通过几年的快速发展，金辉物流确立了自己的使命：整合社会船舶运力资源，构建大型虚拟海运企业，运用现代物流信息技术，实现船、货、港的无缝链接。

自此，金辉物流已由虚拟海运模式逐步转变为虚拟海运与实体海运相结合的经营模式。为进一步强化在中国干散货海运市场的核心竞争力，并积极进行上下游产业延伸和布局，金辉物流投资控股了宁波国际航运中心船舶交易市场，筹建船货网信息公司、供应链公司、船舶管理公司，构建基于航运物流的上下游全供应链管理的全新商业模式，推动中国航运物流向现代智慧物流发展。

但是受 2008 年金融风暴影响，世界航运物流陷入低迷：国际波罗的海综合运费指数 BDI 作为反映国际干散货运输市场走势的晴雨表，一年以来的最高跌幅高达 94.4%，在 2008 年 5 月 20 日曾达到 11793 的历史最高点，而到了当年 12 月 5 日却跌至历史最低点 663，大起大落的幅度非常明显。在国内，2009 年的全国进出口总额同比上半年下降了 23.5%，其中进口和出口分别下降 25.4% 和 21.8%。基于传统运作模式的国内港口、航运物流企业等进入了白热化的激烈竞争中，企业经营愈发困难。

在这一背景下，2010 年金辉物流开始探索互联网服务，公司董事长张海光把眼光瞄准了 4PL＋互联网,利用信息化拓展更多的货源、更多的运力,实现在线智能配载船货信息,并且提供全程可视化的物流服务,致力构建一个整合大宗干散货货盘、运力的资源,协同船东、货主、港口、物流商、代理商等多方需求的协作平台。历时两年研发,船货网于 2012 年 12 月 12 日上线运行,开启了新的升级发展之路。

基于船货网的金辉海运已经与全国近 200 家船公司、200 多家货主和 30 多个港口建立了业务网络,专门从事沿海及长江下游散杂货及油品运输;并以亿吨大港上海港、宁波港为依托,已建立了拥有 600 多艘 1000～60000 吨级散杂货船和油轮的网络。现该公司每年完成货物运输量已经达到了 800 万～1000 万吨,其中进口铁矿砂国内二程中转运输量占全国总中转量 10％以上,月可调配船舶运力超过 100 万吨,年货运产值超过 3 亿元。公司采取长年期租、合作经营、航次租用等形式,拥有 1000～60000 吨级可直接调派货船 150 多艘,月运输能力 100 万吨以上,完全可根据托运人不同的运输批量、航线要求、运输周期、货种特点提供完美的江海运输方案,准时指派适航适货船舶安全快捷地完成运输任务。同时,金辉物流还拥有 3 艘港内加油船和 4800m³ 成品油库,为各类船舶在宁波、舟山、乍浦港域提供各类燃料油和滑油加注业务。

目前,该公司重点经营北仑、宝钢马迹山、青岛等港进口的中转铁矿砂向长江和北方各港的二程物流疏运业务(包括海运、江海直达、内河运输),并大批量承运北方港口至江苏、上海、浙江、福建各港的煤炭、钢铁产品等大宗货物。同时公司全程代理部分钢厂、贸易商进口的铁矿砂在宁波北仑港装卸船、堆存保管、报关报验等中转业务。2012 年,公司被评为宁波市服务百强企业,并被选为智慧城市建设创新示范项目江东区首批十家"高成长"企业之一。

三、4PL 平台发展阶段(2012 年至今)

2010 年,浙江金辉江海物流有限公司投资 2000 余万元对船货网进行初期孵化。研发自立项起,先后从阿里巴巴、支付宝、海商网等国内成功的电子商务科技公司引入高端人才,结合金辉物流成熟的业务需求,历时两年研发而成,于 2012 年 12 月 12 日上线运行,推出了一站式物流服务、第三方竞价交易、航运物流衍生服务三大服务模式,电脑版、手机版、400 客服呼叫中心也同步投入运营。自此船货网开启了 4PL 平台发展阶段的序幕,其基于 4PL 的主要三大服务功能如下:

服务功能一：智能配载与协同。运用现代信息技术，整合社会各类型船舶、货物资源，构建大型虚拟海运超市。

服务功能二：竞价服务。为货主、船东提供公正、公平的第三方竞价服务平台，降低物流的组织成本，提高物流效率。

服务功能三：航运物流衍生服务。网罗各类物流衍生服务，并将团购的概念引入平台，让客户享受全方位贴心服务。

船货网还不断优化、升级，给客户带来价值，向着更加多元化的方向发展：计划与各港口合作加快航运单证 EDI（Electronic Data Interchange，电子数据交换）建设；为各大港口、货主、船东研发专属 ERP（Enterprise Resource Planning，企业资源计划）软件系统，并提供接口进行数据交换，构建超大型虚拟航运互联网络；与海事、边防、航管局等行政机关合作推出便民服务；等等。

中国干散货航运市场由于近十年的过度发展，正面临重重困局，船货网给市场提供了一个能将船东、货主、港口、服务商和供应商的信息和资源进行整合、协同的平台。船货网整合了中国水运市场物资流、国内货运船舶流、航运港口信息流、社会关系流、资金流、人才流，并运用全新的航运市场网络式营销理念，重点为全国各大钢铁企业、矿业公司、贸易商和港口提供一体化物流服务和船舶运力保障，实现了社会船舶的规模化经营、品牌化运作、优质化服务、信息化管理，以此组成大型的虚拟海运企业。根据广大物流委托人不同的运输批量、航线要求、运输周期，以专业的第三方航运物流服务商的身份为客户提供优质的航运物流方案，及时调派适航适货船舶安全快捷地完成运输任务，并全程提供增值服务。

船货网，正是怀着"以第四方物流理念，运用现代信息技术，建立中国大宗干散货航运物流服务标准，打造中国大宗干散货船货配载交易和业务协同平台，让参与方省时、省力、省钱、省心"的开发愿景，利用网络信息技术、电子商务、交易规则、智慧物流、物流金融等现代技术和理念对干散货航运物流服务进行了创新升级，以信息化、标准化为核心，致力于实现社会船舶运力和货源的在线公平配载交易，搭建中国大宗干散货船货配载交易和协同平台，使船东、货主、港口、物流商、代理商未被满足的业务需求得到实现和协同，打造全新服务理念，引领行业变革，致力打造中国干散货物流市场里的阿里巴巴。

在船货网的支持下，尽管是在世界经济动荡、航运业全行业亏损严重的经济大背景下，金辉物流通过创新经营，成为国内转水矿民营企业市场占有率第一。在 2013 年实现货运量 1230 万吨,刷新历年最高纪录;2014 年首月货运量突破 150 万吨,刷新单月最高纪录。

船货网三个发展阶段见图 7-1 所示。

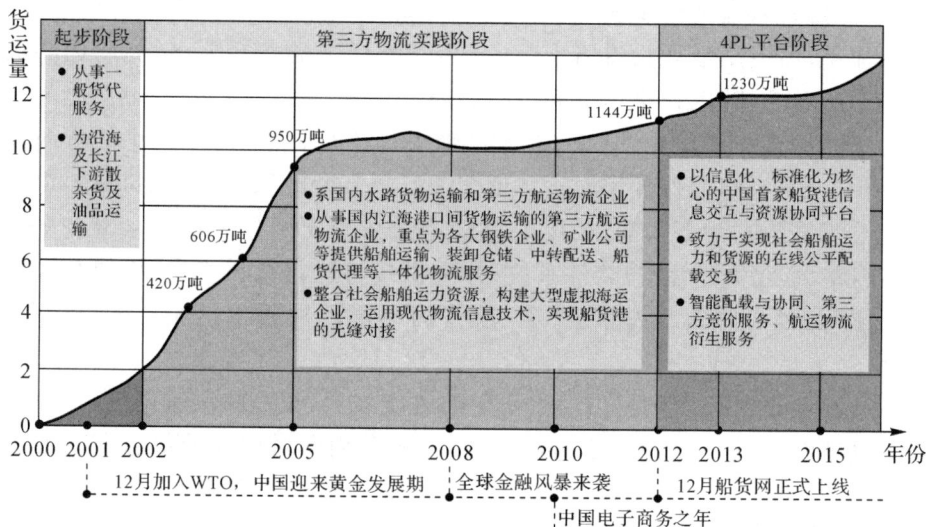

图 7-1　金辉物流与船货网发展历程

第四节　案例讨论:基于 4PL 的商业模式创新

一、船货网成功的原因分析

(一)得益于中国经济高速发展的良好机遇

1. 宏观经济进入扩张期,大量原材料(干散货)支援中国建设

改革开放以来,中国宏观经济总量一直在增长,特别是进入新世纪以后,宏观经济不仅进入扩张期,而且进入转型期。国家在新世纪采取宏观调控适当下调经济增长速度,经济下行,这使相应的国民产业必须开始转型,而在这个转型过程中势必需要同国外的市场结合起来,由此大量的国外干散货进入中国国内市场,协同国内资源一起推进国内经济建设。

中国外运长航目前拥有各类拖轮、驳船、江海直达、沿海和远洋干散货运输船舶,自有运力超过 359 万载重吨,拥有和控制运力达 613 万载重吨,船舶运力居全国航运企业第二、内河航运企业之首。中国外运长航的干散货运输主要经营长江、沿海和近远洋矿石、煤炭、水泥、熟料、钢材、粮食、化肥、非金矿等干散货及大件、特种运输业务。中国外运长航在长江及沿海主要港口设有分支机构,拥有各类运输航线 100 余条,涉足远洋至长江内河一、二、三程运输,业务遍及国内沿长江、沿海 50 余个港口和世界各主要贸易航线。

这些大宗小宗的干散货通过各类远洋航轮来到中国,参与政府、企业的各类建设。2015 年,我国港口干散货作业进入"大船时代",40 万吨级矿石船"远卓海"在青岛港靠泊作业,这是目前世界最大级别矿石船首次靠泊我国港口,标志着中国港口干散货作业进入"大船时代",矿石综合物流成本将下降 15% 以上,与传统 30 万吨级以下船舶运输相比,40 万吨级船舶运输的运价可降低 10% 至 30%,极大地增加了我国企业的竞争力。

2. 物流领域的改革开放,第三方物流、现代物流概念发展成熟

2001 年 12 月中国加入 WTO,真正开始融入世界市场,迎来黄金发展十年。相应地,中国和外国开始有一些较大的行业与产业方面的交流,这在一定程度上促进了房地产、汽车、高速公路、铁路(动车、高铁)的高速发展,使得中国成为世界第一大出口国、第二大进口国,全球第二大经济体(煤炭、铁矿石、粮食等大宗商品快速发展,量价齐升),港口快速扩张。

现代物流是经济全球化的产物,也是推动经济全球化的重要服务业。中国物流行业起步较晚,随着国民经济的飞速发展,物流业的市场需求持续扩大。进入 21 世纪以来,在国家继续加强和改善宏观调控政策的影响下,中国物流行业保持较快增长速度,物流体系不断完善,行业运行日益成熟和规范。

"十一五"期间,现代物流作为国家重点发展的战略性产业得到了社会各界的广泛关注与支持,第三方物流发展进一步加快了进程,在服务内涵、经营模式、功能建设等方面呈现出良好发展趋势。

第三方物流的服务链不断延伸、专业化不断加强。随着供需双方合作不断加深,服务模式也日趋完善。同时,第三方物流企业也越来越专注于特定的目标市场,以充分发挥其专业的优势。目前,中国外运股份有限公司锁定在 IT、汽车行业、家用电器、化工、快速消费品等几个目标行业集中发展,专业细分程度也在进一步加强,从过去什么都做转变成具有更加专业化的划分。按照市场和生产企业发展趋势要求,企业也在做一些相应变化,其服务范围向金融领域扩展。中国外运股份有限公司亦在探讨市场对外运产生的一些新的需求、新的机会。物流、现金流、资金流是供应链三大组成部分。

在我国信用体系尚不健全的背景下,中小企业资金链断裂引起的采购与供应短缺是造成供应链不稳定的重要因素,前些年在流通行业比较明显。由此,以质押、监管为代表的物流金融服务得到较大发展,包括中外运、中远在内的企业纷纷开展此项业务。物流行业的整合趋势非常明显。全球经济一体化带来的是物流全球化进程,这一进程正在向中国扩展,自第三方物流概念引入国内起,以兼并收购为特征的全球物流整合深刻改变了物流市场格局。一大批知名的第三方物流企业消失,一批巨型的物流大集团在整合过程中迅速发展壮大,市场集中度明显提升。

2010 年是电子商务元年,现代物流产业与电子信息产业结合,催生了电子商务行业。电子商务作为一种新的营销方式,从发展趋势上看,它的外延在不断扩展,以金融产品、旅游产品、精品消费为主打的物流电子商务将成为整个市场的重要补充力量。

(二)企业家精神引领转型发展

1. 企业家的敢闯精神

浙江桐庐是中国民营快递的发源地。据统计,2014 年中国快递业务量达 140 亿件,其中 100 亿件来自申通、圆通、中通、韵达四家快递企业。而这"三通一达"的老板,都是浙江桐庐人。陈小英在 20 多年前作为创始人之一创办了申通快递,如今韵达快递的董事长聂腾云当时也是申通的一员。由于快递行业的特殊性,其对于送件人的信用有着天然的需求。从桐庐走出的快递人都是乡亲,来自家乡的信任让他们优势尽显。当时快递公司最担心的便是快递人带着包裹中途消失,但这样的事情在"桐庐帮"中几乎不会发生。因为一旦有人这么做,就将被全村人抛弃,永远在家乡人面前抬不起头。

申通取得巨大成功后,一些不甘人后的桐庐人选择自立门户,韵达、圆通、中通等快递公司相继创立。中国民营快递的星火由此从桐庐蔓延到了全国各地。2010 年,桐庐县被中国快递协会授予"中国民营快递之乡"的称号。

马云是最早在中国开拓电子商务应用并坚守互联网领域的企业家,他和他的团队创造了中国互联网商务众多"第一":他开办中国第一个互联网商业网站——"中国黄页",提出并实践面向中小企业的 B2B 电子商务模式,为互联网商务应用播下最初的火种;他在中国网站全面推行"诚信通"计划,开创全球首个企业间网上信用商务平台;他发起并策划了著名的"西湖论剑"大会,并使之成为中国互联网最大的盛会;马云率领他的阿里巴巴运营团队汇聚了来自全球 220 个国家和地区的 1000 多万注册网商,每天提供超过 810 万条商业信息,成为全球国际贸易领域最大、最活跃的网上市场和商人社区之一;马云创立的阿里巴巴被国内外媒体和风险投资家誉为与雅虎、亚马逊、eBay、AOL 比肩的五大互联网商务流派代表之一,它的成立推动了中国商业信用的建立,在激烈的国际竞争中为中小企业创造了无限机会,"让天下没有难做的生意";马云创办的个人拍卖网站成功走出了一条中国本土化的独特道路,从 2005 年第一季度开始成为亚洲最大的个人拍卖网站。

2. 勇于探索,探索第三方物流

加入 WTO 以后,国际跨国物流企业将大举进入中国巨大的物流市场。这些物流公司优势明显,拥有十分丰富的行业知识和运营经验、先进的理论、完善的设施。这些公司资产庞大,有完善的海外网络。他们因与国际物流客户的良好关系,成为国际跨国公司进入中国市场的首选物流服务商。中国物流业的对外开放过程是渐进的,中国本土的第三方物流服务商可以在有限的时间内,提高自己的物流服务水平,争取到更多的国内和国外的客户。国外的第三方物流服务商在中国缺少网络资源和运输资产,要建立自己的网络需要大量的投资,并且承担一定的风险,因此,他们大多是通过与内地物流企业合作的方式经营业务,这样不但会使他们在中国提供物流服务的成本降低,而且中国的物流企业也有机会学习其先进的思想和经营方式。

3. 坚持互联网思维,用数据说话

互联网是一种思维,也是一种技术工具,互联网思维的核心就是用心去感知并发掘用户需求,再根据用户需求不断进行高效率的优化。现代物流以"互联网思维"为方向,全力打造实体经济与互联网经济相结合的现代物流业模式。对于传统物流业来说,当前的重点是必须对互联网中的新客户和新商业模式进行思考和研判,利用互联网思维来实现产业的转型。

在"互联网＋"的大环境下,物流发展模式就是创新驱动。"互联网＋"无论＋物流,还是＋零售,最大的创新功能就是形成新的资源,这个新的资源就是数据,对物流而言就是云物流。数据时代和信息时代对数据的依赖及信息的获取大有不同。一是信息更加精确真实。二是信息更加方便。三是信息更加及时。数据时代,一定是通过"互联网＋"来实现数据的整合、开放和互联互通。可以说,没有互联网就不会有完善的数据时代,这可能是互联网对于世界和各行业最大的魅力所在。数据资源应该是任何行业特别是物流和零售行业必须挖掘的资源。数据资源是现实的价值,也是一种战略资源,只有成功地利用互联网挖掘和整合数据资源,才能在后续的发展中做出创新。所以从"互联网+"的角度来讲,无论物流还是零售,都应该用数据说话,用数据管理,用数据分析,用数据决策,用数据去创新。

4. 有标准,就有市场领导权

"质量强国,标准先行。"进入 21 世纪以来,特别是我国加入世贸组织以来,为了提高我国产品和服务的质量和竞争力,我国将标准化工作提到了前所未有的高度。

对于近年来快速发展的物流业来说,标准化对行业的引导和规范作用至关重要。物流标准化是指以物流为一个大系统,制定系统内部设施、机械装备,包括专用工具等的技术标准,包装、仓储、装卸、运输等各类作业标准,以及作为现代物流突出特征的物流信息标准,形成全国以及和国际接轨的标准化体系,并在行业内推广实施。

物流标准化是现代物流发展的基础,在国际上,物流标准化已经成为行业发展的关注焦点。迄今为止,国际标准化组织已批准发布了 200 多项与物流设施、运作模式与管理、物流条码标识、数据信息交换相关的标准,我国有关部门在此基础上也相继出台了与国际标准接轨的系列标准。这些标准是现代物流企业发展进程中必须遵循的准则,否则将导致物流系统的离散性,信息孤立,最终无法实现物畅其流、快捷准时、经济合理和用户满意的要求。

据了解,作为国务院批准设立的物流与采购行业综合性社团组织的中国物流与采购联合会,自成立以来,就一直在积极尝试通过标准化的推进实现行业自律,规范市场,引导经营,促进物流业健康发展。截至 2010 年年底,中国物流与采购联合会会同全国物流标准化技术委员会共制定发布了22 项物流国家标准,20 余项物流行业标准,还有近百项的国家标准和行业标准正在制订、修订中,国家其他部门制定的与物流相关的标准也已达到600 余项。这些标准大大缓解了我国物流行业标准不足的问题,初步建立了以服务标准为核心的物流标准体系。

(三)互联网平台促进航运行业发展

近日,国务院全文印发《关于积极推进"互联网+"行动的指导意见》,影响中国经济社会未来十年乃至更长远的重要驱动力量——"互联网+"行动顶层规划正式亮相。意见明确了创业创新、协同制造、现代农业、智慧能源、普惠金融、益民服务、高效物流等 11 个重点领域的"互联网＋"发展目标。作为世界经济重要的基础性和服务性行业,航运业如何搭借"互联网＋"的东风,推进经济结构调整,促进我国国际贸易的飞跃式发展备受关注。

航运业作为世界经济重要的基础性和服务性行业,是国际贸易的重要保障。近几年国际贸易和大宗商品需求的变化,以及航运联盟不断产生,引发了全球航运市场格局的新一轮整合调整,航运业处于一个结构调整、转型升级的关键时期。随着"互联网＋"时代的到来,航运业势必要利用"互联网＋"实现自身的服务升级并寻求新的蜕变。传统航运业能否有一个后发制胜的超车弯道,"互联网＋"必定是时代赋予航运业的一次绝佳契机。

"互联网＋"加的不仅仅是技术,更是要加入无所不在的数据、知识,"互联网＋"的核心是融合,"互联网＋"的关键是思维、理念及商业模式的互联网化;我们提倡行业信息共享,企业决策要充分发挥大数据的作用,引导传统航运企业转变决策方式、业务模式和经营思路。只有这样,才能与时俱进,传统的航运业才能实现真正的涅槃新生。

二、船货网的机制架构——4PL 理念特点

第四方物流(fourth party logistics,4PL)概念于 20 世纪 90 年代中期诞生于欧美发达国家。1996 年,埃森哲公司首先使用 4PL 一词,对其定义为:"4PL 是一个集成商,整合自己及其他组织机构的资源、能力和技术,以构建并实施一个综合的供应链解决方案。"目前,4PL 有很多种定义,较为通俗的说法是:4PL 是现代物流的重要组成部分,但不参与物流实践活动,而是对物流活动进行系统规划设计、经营管理和资源整合,提供各方认可的解决方案,进行服务活动。4PL 供应商被定义为:规划、主导客户供应链的各方面运作,但独立、不经营物流设备的供应商。"独立"和"集成商"这两个词是 4PL 的核心,能保证从更加客观中立的角度优化供应链,为客户提供更多的优质服务。

第四方物流的概念是在第三方物流的基础上产生的。第三方物流提供商为客户提供所有的或一部分供应链物流服务,以获取一定的利润。第三方物流提供商提供的服务范围很广,但是缺乏对整个供应链进行运作的战略性专长,以及真正整合供应链流程的相关技术和实力。第三方物流无法提供全面和完整的物流服务,不能将外包企业的物流效率和价值发挥到最大化,第四方物流的出现弥补了第三方物流的不足。

第四方物流可以利用其极强的资源整合能力以及管理咨询技能，将业内最优秀的第三方物流供应商、技术供应商、管理咨询顾问和其他增值服务商进行优势资源整合，为客户提供独特的和广泛的供应链解决方案。作为集成商，4PL 将不同供应链环节分配给其他供应商（通常是 3PL），取代了由多方不同供应商共同管理供应链的方法，带来工作量和人力成本的下降。4PL 作为企业"主导物流服务商"，处理供应商、服务商、海关、税收法规的关系等业务。

金辉物流从 2000 年开始了第三方物流服务的实验。在取得了初步的成功后，2002 年再投入 150 万元，转型升级成为专业从事国内江海港口间货物运输的第三方航运物流企业。但是受 2008 年金融风暴影响，基于传统运作模式的国内港口、航运物流企业等进入了白热化的激烈竞争中，企业经营愈发困难。在这一背景下，2010 年金辉物流开始探索互联网服务，公司董事长张海光把眼光瞄准了 4PL＋互联网，利用信息化拓展更多的货源、更多的运力，实现在线智能配载船货信息，并且提供全程可视化的物流服务，致力于构建一个整合大宗干散货货盘、运力的资源，协同船东、货主、港口、物流商、代理商等多方需求的协作平台。从此开启了金辉物流在 4PL 方向上的实践。

自此，船货网在第四方物流理念的指导下，利用网络信息技术、电子商务、交易规则、智慧物流、物流金融等现代技术和理念，发展干散货航运物流服务，形成了以信息化、标准化为核心的中国大宗干散货船货配载交易和协同平台。船货网历时两年研发而成，目前推出了一站式物流服务、第三方竞价交易、航运物流衍生服务三大服务模式，电脑版、手机版、400 客服呼叫中心也同步投入运营。船货网还计划与各港口合作加快航运单证 EDI 建设；为各大港口、货主、船东研发专属 ERP 软件系统，并提供接口进行数据交换，构建超大型虚拟航运互联网络；与海事、边防、航管局等行政机关合作推出便民服务，从而实现多元化发展。

目前，第四方物流有三种常见的服务模式：

一是协同提高模式。第四方物流为第三方物流提供智力支持，双方建立内部合作机制。第三方物流主要负责对外开拓市场，以及提供相应设备投入物流运作工作，而第四方物流则对第三方物流提出的解决方案进行管理和实施。这种模式是目前市场上第三方和第四方物流企业合作的主流模式，一方面弥补了第三方物流企业在管理咨询方面的缺陷，另一方面也让第四方物流企业的核心能力得到充分的发挥。

　　二是方案集成模式。第四方物流成为企业和第三方物流之间的纽带,建立一个多方联系和资源整合的平台。第四方物流将众多的第三方物流资源进行整合,根据各优势特征进行分类,企业在有物流服务需求时不再需要跟第三方物流打交道,而是直接同第四方物流接触,第四方物流一方面会针对企业的实际需求提供完善的解决方案,同时安排最适合的第三方物流按照方案开展物流服务,利用第四方物流运营商的资源整合能力展开合作。

　　三是行业革新模式。行业革新模式与方案集成模式都是作为第三方物流和客户沟通的桥梁。两者的不同之处在于:行业革新模式的客户是同一行业的多个企业,而方案集成模式只针对一个企业客户进行物流管理。行业革新模式下,第四方物流为更多的行业成员提供行业整体物流解决方案,运作的规模更大限度地扩大,使整个行业在物流运作上获得收益。因此可以说,行业革新模式是一种更加专业化的服务模式。

三、船货网的服务模式

　　(一)船货网服务模式一:全程物流(一站式物流)服务

　　该服务模式将传统的第三方航运物流模式融入现代信息技术,致力于推动国内干散货航运物流标准的建立。通过整合社会各类型船舶运力资源,构建大型虚拟海运,集合电力、钢铁、矿业、水泥等各类贸易商的长期不稳定货盘资源,形成大型虚拟货主。运用船货网智能配载系统,不断优化船、货、港综合信息,提供高效、便捷的物流解决方案,用信息技术高速协同船、货、港三方,实现全程物流可视化。

　　(二)船货网服务模式二:第三方竞价交易

　　为迎合不同客户的需求,逐步规范行业。第三方竞价交易采用两种模式:第一种为交易服务费押金模式,即船货网向参与竞价的船货双方收取一定数额的交易服务费押金并根据竞价交易的结果收取、处置或返还押金的竞价模式。第二种为履约保证金模式,即船货网向参与竞价的船货双方按照合同标的一定百分比收取履约保证金,并根据竞价交易的结果处置、划拨或返还保证金的竞价模式。上述两种竞价交易方式竞价成功后,船货网仅向竞价成交方收取交易服务费,不向竞价发起方、参与竞价的未成交方收取费用。船货网第三方竞价致力于实现社会船舶运力和社会货源的在线公平配载交易。船货网作为独立的第三方,对整个竞价过程起到监督作用,并且通过制定详细严谨的交易服务规则,保证交易过程的公正、公平性。

（三）船货网服务模式三：航运物流衍生服务

船货网推出了一系列衍生服务，包括港口信息、行业资讯、海洋气象等，将各类信息、资讯一网打尽。此外，船货网将"团购"的概念引入航运物流平台中，与保险公司、船舶燃料供应商、船舶物料配件供应商、船舶修理厂等相关衍生产业的企业合作，在带动衍生服务发展的同时，让用户以最优惠的价格享受最优质的服务。

第五节　结论与启示

一、货航运船货配载交易 4PL 平台的专业化

（一）协同是关键：产业链协同、政企协同、产业与金融服务协同等

通过优化供应链的流程、提供供应链的信息服务，实现价值创造。对于航运企业来说，以服务为驱动的供应链强调，决定竞争力的本质因素是为用户创造价值的能力。根据中国航运业物流市场的生态分析，干散货航运物流系统是由干散货货主、物流承运企业、港口企业、政府、行业协会、仓储企业、船货代、金融服务部门等航运关联主体所构成的。因此，以上主体间的良好协同是关键，包括产业链上的协同、政府和企业间的协同、产业与金融服务协同等。

通过搭建物流 4PL 平台，在完整的物流数据的基础上，实现电子交易、支付、转账、结算服务相关业务的办理，既提高服务效率，又确保了交易的完整及真实性。在中小航运企业的物流服务中，货主是物流需方，而航运企业是物流供方，4PL 平台可以解决目前我国中小航运企业与客户或货主之间普遍不存在长期的物流合作关系这一问题。同时，还改变目前以传真、电话、电子邮件等为主的信息传递方式，逐渐淘汰人工低效率的工作方式，从而保证信息录入保存时的准确率和信息传递的速度，完成产业链上的互通有无，提高整个服务网络中企业之间的合作效率，降低物流信息传递的成本。

目前干散货航运市场的竞争愈来愈激烈，航运企业面对的竞争对手愈来愈多，竞争范围日趋扩大，竞争手段也趋向多样化。在这一竞争态势下，如何发展干散货物流，提高增值服务能力，以便为客户提供个性化物流服务，成为当今航运公司迫切需要解决的问题。强调个性化服务的同时，企业

也要加强与政府的互动。如:金辉物流公司连续数年荣获骨干企业、资信等级 AAA 企业、宁波市服务百强企业称号;2006 年成为首批浙江省重点流通企业、荣获中国物流诚信企业并入选浙江省流通领域物流行业十强;2007 年被列为国家重点流通企业监察样本企业;2012 年被评为智慧城市建设创新示范项目江东区首批十家"高成长"企业之一。这些荣誉的背后是政府对该企业的认可和支持:2012 年,时任浙江省委常委、宁波市委书记王辉忠,宁波市副市长陈奕君一行调研浙江金辉江海物流有限公司船货网项目时,曾有这样的指示:"将船货网打造成干散货物流市场的阿里巴巴。"

另外,还可与金融机构协同,在物流信息平台发布金融、保险相关信息,增加航运的可信度和对其的保障力度,推动航运业务的发展。

(二)众包是基础:专业化市场协作

金辉物流打造的 4PL 平台就是整合参与主体,帮助承运人找到合适的第三方物流企业,提高供应链的整体效益。具有丰富经验的第三方物流公司提供的服务越多,则付出的成本越低。良好的合作关系需要一个可以高效整合物流服务资源和物流信息资源的组织架构,形成物流服务各方相互信任的服务价值网络,让所有参与主体同时成为信息服务的提供方和需求方。在此基础上,运用 4PL 平台,整合信息资源,为第三方物流中的参与主体提供众包,实现更好更专业化的市场协作。

(三)人才是保障:人才缺乏制约平台创新

人才兴,则行业兴。缺乏 4PL 人才,给平台创新带来了困难。为培养、集聚和用好高层次创业创新人才,浙江省宁波市江东区连续十二年举办"科技人才周"活动,先后与浙江大学、武汉大学、中国科学院等全国 30 多所高校、科研院所建立合作关系,并推出大学生就业"梦翔"计划,扶持大学生创业就业。大力实施"科技型企业 555"工程和企业家能力素质提升工程,培育形成技术领先、竞争力强的创新型梯队企业群,从而为第四方物流集成商提供更多从事高效专业咨询服务的高级人才。

二、生命周期下干散货航运船货配载交易 **4PL** 平台发展模式

(一)在平台初级阶段,要求政府主导模式

第四方物流 4PL 是一种新型现代供应链组织形式,它通过整合内外部各种物流资源,提供全面的、最优的供应链解决方案,使物流效率和成本达到最优水平。4PL 概念从 20 世纪 90 年代中期在美国出现后,得到迅速发

展,推动社会经济发展的巨大作用日益明显。从国内外 4PL 的发展历程看,市场自发演进和政府构建两种力量所起的作用不尽相同,但二者作用的大小取决于不同的时期和环境条件。和国外发达国家相比,中国发展 4PL 的基础与条件还不太成熟,短期内无法形成有领导力量的 4PL 提供商,不能完全满足以跨国企业为代表的高端供应链管理的需求。单纯靠市场自发演进较为缓慢,这就要求政府发挥引导市场发展的作用,开创一条中国特色的"政府主导启动 4PL,带动第三方物流的发展,进而推动整个物流产业的快速提升"的新路。政府要培育 4PL,制度建设是关键,其重大作用主要在于:首先,通过"规范、引导、提升",培育 4PL 市场主体,为其发展壮大提供制度保障。目前我国物流企业发展比较分散,既有改制后大型物资集团,又有生产企业延伸供应链而形成专业化物流公司,还有外商和民营企业。政府通过制度设计鼓励和引导各类具有仓储、配送等物流整合能力的企业探索性实施 4PL 发展,促进物流企业功能和资源的有机整合,以技术信息化和管理专业化为基础,加快我国物流产业结构的进一步优化升级,提高 4PL 企业的服务质量和市场竞争力,推动传统物流业向现代物流业转变。其次是加强引导,统筹规划,优化物流业的发展布局,为发展 4PL 营造良好的宏观政策环境。通过制度创新,充分发挥政府在培养 4PL 中的主导作用,建立积极推动 4PL 平台建设的激励机制、监督机制,有利于破解我国物流基础较差、与经济发展不相适应的难题,从而实现现代产业的跨越式发展。

(二)在平台发展阶段,要求政府与市场结合的混合模式

4PL 平台的发展需要政府与市场合作,其合作有助于进一步推进行政体制、机制改革。第四方物流的发展充分体现了政府对物流市场、企业的培育、扶持、监管和保障作用,充分发挥了政府这只"有形的手"的作用;但同时,政府的作用又是和市场的作用密切结合、相互支撑的,形成了政府和市场"有形的手"和"无形的手"协同作用的形式——政府引导、市场拉动,为我国现代物流发展中政府效用的发挥、政府与市场合作形式的探索、行政机制及体制的改革提供了参考。

三、平台经济发展的制度创新与环境创新

(一)进行制度创新,破除旧时壁垒

首先从政府管理制度、企业制度和共享共建的信用制度三个层面进行制度创新,其次要将制度创新融于 4PL 运作流程之中,包括交易流程、结算流程、利益分配流程、信用制度等,使 4PL 运营每个流程环节都有制度的保

障,每项制度都被流程化,从而保证了 4PL 战略目标的顺利实现。

(二)政府主导与市场自由配置有机互补

在 4PL 创建初期,设计重点要着眼于 4PL 的系统整体发展规划,从政治、经济上给予扶持,同时加强基础设施建设;在 4PL 的发展阶段,应着重于逐渐让市场机制发挥作用,政府则重点进行服务、规范和监督。

4PL 的有效推进,关键在于政府能否设计一套科学的机制,目的是既能诱导经济个体形成正确的行为,纠正市场调节下的"市场失灵",也能有效规范政府的行为,避免政府环境规制下的"政府政策失灵"。创造制度化、规范化的市场发展环境,建立 4PL 市场准入条件和物流行业技术标准;打破条块分割和地方保护主义,构建资源要素合理流动的市场运行机制;完善和加强4PL 市场信用制度建设,建立以 4PL 市场为平台,以银行信用为基础,工商、税务、交通、公安等部门共同配合的信用信息体系,逐步健全信用信息的采集、评价、公布、授信、惩戒制度,形成具有规范市场、约束行为、联合惩戒功能的信用机制。此外,还有对市场和企业的监控机制、信息共享交流促进机制、完善的政府管理协调机制等。通过这些机制建设保障市场竞争秩序的公平、公正、公开和统一,努力降低市场运行的政策和法律成本。

(三)财税、金融等政策环境创新

建立财税支持和多渠道融资的制度,为 4PL 发展营造良好的经济环境。引导企业积极参与 4PL 市场交易,对和 4PL 相关的技术创新、项目建设、人才培训、物流标准化推进、外资和技术引进、物流信息管理系统等可在营业税、所得税和房产税等方面给予减免或不同比例的补贴。另外还有基础设施建设与物流装备更新的补贴政策、土地优惠使用政策、物流服务与运输价格政策以及工商登记管理的快速便捷政策等。4PL 建设应采取多渠道融资措施:以政府资金为主导,引导外资、民间资金形成多元化投资体系;同时指导支持企业供应链融资,改革物流设施投资纯现金回报制度,适当发行物流项目建设债券,适当放宽科技含量高的 4PL 企业上市条件,等等。

(四)技术支持和基础设施保障

智能化和标准化是 4PL 的主要技术特点,也是当代世界供应链发展的主要趋势。因此,政府应把物流行业的智能化、标准化放在重要地位。智能化是指在供应链管理和决策中依靠数据仓库、在线分析处理和数据挖掘这三大技术,多角度、全面分析信息增值的作用,提高内部运作效率和物流服务水平。物流智能化的前提是信息化和自动化。政府促进 4PL 智能化的政策主要包括物流信息化和物流自动化政策,重点支持和鼓励开发、应用数据库技术、条形码技术、电子订货系统、电子数据交换系统、供应链管理系统、智能仓储管理系统和运输系统、自运收费系统、分拣存取系统、货物跟踪系统等。物流标准化是 4PL 发展的基础,物流标准的范围和内容有物流基础设施标准、物流技术装备标准、物流管理流程标准、物流信息化标准等。标准制定应先急后缓,先易后难,成熟先行,分阶段分步骤制定完善。可设立4PL 专项科研基金,以加速 4PL 的科技创新。

加强和完善物流基础设施,建立智能化的国家多式联运运输体系。完善物流基础设施网络和信息网络,夯实枢纽型物流城市基础。深化物流业合作,共建具有全球资源配置功能的物流枢纽。

参考文献

[1] 林建清. 建一流船队,做强做大航运业[J]. 船舶与海洋工程,2007(4):18-20.

[2] 孙玉峰.海港现代物流体系的构建[J]. 企业改革与管理,2007(5):28-29.

[3] 黄强. 长江航运物流发展战略[J]. 中国水运,2006(12):9-11.

[4] 刘秋生,马顺利.基于 UML 的航运物流管理信息系统分析建模[J].中国管理信息化,2009,12(22):76-79.

[5] 徐聪. 散货运输企业调度管理系统的研究[D].大连:大连海事大学,2011.

[6] 杨家其,郑勋.基于物流服务的航运企业业务流程再造研究[J].中国航海,2003(03):57-60.

[7] 施欣.EDI 与航运业务流程的重构[J].系统工程理论与实践,2002,22(3):63-71.

[8] 严薛栋,谢尘.上海航运物流 RFID 改造的可行性探讨[J]. 物流技术,2006(3):100-104.

[9] 吴青,曾飞,初秀民.物联网技术在现代散货码头应用现状及趋势展望[C].第八届中国智能交通年会,2013.

[10] 陈仙桃,胡正华.基于启发式规则的现货配船算法研究[J].价值工程,2009,28(12):68-71.

[11] 沈国华.武钢工业港成品码头生产物流管理优化研究[D].武汉:武汉理工大学,2003.

[12] 卜祥智.基于收益管理的集装箱班轮舱位分配随机模型研究[D].成都:西南交通大学,2005.

[13] 任昕. 海运集装箱空箱分派优化模型研究[D]. 成都：西南交通大学，2007.

[14] 刘建林，施欣. 不定期船运输市场优化决策支持系统构建研究[J]. 交通运输系统工程与信息，2006,6(2):76-82.

[15] 孙绍伟，董妍慧，姜阳. 一种航次货载最优选择的算法设计[J]. 水运管理，2006,28(8):1-3.

[16] 陈燕，陈飞. 基于班轮运输货物多维属性的收益管理模型[C]. 第二届中国智能交通年会，2006.

[17] ROCHET J C, TRIOLE J. Platform competition in two-sided markets [J]. Journal of European Economic Association，2003，1(4):990-1029.

[18] ROSON R. Platform competition with endogenous multihoming[J]. Ssrn Electronic Journal，2005.

[19] 徐晋，张祥建. 平台经济学初探[J]. 中国工业经济，2006(5):40-47.

[20] 叶丽雅. 朱晓明谈平台经济[J]. IT 经理世界，2011(21):138-139.

[21] EVANS S D. Some empirical aspects of multi-sided platform industries [J]. Review of Network Economics，2003,2 (3):191-209.

[22] GAWER A, CUSUMANO M A. Platform Leadership[M]. Boston，M. A.：Harvard Business School Press，2002.

[23] ARMSTRONG M. Competition in two-sided markets[M]. Rand Journal of Economics，2010,37(3):668-691.

[24] 刘奕，邱明辉，凌大荣，等. 第四方物流——供应链"外包"的发展[J]. 物流技术，2001(2):42-43.

[25] 张新，田澎. 将物流规划功能外包——第四方物流[J]. 上海综合经济，2001(10):28-29.

[26] 张中强，扬俊武. 初探第四方物流[J]. 技术经济，2003(10):27-29.

[27] 杨宝军，李华增. 第四方物流剖析[J]. 工业工程与管理，2003,8(3):49-51.

[28] 陈建清，刘文煌，李秀. 第四方物流中决策支持及物流方案的优化[J]. 计算机工程，2004,30(5):150-153.

[29] 东猛，石伟，张晓萍. 运输企业物流信息平台的设计及实施[J]. 中国物流与采购，2005(9):64-68.

[30] 毛光烈. 第四方物流平台流程与制度一体化的创新性设计[J]. 管理世界，2008(4):8-14.

第八章　招财通和海空网：宁波新型智慧物流平台开拓者

第一节　引　言

一、研究背景

互联网与信息技术已经渗透到了所有行业，IT 的应用与其他行业的融合催生了各式各样的平台经济现象。人们最熟悉的平台经济现象就是电子商务平台，类似于京东、淘宝等。物流信息平台亦是电子商务平台的一大类型。

中国的电子商务始于 1997 年，于 2003 年进入快速发展期，于 2007 年进入高速发展期。物流行业的信息平台大多数是于 2003 年开始兴起。一些知名物流网站如：锦程物联网于 2003 年 2 月上线，在 2003 年至 2008 年之间获得高速发展；56114 物流查询网于 2004 年上线，是一个物流广告平台；车源网于 2006 年 10 月上线，是一个物流线路信息发布平台；管车宝于 2006 年上线运营，是各个物流园区和停车场的货运信息部比较熟悉的一个平台；此外还有物流通信息网、中国物通网、京联物流信息网等物流信息平台。

货代服务业作为物流服务业重要的组成部分，在对外贸易和经济发展中起着重要作用。近年来，互联网、移动互联网等新型通信手段的兴起，也催生出一批主要服务货代业务的物流平台，如中国航运网、国际船舶网、中国船舶网、环球运费网、海运费查询、航运信息网、船公司导航网、易舱网、航运在线、世界海运网等平台。

宁波作为长江三角洲南翼和浙江省的经济中心，是一个临港城市，宁波港是我国历史上对外贸易的重要港口和海运中转枢纽、世界重要港口、上海国际航运中心的重要组成部分，自然货代业务发达，2014 年集装箱吞吐量为1870 万标准箱，同比增长 11.5％，港航服务业发展较快，海铁联运同比增长28.4％，跨境贸易电子商务进口业务签约企业 117 家。伴随着发达的航运物流业务，宁波航运物流的信息化平台建设也成效显著，产生了一批物流服务平台，如宁波港物流信息网、宁波物流信息网、宁波现代物流网等，但上述这些平台虽然被各种物流公司和货代信息部使用过，有的至今还有一定的普及率，但总体上这些平台对物流信息整合的有效性非常低，平台的功能单一不全面。其根本原因是这些平台无法将货源信息、订舱信息、支付、融资以及其他延伸服务整合到一起。

另外在国内传统货代业务中，为了争抢有限的资源，货代企业之间的竞争日趋激烈，一些货代、物流企业为了争抢客户，不惜通过压价、杀价等恶性竞争，甚至使用给回扣等不正当竞争手段，而且还往往利用货主和船公司的信息交流不顺畅，在揽货、订舱、报关、报检过程中采取暗箱操作等，这些落后的经营模式严重制约国内货代发展。与此同时，国外一些大型物流公司运用先进的物流理念和自身的资源优势，拓展服务网络，逐步融入先进制造业的供应链当中，并依托这些制造企业挤进中国货代物流市场，如马士基、FedEx（联邦快递）、近铁、韩进等，这些跨国公司运营模式先进，有竞争优势，也给国内的货代企业带来了巨大的挑战。

同时，货代、物流企业由于外贸企业经营困难，面临资金紧缺甚至出现资金链条断裂等风险。对于货代企业来讲，客户信用风险加大，费用结算风险指数上升，延期付款增多，增加了坏账隐患。如果一笔大额费用不能按合同规定及时收回，势必影响其资金周转，导致经营困难。特别是货代企业如对客户资信的调查工作做得不够，选择了资信不佳的客户，或者所选择的客户在签约之初就存心诈骗，客户未能履约，就会有较大的经济损失。在此影响下，货代企业通过缩短收款期限来应对经营困难，以减少坏账损失。一长一短变化，造成的资金周转压力都由作为中间人的货代公司来承担，这对货代公司的流动资金量提出了更高的要求。

因此，货运代理企业应尽可能地利用先进的网络化信息系统提供一揽子服务方案来满足客户不断变化的需求，开发和研究功能完善、应用广泛和技术先进的集信息流、资金流、业务流为一体的综合物流平台，提高货代物流企业的效率，提高对货主的服务水平，促进货代业整体发展。

二、研究意义

从 2003 年到 2010 年,互联网对物流信息平台的驱动,产生了上述的一系列物流信息平台。2010 年以来,有实力的物流企业都建立或购买了用于内部订单管理的信息系统,传统的物流信息平台逐渐被放弃。这一时期,物流企业网点在快速扩张,物流企业的订单管理系统逐渐取代了传统的物流信息平台。2010 年以来,货代行业的竞争逐渐从单纯的价格竞争转向以服务为核心的综合实力竞争,这一时期的物流信息化水平获得一定程度的提升,但依旧处于"小、散、乱、差"的阶段。

2011 年,智能手机开始在中国流行;2012 年,物联网、云计算、移动互联网是非常流行的概念;2013 年,"北斗"导航系统开始向民用普及,"大数据时代"被人们热议,物流智能骨干网的概念被提出。信息技术更新换代的节奏日益加快,信息技术对物流信息化发展的驱动越来越迅猛。在这种新形势下,在国际采购与供应的大链条中,国际贸易、海洋运输、港口集散、仓储物流、货运代理以及资金、信息、安全等诸多环节集成的新一代物流信息平台以及运力共享平台因物流行业的发展需要应运而生。未来货代的竞争是一条链的竞争,要靠系统、靠资源、靠整合形成一条供应链和价值链,只提供单一服务的地域性公司将无法生存。

在这种形势下,宁波产生了一批具有一定典型性的新型货代服务平台,其中就包括具有开拓性质的宁波招财通物流服务有限公司(简称招财通)和宁波海空网信息科技有限公司(简称海空网)打造的平台。招财通是基于供应链金融理论专门为从事国际货运代理业务以及订舱业务的企业提供款项收付服务的创新金融服务平台,形成金融产品模式,并以金融为杠杆,启动海运物流相关产业,实现效率、产能和利润最大化。海空网是宁波达升物流股份有限公司自主开发运营的一站式物流供应链管理服务平台,依托达升遍布全球的海运、空运物流服务网点和战略合作伙伴,借助互联网信息技术推出的以在线订舱为核心,集运价查询、货物追踪、在线支付、订单融资、新闻资讯、常用工具等功能于一体的新型智慧物流服务平台。这两个平台都是"平台、业务、资金"三位一体的货代海运电商平台,与电子商务结合,面向众多分散的客户,为物流服务的供给方和需求方搭建在线交易的平台,并为物流服务的需求方提供多种物流服务选择及一站式服务所需的各项功能,当然,他们服务的侧重点不一样。用户能够像购买商品一样购买海运物流服务,包括随时查看产品运价、完成在线下单、结算支付、查看货物运输情况和单据流转情况，改变长期以来海运行业供给方和需求方的交易模式，带来交易双方成本的降低、效率的提升、服务水平的提高，提高行业集中度和标准化水平，促使海运物流行业从原先的价格竞争、规模竞争升级到服务竞争、体验竞争和整合能力的竞争。这两个平台代表了新型智慧物流平台的发展方向，具有显著的典型性。本章在综合研究其发展历程的基础上，通过营运模式和平台特色两方面的深度案例分析，从平台经济和产业创新的角度探讨在航运服务业发展中，模式创新与产业的整合对行业发展产生的颠覆性影响，深度挖掘商业模式创新所导致的传统产业转型升级及快速发展的缘由，解释其发展规律，建立基本理论分析体系。

三、研究思路和方法

本章选择了招财通和海空网作为典型案例分析对象，这两个案例企业在发展中，集仓储、运输、配送、信息服务、供应链金融等多功能于一体，打破行业限制，实现集约化高效经营，优化社会物流资源配置，同时，将物流企业整合在一起，将过去分散于多处的物流资源进行集中处理，发挥整体优势和规模优势，实现传统物流企业的现代化、专业化和互补性，各自显示出独特的发展特色。针对这样快速发展的新型货代业务平台，本章横跨电子商务、供应链管理、国际货代和供应链金融等多业务领域，应用平台经济、物流管理、金融、电子商务和国际货代等多学科的多种理论成果进行综合研究，运用多种研究方法和工具。

在研究思路方面，基于本项目研究对象是典型平台企业，首先从平台企业的产生、发展、壮大和未来发展趋势等企业演变的历程进行分析，梳理案例企业发展背景、技术演进以及商业营运模式；其次应用平台经济、物流管理、供应链金融等相关学科理论探究其发展的缘由和路径选择，总结发展规律；最后，结合案例企业发展存在的相关问题，提出相关对策建议，为平台经济发展和相关平台建设提供理论和案例参考。

第二节　理 论 框 架

一、平台经济与平台经济理论研究

互联网以及信息技术的发展，催生电子商务、门户网站、网络视频、网上社区等各种平台型企业的迅猛崛起。2001 年起，部分经济专家注意到经济中存在的这类平台主体,它们重视客户培养和召集,通过调整企业供需两方参与者的价格结构来维护和招揽价格敏感度高、数量较少一方的参与者。这种新型商业模式,被学界称为"双边市场"或"双边平台",又称平台经济现象。平台经济作为新时代的重要产业组织形式,推动了传统产业经济理论的创新发展。平台经济双边市场运行的特殊性和复杂性,改变了传统单边市场的结构与运行方式,这既为企业竞争战略和政府产业政策提供了新视角,也给学界提出了理论新挑战。从目前关于平台经济的研究成果来看,平台经济对经济学科的冲击,也必将深刻影响管理学和其他相关学科。

1. 平台经济特点

(1)平台经济是广大中小企业、微型企业和个体户聚集的经济现象。以淘宝、京东为例,其电商平台的主要服务对象是中小型生产企业,为中小企业提供营销渠道。

(2)平台经济是一种标准化和透明化的商业组织模式。网上商户一定要遵守电商平台的相关标准,遵守既定流程,整个交易流程的信息能够被真实地记录和反映,实行透明化运作。

(3)平台经济是一种协同经济,最显著的特征是线上交易和线下交付的协同。基于线上与线下的协同,涉及企业内部各部门之间的协同,企业之间的协同,甚至扩展到行业之间的协同。

(2)平台经济催生平台化的诚信体系。交易双方先要求线上的交易诚信,线上的交易诚信要求线下的交付诚信;而线下的交付诚信支撑线上的交易诚信。线上的交易诚信与线下的交付诚信相互促进,从而构筑越来越稳固的平台化诚信体系。

(5)平台经济依赖于现代化的互联网通信技术,是科技进步和社会文明发展到一定阶段的产物。

2. 平台经济理论研究

双边市场理论形成于 21 世纪初,"平台"是该理论的核心概念。2004年,法国产业经济研究所(IDEI)和政策研究中心(CEFR)联合主办的"双边市场经济学"会议上首次提出了双边市场的"平台"概念。"平台"是一种市场交易场所,也是一种市场交易机制,它通过向买卖双方收取一定的市场交易费用促进市场的"平滑"运行。假设"平台"在每次交易中向买方和卖方分别收取 Ab 和 As 的交易费用,已实现的交易量 D 为总价格水平 A＝Ab＋As 的函数,如果总交易量 D 对总价格水平 A 在买、卖双方之间的再分配不敏感,那么该交易市场即为单边市场(one-sided market),如果 A 保持不变而交易量 D 随 Ab 而变化,则该交易市场即为双边市场(two-sided market)。Armstrong、Rochet 和 Tirol 也分别从网络外部性和价格结构特征等方面对双边市场进行了定义。[1][2]Armstrong 提出了关于平台竞争的三种理论模型;Evans 对双边市场的定价战略、进入战略、规模化战略等进行了较为系统的研究,并对反垄断问题进行了全面分析,建立了基本的双边市场反垄断的分析框架。[3]Hagiu 认为客户的多样化偏好将影响平台企业的价格结构,[4]Jeon 和 Rochet 研究表明平台服务的质量要求(比如杂志质量水平)影响定价策略[5],Jullien 和 Caillaud 指出平台企业的市场地位也会影响其价格水平[6],Kaiser 和 Wright、Bergh 和 Kind 等分析了媒体产业的双边市场情况,[7][8]等等。

国内学者徐晋、张祥建在双边市场平台理论的基础上首次提出了"平台经济学"(platform economics)概念,认为平台经济学是产业经济学的一个分支,它是"研究平台之间竞争与垄断情况,强调市场结构作用,通过交易成本和合约理论,分析不同类型平台的发展模式与竞争机制,并提出相应政策建议的新经济学科"。[9]程贵孙、卢强等以 Linux 操作系统软件双边平台为例,实证分析了双边市场的交叉网络效应,认为交叉网络外部性是双边平台的重要特征,它是一边平台的用户对另一边平台用户的效益溢出特性;[10][11]陈赤平、李艳通过探讨 CA 产业定价,研究了双边市场理论的实践应用性;[12]尚秀芬、陈宏民等学者分别对平台企业行为以及双边市场竞争及规制等问题进行了探讨;[13]刘启和李明志从产业应用角度出发,总结梳理了交易中介、媒体、支付工具和软件平台等四种常见的双边市场的研究发展情况。[14]

从国内外对双边市场的研究文献看,大多数学者都集中于对平台定价、市场界定原则等问题的研究,而诸如平台竞争的非价格手段、平台互联、平台组织结构、平台制度创新、平台演化等方面则有待进一步研究。

二、货运代理与物流和金融集成服务研究

1. 货运代理研究

国际货运代理由来已久,对于国际贸易来说,货代是不可或缺的。国际贸易的双方经常依赖于国际货代。但国内关于货运代理的研究不是很充分:一来货运代理行业企业众多且规模普遍小,从业人员素质参差不齐,业内并无很多从事研究工作的技术人员;二来学术界也较少有人系统针对国际货代开展理论研究,仅有一些海洋或海事大学相关专业老师来研究该课题,相关研究并不十分丰富,大都集中在探讨国际货代的未来发展方向,试图提出一种创新的思路。崔腾腾系统分析了我国货运代理业和现代物流业

的发展现状,在对铁路货代业向第三方物流转化的 SWOT 分析基础上,提出货代业特别是铁路货代业向第三方物流转型的方向和思路。[15]汪武芽仔细分析了中国货代的现状,提出了具体的国际货代向第三方物流转型的对策,指出货代企业应该拓宽服务范围并向服务多元化发展。[16]许志峰通过对深圳及泛珠江三角地区国际货代业进行战略调研,分析货代业存在的机会与威胁,构造了国际货代业的四个战略规划模型,提出了物流管道的新概念,并提出国际货代与第三方物流的服务创新的策略。[17]叶敬彪探讨了中国国际货代业在市场竞争环境下如何调整和制定企业发展战略,调整市场和业务发展方向,提出货代业务发展战略,并提出中国国际货代业可以收购或兼并发达国家货代企业,拓展业务,转型为第三方物流提供者,以连锁加盟的形式发展壮大,进行业务创新。[18]林豪慧较早指出国际货代业要从人才培养、服务创新、信息化及供应链管理等方面着手发展现代综合物流。[19]马文君基于服务管理、营销渠道等理论,结合我国国际货代企业营销现状,提出了国际货代服务创新的新思路,设计了国际货代企业的网络渠道模式。[20]但是,这些相关研究大部分不够深刻具体,或者泛泛提出某种趋势,而未给出具体操作方式,或者仅仅指出某一方需要改进,未对整个货代行业的服务创新提供指导。

随着国际贸易的发展与信息化建设程度的加深,特别是由数字化技术、互联网技术、大数据技术等带来的物流领域的革命性变革,货代行业发生了巨大的变化,不断产生新的商业模式、商业业态,大大突破了传统货代行业界限,改变了传统的运作方式,如货代企业的信息化以及货代业与金融之间的集成、供应链集成,货代业与物流金融之间的集成创新服务等。

2. 物流和金融集成服务研究

关于物流与金融集成服务研究,国际和国内多数文献在探讨企业运营和供应链管理问题时,更多考虑物流、信息流的协调,而忽视了资金流,很少考虑到物流和供应链中的金融问题,尤其是融资问题对供应链中各方及整个供应链绩效的影响。由于全球经济和市场竞争国际化的发展,企业资金充足的假设显然不合理,金融和运营决策可分离的结论也可能不成立,所以近来越来越多运营领域的学者开始关注企业金融和运营的共同决策。关于供应链或者物流与金融的集成,主要是供应链中的融资问题。

在国外,一部分学者讨论企业从外部寻求融资服务,如 Buzacott 和 Zhang 指出了当企业成长受到其自由资金和银行贷款限制时,同时考虑企业的金融和运营决策是非常重要的,并且应用单期报童模型来分析银行和贷款企业之间的博弈问题，以解释基于资产融资服务的激励问题[21]。Hu和 Sobel 应用动态报童模型研究了企业资本结构和运营决策之间的相互作用。[22]Chen 和 Wan 应用批发合同和贷款合同研究了融资服务对供应链企业运营决策和价值的影响。[23]不过这些研究主要考虑资金约束企业的金融和运营决策，不研究供应链其他企业相对应的金融和运营决策，也不考虑融资市场的竞争在运营过程中产生的重大影响。上述文章，除了 Buzacott 和 Zhang 以及 Chen 和 Wan，都假设利息率是固定的。Xu 和 Birge 建立模型论述资金约束问题如何影响企业决策，发展了一个单期报童模型去分析企业运营和金融决策之间的相互作用，并指出如果考虑到税收和企业破产等成本，企业必须综合考虑运营和金融决策。[24]还有一部分学者的讨论则基于从供应链内部寻求融资的方式。Chen 认为贸易信用是指供应商允许有融资困难的下游制造商或者零售商延迟支付全部或者部分货款，直到卖出产品，同时向供应商支付一定的融资成本作为投资服务的回报。[25]Burkart 和 El-lingsen 建立了一个模型，证明了贸易信贷和银行贷款是可以相互替代和补充的，这也解释了贸易信用合同这种供应链内部融资方式为什么可以在短期内成熟和发展，也解释了为什么信用市场在经济欠发达地区比在经济发达地区更普及。[26]Gupta 和 Wang 研究了在市场需求信息不确定的条件下，贸易信用合同参数对企业库存决策的影响，并分析当信用期增加时最有效的库存政策。[27]Babich 等研究贸易信用合同如何影响供应链企业间的关系、供应链上各方及整个供应链绩效，指出商业贷款是可以通过贸易信用合同的方式替代的，当商业贷款不可获得时应该尽量依靠更多的供应商。[28]Chen 和 Jing 比较分析了存在融资问题的制造商或者零售商在批发合同和贸易信用合同下的金融和运营决策研究。[29]

　　国内研究领域从总体上说，理论研究相对发展较慢。部分学者借助第三方物流企业在供应链中的活跃地位的优势，提出了通过物流金融或融通仓等来探讨解决供应链中的融资问题，例如罗奇、朱道立和陈伯铭，陈祥峰、石代伦和朱道立。[30][31]然而，这些研究主要从系统框架或者从案例研究展开分析，并没有真正从理论上分析在存在融资问题的情况下，第三方物流企业对整个供应链上相关企业的决策的影响。关于物流与金融集成服务的研究，国际和国内多数文献在探讨企业运营和供应链时也会分析其对整个供应链价值的影响。有部分学者也关注了企业金融和运营相交叉领域的研究，例如，李毅学和冯耕中等针对价格随机波动的库存，对市场需求做了不同的假设，分别研究了银行在不同市场情况下的质押率决策。[32]李娟、徐渝、冯耕中等引入阶段贷款的方法来控制风险,运用参数函数比较了阶段贷款和一次性贷款的异同,认为阶段贷款优于一次性贷款。[33]陈祥峰和朱道立结合金融管理的组合理论和运营管理的合同理论研究了供应链企业的采购风险和采购决策。[34]朱文贵、朱道立和徐最研究了在供应商给零售商提供延迟支付的情况下,第三方物流企业向零售商提供存货质押贷款融资服务的定价模型。[35]在国内外,讨论国际货运代理与金融集成服务的系统研究较少。

本章以招财通和海空网为典型案例,分析这两个平台的国际货代与金融集成的创新服务模式。

第三节 宁波招财通:一站式供应链管理集成服务平台

一、宁波招财通案例概况

招财通成立于 2012 年 1 月,是由中新力合股份有限公司(Uni-Power Group,简称 UPG)与奥林网络科技有限公司(Olymtech Corporation)基于供应链金融理论打造的创新金融服务平台,注册资本为 500 万元人民币,是一家专门为从事国际货运代理业务以及订舱业务的企业提供款项收付服务的公司。招财通把企业的民间信用进行量化后存入 IT 系统,让企业可以使用自己的信用额度去完成交易的支付,并且使得金融服务成为企业随需随取的一种服务。招财通可以帮助企业解决经营发展过程中的各种资金问题,降低融资成本。招财通用户可使用信用额度对电子订舱费用担保付款,UPG 对货运代理公司进行资信审核,并给予一定的信用额度,企业即可使用信用额度向订舱服务提供商支付订舱费用,同时为货运代理公司提供延期付款服务,为订舱服务提供商提供提前支取服务。

在国际货运代理行业,招财通与"大掌柜订舱通"完美整合,基于真实的业务,更加准确地衡量企业的信用额度,为行业用户量身定做标准化的金融服务,与订舱通共同打造国内首家国际货运代理信用融资和担保支付平台。宁波招财通物流服务有限公司通过与大掌柜订舱通合作,在产品运营实施中实现资金的运转,生意越来越大,信用额度越来越高,流动资金日渐丰富。

二、招财通平台运行模式

1. 以信用额度进行电子商务担保

招财通是一个可使用 UPG 给予的信用额度进行电子商务担保付款的

第三方综合金融服务平台。UPG 对特定行业的企业进行资信审核后,给予一定的信用额度,企业即可使用信用额度在与招财通合作的电子商务平台上向招财通签约卖家购买商品或服务。卖家获得的信用额度在约定的账期到期后将由招财通自动兑现,UPG 担保承诺的兑现,买家则需要在到期前把真实货款支付给招财通。围绕着交易中出现的应收账款,提供提前支取、延期付款等融资服务(如图 8-1 所示)。

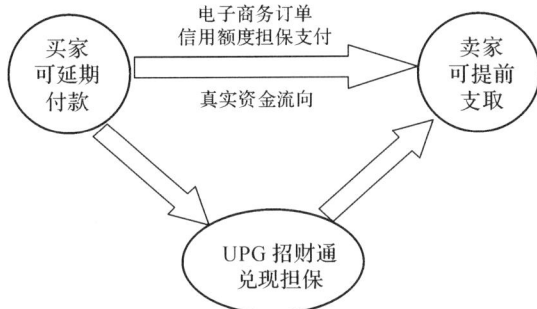

图 8-1 招财通融资服务模式

2. 与订舱通电子商务平台合作

由于国际海空运业务具有需求端的碎片化和供给端的动态化特征,众多小单客户在采购渠道、信息服务上的需求与承运人和订舱代理提供的现有服务之间存在供需不对称,特别是众多的小客户受到资金规模和信用限制,在订舱服务方面受到较大制约,因此,在国际海空运货代业务方面,招财通与奥林网络科技(宁波)有限公司(简称宁波奥林)运营的订舱通电子商务平台合作,为国际海空运货代中的货代公司提供金融服务。订舱通是基于云计算和客户端技术实现国际物流企业之间订舱交易的客户端软件,是国际物流企业之间异构系统在线订舱委托和数据传输的通道。订舱通可以实现即时的在线订舱委托,鼠标一点就可以到达目标接受方,提单确认和费用确认等环节全都在订舱通中完成,客户不必再为了传统电话加传真模式的低效率、高出错率而苦恼。在订舱通中,买家为货代公司,卖家为订舱代理公司,购买的是订舱服务,可以使用招财通的信用额度来进行支付。招财通通过与订舱通合作打造国际海空运业务中金融服务的无缝连接,实现了以金融信息和货运信息融合为中心的现代物流运作方式,它通过程序编辑使复杂的金融支付业务操作流程实现了可视化,将分散的信息集中于网站各大业务板块供客户按需选择,并使客户的被动等待转变为主动推送业务操作信息(如图 8-2 所示)。

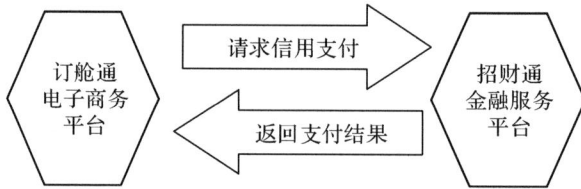

图 8-2　订舱通与招财通的平台业务关系

3. 提供应收账款融资服务

应收账款融资是中新力合股份有限公司(UPG)针对国际货运代理企业在贸易过程中的资金需求而发起的短期融资产品。即货代企业与其客户(货代企业的客户,包括外贸公司、工厂、货代等)交易过程中产生的应收账款,通过委托收款的方式转让给 UPG,UPG 通过审核货代企业与其客户之间的结算信息,为货代企业提供短期贸易融资。在盘活企业应收账款占用资金的同时为企业提供一个低成本、高效便捷的融资渠道。其服务对象为国际货运代理相关企业,服务流程如图 8-3 所示。

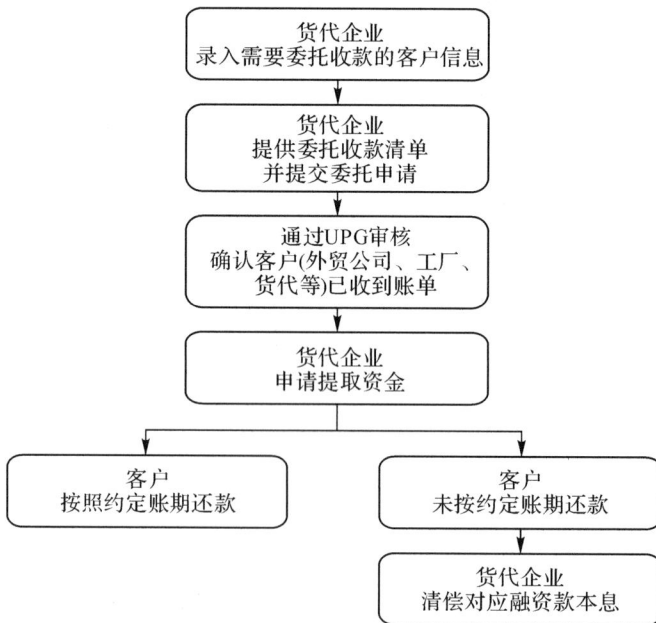

图 8-3　应收账款融资服务流程

三、招财通平台运行特色

1. 物流金融服务与企业融资结合

物流金融是随着物流产业的发展而产生的，它的功能是通过应用和开发各种金融产品，有效地组织和调剂物流领域货币资金的运动。具体说，物流金融就是为物流产业提供资金融通、结算、保险等服务的金融业务。可见，物流金融能提升物流企业的业务能力及效益，还可为物流企业融资并提升资本运用的效率。

招财通通过对用户授信，用于电子订舱费用担保付款，既可使企业使用信用额度向订舱服务提供商支付订舱费用，同时为货运代理公司提供延期付款服务，为订舱服务提供商提供提前支取服务，很好地解决了货运电子商务业务中由于买卖双方信息不对称而产生的交易难题，同时又间接地为双方提供融资便利，由此极大地促进贸易便利化。只有实现融资便利化，物流企业贸易才有可能减少资金困难，从而使物流便利化成为可能。

2. 国际货运代理业务及订舱业务与金融服务结合

货运代理企业必须寻求一条创新发展的道路，才能促进行业的深入发展，提高自身的市场竞争力，为中国经济建设和发展发挥更大的作用。招财通从物流和供应链金融理论出发，结合国际货代的本质特征和服务管理的相关思想，集成创新服务货运代理业，主要是货代业与金融之间的集成。通过货运代理业务与物流金融之间的集成创新服务，建立一个创新金融服务平台，创建一种国际货代与物流金融集成的服务创新方案，以无抵押免担保的金融额度授信，提升企业经营的资金量；通过延期付款的便捷服务，解决短期内的资金压力问题，让企业经营更灵活；通过保证支付订舱费用，降低企业应收账款风险。招财通平台的建立代表着国际货代行业发展的重要趋势，国际货代应该积极提供金融服务，主动提供融资，这使国际货代行业以往的盈利模式面临了新的挑战，经营环境有了巨大的改变。

四、招财通核心价值：供应链产融服务

1. 供应链产融服务的产业基础

传统的供应链服务商，大多只是在供应链单个或多个环节上提供专业服务，如物流服务商、增值经销商和采购服务商等。物流服务商主要提供物流运输服务，增值经销商主要提供代理销售，采购服务商主要提供代理采购等。招财通通过整合国际货代行业的各个环节，形成国际物流企业之间在线订舱、提单和费用确认、物流运输、财务结算、金融服务等一站式供应链管

理服务,在提供物流配送服务的同时还提供价格查询、收款及相关结算等金融服务。与传统的物流服务商相比,招财通通过搭建一张面向全国的诚信客户资源网,使国际物流订舱的接收方将业务快速拓展到全国,同时也使国际物流订舱的发送方拥有一张面向全国的订舱受理网,具备全口岸全航线服务能力,提升双方的诚信形象和企业竞争力;而且无抵押免担保的金融额度授信一方面解决了企业短期内的资金压力问题,保证订舱费用支付;另一方面针对企业应收账款提供零风险的便捷的提前提款,解决企业短期内的资金需求,让企业经营更灵活。

一站式供应链管理服务代表了行业发展方向,在社会接受程度不断提高和分工不断细化的背景下,招财通近年来实现了快速增长,融资业务额从2006年的几亿元快速上涨到2014年的150亿多元。

2. 供应链产融服务的产融运作模式

在一站式供应链管理服务的基础上开展金融业务,才是其核心价值所在。招财通的产融运作模式,使其俨然像一家小型信用担保机构,通过供应链管理服务方根据不同的事前审核的信用标准授信给不同的信用客户,并从中收取服务费。

招财通金融业务的开展,依托的载体是一站式供应链管理服务中的两项核心业务,即国际货代业务在线订舱发送和接收。获得在线订舱发送方的委托合同后,招财通即在其客户资源信息系统内选择合适的在线订舱接收方,并通过信用方式允许订舱发送方延期支付订舱费用,同时通过信用担保方式保证在线订舱接收方订舱费用应收账款零风险,甚至可以提前提取订舱费用,其后双方完成交易后再结算。而对在线订舱接收方(生产商)而言,当发送方为其承运货物时,招财通代在线订舱发送方(采购商)预付货款,使得在线订舱接收方(生产商)能够及时收回资金,投入下一轮再生产。而通过代付业务,在线订舱发送方(采购商)不仅及时有效地获得物流服务,而且避免了预付大量资金的风险。

据研究,招财通代付款项采取以交易额量为基准的浮动收费法,而这种双赢的收费模式成为招财通盈利模式的核心之一。相关研究表明,业务流程外包合同收费模式有三种,分别为固定收费法、以交易额量为基准的浮动收费法及以企业效益为基准的浮动收费法。与其他相关服务商所采用的买卖差价模式(即售价-买价-其他成本=利润)不同,招财通目前采用的是以交易额为基准的浮动收费法,即根据业务量(交易额/量)的一定比例收取服务费。这一模式使招财通与采购商、供货商从传统的客户关系发展成利益共同体，即其通过整合企业供应链环节，提高企业供应链效率和市场竞争力，从而提高企业业务量（交易额/量），同时提高本公司的服务费收入。因此，招财通与客户"不是一个此消彼长的关系，而是一个相互促进的关系"。另外，招财通的收费模式与固定收费法相比更具发展潜力（不受固定费率的限制），而与以企业效益为基准的浮动收费法相比，公司的收费模式风险更小，不承担经营风险。

研究表明，招财通通常与客户签订一定授信额度的供应链管理综合服务合同，根据合同量身打造个性化服务，基于业务金额提供服务类型，按一定比例收取服务费。由于业务的多样化及非标准化，招财通没有一个标准化的费率水平，但一个基本的原则是，服务层次越多，涉及供应链链条越长，提取的服务费率就越高。

实践表明，开展基于供应链的金融服务，无论是对客户、金融机构、招财通，都是一个多赢的选择。对于客户而言，通过招财通的代付服务，可以减少交易成本、加速资金回流速度；对于金融机构而言，其对具体客户不能充分了解而产生的信息不对称风险有所降低；对于招财通而言，通过成为客户与金融机构的"黏结剂"，可以获得服务费收入。

第四节　宁波海空网：货代金融集成的创新服务平台

一、宁波海空网案例概况

达升物流股份有限公司成立于 2001 年 1 月，是一家集海运、空运、陆运、拼箱为一体的综合性一级国际货运代理企业，注册资金 5000 万元。其总部设立于宁波，在上海、深圳、青岛、天津、厦门、杭州、萧山、温州设有分公司；在嘉兴、绍兴、余杭、诸暨、慈溪设有办事处；在上海浦东国际机场、杭州萧山国际机场、宁波栎社国际机场设有操作中心；在中国香港、美国设有分公司；同时在海外有 300 多家代理，服务网络遍布全球。

达升物流是中国商务部批准的国际货运一级代理企业，是中国交通部批准的无船承运人，是美国 FMC（联邦海事委员会）批准的无船承运人，是中国航空运输协会颁发的一级航空销售代理人。

达升物流是中国国际货代物流百强企业，中国海运 50 强企业，中国空运 50 强企业，中国民营国际货代物流 20 强企业，全国综合服务十佳代理公司金奖企业,中国品牌价值百强物流企业,浙江省十大物流品牌企业,最佳商业模式金奖企业;曾荣获华东地区最佳区域货运代理公司第二名,全国最佳货运代理仓储及咨询服务十佳企业;被宁波市授予宁波市现代物流示范企业等荣誉;是中国国际日用消费品博览会、中国浙江投资贸易洽谈会、墨西哥中国商品交易会指定的国际物流服务商。

达升物流是多家船公司的战略核心合作伙伴,在宁波口岸是 MSC、CMA、EMC、COSCO、CSCL、HANJIN、HMM、YML、OOCL、HAMBURG-SUD、WHL、PIL、MATSON、TSL、KMTC、CNC、DJS、EAS 等 18 家船公司的一级订舱代理,在美国航线上与十几家船公司签有合约,能够为亚洲至美国的客户提供全面专业的美线无船承及门到门服务,在欧洲航线上是 CMA、MSC、YML、HANJIN 等多家船公司的核心代理,是中国出口到欧洲货运量最大的货代之一,在亚洲、南美及非洲航线上也是多家船公司的庄家。

达升物流提供专业拼箱服务,在海外代理的支持下开通了美加、欧洲及亚洲多条航线的拼箱服务,并在将来继续增加拼箱的航线布局,努力成为中国至世界各地专业拼箱公司。

达升物流的空运服务遍布全球,主要的合作伙伴是中货航、港龙航空、长荣航空、扬子江航空、南方航空、大韩航空、新加坡航空等主流航空公司;能够为包括杰西潘尼、美国中央采购、美联等全球性客人提供长期、稳定、高效、安全的空运服务,是中国著名的空运代理之一。

达升物流依托遍布全球的服务网络,能够提供从中国各口岸进出口至全球各地的海运、空运及多式联运服务,主要包括国际海运代理、国际空运代理、无船承运、拼箱、项目物流、危险品运输、供应链管理解决方案。

海空网是达升物流股份有限公司自主开发运营的一站式物流供应链管理服务平台,依托达升遍布全球的海运、空运物流服务网点和战略合作伙伴,借助互联网信息技术推出的以在线订舱为核心,集运价查询、货物追踪、在线支付、订单融资、新闻资讯、常用工具等功能于一体的新型智慧物流服务平台,致力于推动建立在线物流服务标准化体系,力争打造成为物流领域的亚马逊。

二、海空网平台运行模式

1. 海空网主要功能

海空网基于互联网信息技术,整合物流行业资源,集在线订舱、运价查询、货物追踪、在线支付、订单融资、新闻资讯、常用工具等功能于一体,打造新型智慧物流服务平台,在该平台上实现一站式服务,通过互联网提供物流行业相关信息,包括海运运价、空运运价、船期查询、新闻资讯、常用工具、物流导航、货物追踪、HS 编码查询、物流行业资讯和物流知识、法律法规等,以供物流企业合作,为用户提供诸多便利。用户能够像购买商品一样购买海运物流服务,包括随时查看运价、完成在线下单、结算支付、查看货物运输情况和单据流转情况。海空网电子商务平台不仅改变长期以来海空运行业供方和需方的交易模式,还带来交易双方成本的降低、效率的提升、服务水平的提高,提高行业集中度和标准化水平,促使海空运物流行业从原先的价格竞争、规模竞争升级到服务竞争、体验竞争和整合能力的竞争。

2. 海空网运行模式

海空网以 O2O 商业模式、在线交易并完成独具创新的一站式服务流程,打破了以往的传统电子商务会员收费、信息咨询、线下交易的经营模式,既减小企业风险,又节省了企业不必要的开支,同时避开了与海运领域内其他电商平台的竞争,独领风骚。

在海空网,可以在网上订舱后不用再去跟货代线下讨价还价,而是直接进行在线交易付款。海空网与相关网银合作开通了在线交易功能,与国际快递公司合作,进行全程担保,剩下的事就是收钱这么简单。诚然,如果双方想在线下建立联系,那么平台也不会设定任何门槛,双方可以自由建立各自的客户渠道。

通过海空网,能促进出口企业对海运物流的掌控,促进中小企业的贸易发展;帮助中小企业实现对全球业务的掌控,增强其抵抗各种风险的能力。同时,也使供应链企业的服务能够走得更远更深入,实现对整个物流过程的掌控。

通过海空网,可以让货代更加简洁有效地进行报价以及找到高信誉的货主,平台本身对货代会进行高质量的筛选,也让平台内的货代企业更加精品化、更加优质,海运费信息更加透明,航线栏目专门针对优质货代开发,独家航线代理,价格透明,轻松招揽天下货盘。

海空网电商开启了航运业商业模式的创新之变。以全信息管理为基础,通过网络技术实现一体化运营,实现全信息共享和运输各环节的资源优化配置,从而有效降低海空运贸易上下游企业的运营成本,并将分散化的海运物流需求整合到一个平台,提高行业集中度和运营效率,促进物流服务的标准化,使海运物流行业从压价、低价竞争的怪圈走向注重服务、高效率、低成本的竞争和合作。

三、海空网平台运行特点

海空网平台系统致力于打造中国最具影响力的物流行业电子商务平台,它将电子商务的概念融入传统的物流服务模式中,从而创新了一种新型的网络营销模式。其特点如下:

1. 海空网是一个开放的平台,对世界所有客户开放,任何人可轻松访问该系统并享受服务;其他的物流电子商务系统只提供给行业内的合作伙伴使用,没有账号的用户大多都无法访问。

2. 面对信息的变化,海空网客户只要通过本系统就可以随时随地查询到需要的运价信息。海空网会根据客户账号等级设定权限,VIP 等级越高,可以查询到越多的价格优惠信息。

3. 客户如果被优惠价格吸引,可以在海空网通过在线订舱进行订舱操作,继而在线对单,在线对费也可以在本系统中操作。

4. 客户想要了解相关业务的进度,可以在海空网通过在线货物追溯功能查询到具体的订舱信息、拖车信息、报关信息,以及装船信息,随时随地了解业务的详情。

5. 海空网平台可以将客户账号与内部物流操作系统进行关联,通过平台系统登入账号便可以直接访问到内部物流系统的相关业务数据信息。

四、海空网的核心价值:货代与金融集成的创新服务

海空网以海运、空运物流为基点,发展在线物流交易。平台以在线订舱为核心,可以进行运价信息查询、船期查询、货物追踪、在线支付、订单融资等供应链一站式服务。该平台采用空运、海运订单融资和供应链物流集成服务,这种物流和金融集成服务是基于海空网同时管理三种商业流——物流、信息流、资金流的能力。

海空网作为货代企业集成平台,使货代企业在供应链的运作中扮演了不同的角色,而不同的角色会对供应链产生不同的效果,特别是对那些资金不足的供应链而言。

海空网供应链集成平台的核心就是解决从制造地运送到经销中心的货物运输路径。海空网作为无船承运公司,能够将路线和运输时间选择最大限度多样化,采用门到门、端到端海空运管理能够控制货物,控制供应链,如安排载货车、送货、提供货物保险、管理海运文件、在海空网可见度系统中记录海运大事件供所有人游览等一体化管理,并且这种控制还能够为在途存

货融资。

由于现在货物运输信息广泛分散在整个海运业务网络,而客户需要获得关键运输信息,因此必须要将这些信息汇聚在一起并呈现给客户。海空网可见度系统就能实现这一点。系统提供了计划货物到达相关数据以及估计货物到达时间,客服部工作人员能据此放心地通知客户。三种商业流——物流、信息流、资金流完美地整合到一起,客户通过平台来控制和监管货物,从而实现供应链同步。

为提供订单融资后,该平台就解决了为企业金融服务的问题。一般情况下,如果抵押品是国外存货或在途存货,金融机构都不愿意贷款给企业。但是海空网却愿意提供资金,因为海空网知道货物运输的具体细节,能够处置货物,所以能放心地以这些货物为抵押贷款给企业。这种融资使采购商能够更快付款给供应商,而且能够支付额外订单,解决延期交货问题,确切说即能够在货物装船离开口岸比较短的时间内就清款给供应商。

在传统国际货代业务中,货代企业仅仅是传统的物流服务提供商,它的作用是非常有限的,并且是被动的,并不能给资金不足的供应链创造新的价值。在货代与金融集成的海空网平台中,货代企业与金融机构结成联盟,进行优势互补,共享供应链的信息。这个联盟可以为资金不足的供应链提供物流和金融集成的服务,可以解决供应链资金不足的问题,从而激励生产和采购方实现其本身的最优生产或采购量。显然,在海空网平台中,货代企业可以为受资金约束的供应链创造新的价值。

在海空网中,货代企业的角色是二元的,既是传统的物流服务提供商,又是金融服务提供商。由于货代企业在物流供应链中扮演了双面角色,不仅解决了生产商采购商资金不足的问题,又确保了供应链产品的供应问题,这大大增强了生产商和采购商的热情,使得供应链内部的协作和协调更加紧密。由此,在货代与金融集成平台中,货代企业可能为供应链创造新的价值。事实上,若在平台中参与融资的金融机构仅仅关心自身的投资收益或者资金安全,没有提供一种机制与资金不足的生产商和采购商共享市场的风险,则在这类融资服务中,由于生产商和采购商的市场风险并没有降低,因而供应链的传统问题"双边效应(double marginalization effect)"并没有受任何影响,此时的供应链仍旧是没有效率的。融资服务只可以解决供应链中的资金不足问题,创造新的价值,但是最高的收益永远不会超过传统报童模型下的最高收益。

第五节　结论与启示

一、建立集成创新平台，提升企业竞争力

招财通与大掌柜订舱通完美整合，建设使用 UPG 给予的信用额度进行电子商务担保付款的第三方综合金融服务平台，在产品运营实施中实现资金的运转，业务越来越大，公司迅速发展。海空网基于互联网信息技术，整合物流行业资源，集成了以在线订舱、查询、货物追踪、在线支付、订单融资等功能于一体的新型智慧物流服务平台，在平台上可以实现一站式服务，享有独特的竞争优势。这两家企业最大的共同点就是在进行国际货代业务时，能围绕物流业信息流、资金流和物流三位一体的要求，利用互联网金融、智能物流网等新技术组建自己的经营生态系统，在最大范围内实现企业持续创新和产业创新，提升自身的竞争能力。

货代服务业与国际经济和国际贸易紧密关联，绝大部分的国际贸易都通过货代服务来交互、实现。货代服务业在我国总体上还比较薄弱，企业运营管理水平不高，综合国际竞争力较弱，这直接导致我国货代服务业大而不强的现状。然而招财通和海空网在发展过程中，以现代航运业与信息产业及金融服务业的融合发展，主动地利用现代信息技术等手段去提升服务水平，谋求自身的转型升级，通过智慧货代服务平台的建设，为货代企业提供智慧的信息服务，使货代业这个传统行业插上现代化信息的翅膀，帮助企业在信息互联网时代加快实现转型升级。招财通和海空网坚持以客户为导向的经营思路，通过合作和整合，集聚各方资源，推动航运业、信息技术行业和金融业的融合发展，利用大数据、云计算等技术，不断推出满足企业需求的"智慧货代"产品，使企业的运行更加"智慧"。建立集成的电子商务平台，使货代资源交易更加公开、透明、公平，提高交易效率、降低交易成本，为客户和行业创造价值。

招财通和海空网集成平台，通过平台财务体系和信用保障机制，对国内货主、货代、船公司，结算中心实现款项"一进一出"，发票"一进一出"，提单"一进一出"；针对国外业务，单、费"一进一出"，解决运费支付与提单发放安全问题。通过与货主和船公司形成"三点一线"，减少多重业务和财务环节，与分公司、船公司、货代公司、货主公司形成安全、快捷、省钱的支付结算体

系,在此环节,取得银行的大力支持,继而开展以货代为起点的金融物流运作,实现物流业与现代信息技术、金融业等结合创新的服务业态。

二、推进产业融合,打造新型货代业态

随着"21世纪海上丝绸之路"的建设、国与国之间的互联互通,国际贸易的频繁往来会为国际货代业带来更多的需求,从而进一步促进国际货代业的快速发展。国际货代业是国际贸易、国际运输和实体物流的核心环节,处于咽喉部位。国际货代掌握三大优势——信息流、资金流、业务流,集成这三大流成为国际货代业发展的关键问题。

宁波是海上丝绸之路的发端城市之一,宁波港也是最早对外开放的港口之一,国际货代业务在宁波经济发展中具有重要的影响和作用。因此,建设新型综合货代服务平台,整合航运物流和贸易资源,服务于国内航运物流和国际贸易企业,发展带动航运产业链相关企业转型升级,推动国际航运服务中心建设,为海运业蓬勃发展贡献力量,是宁波货代企业急需重视的现实问题。招财通和海空网的建设和发展,为宁波新型智慧航运服务平台建设竖立了标杆,发挥了领头作用。

新型智慧货代服务平台是一种高端化、融合化的服务平台,同时服务内容的综合化、多元化、跨领域特征突出(涉及金融、物流、服务、信息、科技、人才等等),融合的产业众多,需要软件和信息服务业中的云计算、物联网、大数据、物流仓储服务及金融等产业提供支撑并且相互融合。招财通针对国际货代业务具有需求端的碎片化和供给端的动态化特征,众多小单客户在采购渠道、信息服务上的需求与承运人和订舱代理提供的现有服务之间存在供需不对称以及支付过程延迟和资金压力大的特点,基于供应链金融理论,为从事国际货运代理业务以及订舱业务的企业打造创新的金融服务平台。此平台就是在传统的国际货代业务中,融合金融结算功能,实现以信息为中心的现代物流运作方式。它将复杂的业务操作流程通过程序编辑实现了可视化,将分散的信息集中于网站各大业务板块供客户按需选择,并使客户的被动等待转变为主动推送业务操作信息,同时解决了在线的融资和结算,打通贸易和物流之间的通道,为线上和线下的企业搭建了一个沟通交易的综合平台。

针对中小货代企业小、少、弱、散的现状,规模化、专业化、网络化、物流化是解决问题的主要策略。把现实中的散户集中在一个电子商务平台上,货代行业急需一个这样的电子商务平台来弥补中小货代的不足。海空网货代平台正是基于以上原因应运而生。它基于智慧航运管理理念及云服务等技术,整合物流行业资源,集成了在线订舱、运价查询、货物追踪、在线支付、订单融资等功能,实现一站式服务,其主要思想就是打造一个全新概念的电子商务平台,在资金、运营系统、业务、商圈等和公司发展密切相关的几个方向发展平台建设,更好更快地为中小货代服务。货代企业以电子化、网络化、自动化和集成化为特点,虚拟经营就成为必然的选择。向供应链方向的纵向虚拟经营可以提升企业的综合服务能力,向同行业间的横向虚拟经营可以扩大企业规模,提高效率,降低成本,为其发展提供更好途径。

在竞争日益激烈的货代市场中,海空网没有用传统的扩张方式迅速建立起规模化的网络,而是利用信息技术和产业的融合,基于虚拟信息平台组建虚拟联盟,使中小货代企业在保持个体独立性的前提下,迅速联合起来,形成一支有力量的势力;海空网开发专项国际货代供应链模式,搭建物流商务电子平台,从而更好地服务和支持中小货代企业的发展,打造其核心竞争力。

参考文献

[1] ARMSTRONG M. Competition in two-sided markets[M]. Rand Journal of Economics,2010,37(3):668-691.

[2] ROCHET J C,TIROLE J. Two-sided markets: an overview [R]. Toulouse,2010,51(11):233-260.

[3] EVANS S D. Some empirical aspects of multi-sided platform industries [J]. Review of Network Economics,2003,2(3):191-209..

[4] HAGIU A. Two-sided platforms: product variety and pricing structures [J]. Journal of Economics & Management Strategy,2009,18(4):1011 - 1043.

[5] JEON D S,ROCHET J C. The pricing of academic journals: a two-sided market perspective [J]. American Economic Journal Microeconomics, 2010, 2(2):22-55.

[6] CAILLAUD B,JULLIEN B. Chicken and egg: competition among intermediation service providers[J]. Rand Journal of Economics,2003,34(2): 309-329.

[7] KAISER U,WRIGHT J. Price structure in two-sided markets: evidence from the magazine industry [J]. International Journal of Industrial Organization,2006,24(1):1-28.

[8] BERGH H,KIND H J,REME B A,SORGARD L. Competition between content distributors in two-sided markets[R]. Cesifo Working Paper,2012.

[9] 徐晋,张祥建. 平台经济学初探[J]. 中国工业经济,2006(5):40-47.

[10] 程贵孙,陈宏民,孙武军. 双边市场视角下的平台企业行为研究[J]. 经济理论与经济管理,2006(9):55-60.

[11] 卢强. 操作系统双边平台交叉网络效应实证分析[J]. 求索,2008(5):14-16.

[12] 陈赤平,李艳.基于双边市场理论的 CA 产业定价策略的研究[J].求索,2008(11):23-25.

[13] 尚秀芬,陈宏民. 双边市场特征的企业竞争策略与规制研究综述[M]. 产业经济研究,2014(4):89-94.

[14] 刘启,李明志. 双边市场与平台理论研究综述[J].经济问题,2008(7):17-20.

[15] 崔腾腾.铁路货运代理业向第三方物流转型问题研究[D]. 济南:山东大学,2008.

[16] 汪武芽. 国际货运代理面临的困境与战略转型[J].商业时代,2008(27):28-29.

[17] 许志峰.国际货代向国际物流企业转型战略方案研究[D].上海:上海交通大学,2005.

[18] 叶敬彪. 中国国际货运代理企业发展环境及战略选择[J]. 水运管理,2006,28(1):1-5.

[19] 林豪慧. 货运代理业发展现代综合物流的对策[J].工业工程,2003,6(6):36-39.

[20] 马文君.我国国际货代企业网络渠道模式研究[D].济南:山东大学,2009.

[21] BUZACOTT J A,ZHANG R Q. Inventory management with asset-based financing[J]. Management Science,2004,50(9):1274-1292.

[22] HU Q H,SOBEL M J.Capital structure and inventory management[R]. Working Paper. Cleveland,O. H.:Weatherhead School of Management,Case Western Reserve University,2005.

[23] CHEN X F,WAN G H. The effect of financing on a budget-constrained supply chain under wholesale price contract[J]. Asia Pacific Journal of Operational Research,2011,28(4):457-485.

[24] XU X,BIRGE J R. Operational decisions,capital structure,and manage-

rial compensations: A new vendor perspective[J]. Engineering Economist,2004,53(3):173-196.

[25]Chen X F. Trade credit contract with limited liability[C]. International Conference of System Science, Management Science & System Dynamics, 2007.

[26] BURKART M,ELLINGSEN T. In-kind finance: a theory of trade credit [J]. American Economic Review, 2004,94(3):569-590.

[27] GUPTA D,WANG L. A stochastic inventory model with trade credit [J]. Manufacturing & Service Operations Management,2009,11(1): 4-18.

[28] BABICH V,AYDIN G,BRUNET P Y,KEPPO J,SAIGAL R. Risk, financing and the optimal number of supplier[J]. Socail Science Electronic Publishing,2007:195-240.

[29] Chen X F, Jing B. Financial services and procurement contracts with limited liability[R]. Stern School of Business in New York University.

[30] 罗奇,朱道立,陈伯铭. 第三方物流服务创新、融通仓及其运作模式初探 [J].中国流通经济,2002,16(2):11-14.

[31] 陈祥峰,石代伦,朱道立. 融通仓与物流金融服务创新[J].科技导报, 2005,23(9):30-33.

[32] 李毅学,冯耕中,徐渝. 价格随机波动下存货质押融资业务质押率研究 [J]. 系统工程理论与实践, 2007,27(12):42-48.

[33] 李娟,徐渝,冯耕中,李毅学. 基于存货质押融资业务的阶段贷款最优决策研究[J]. 运筹与管理,2007,16(1):9-13.

[34] 陈祥峰,朱道立. 企业市场占优投资竞争策略研究[J].上海理工大学学报,2007,29(6):571-577.

[35] 朱文贵,朱道立,徐最. 延迟支付方式下的存货质押融资服务定价模型 [J]. 系统工程理论与实践,2007,27(12):1-7.

第九章　杰艾人才网:基于互联网思维打造招聘平台助推经济发展

第一节　引　　言

一、研究背景

平台经济学、管理学、电子商务等相关理论一般认为:求职型平台企业的平台类型主要是开放性平台、纵向平台、观众平台;求职型平台企业的功能是市场制造者;其业务模式是召集双边客户,注重双边客户的利益平衡、规模化和流动性;企业主要是通过服务差异化、平台的排他行为、尽量克服多属现象、关注客户的动态性来体现竞争优势;影响其定价的因素主要有需求价格弹性、盈余由一方创造、网络外部性、多属行为、动态性。

无论是国外还是国内,政府和企业对平台经济及其发展模式越来越重视,国内外以 Facebook、appstore、谷歌、百度、腾讯、淘宝、京东商城、凡客诚品、一号店、阿里巴巴、易讯、易购、库巴、当当、亚马逊、新人才、携程、艺龙、途牛、驴妈妈、去哪儿等为代表的各类新型平台企业纷纷涌现。

国外政府非常重视平台企业的引领作用。德国巴伐利亚州政府于1995年成立巴伐利亚创新与知识转让有限公司,其主要使命是通过构建技术转让平台,实现不同行业和功能领域的合作,开辟新订单、新业务、新市场以及开发新产品和新工艺,从而促进中小企业创新,它每年承办约1000个商业合作,约有10%可以带来创新;比利时弗拉芒地区的技术平台网络汇集了多个具有相关多样化的产业,即机电一体化、电子安全、远程信息处理、微电子技术和纳米技术、生命科学和农业产业;挪威罗加兰-斯塔万格地区的烹饪创新平台包括了农产食品产业发展的所有主体;英国普雷塞利平台旨在推进英国加的夫地区的艺术、食品、陶瓷和纺织品设计。

我国各级政府也非常重视平台经济的发展,上海成立了上海陆家嘴金融区平台研究中心,上海市商务委员会和市委政策研究室还酝酿打造区域平台经济。

宁波平台经济初现端倪,出现了中塑在线、神化化学镍金属交易平台、航运交易所、大宗商品交易所、世界废料网、世贸通、船货网、招财通、杰艾人才网、好尔万家、求职通等多家平台企业。平台企业集中的区域在江东区,2012年,宁波市江东区首次提出"加快发展平台经济"的口号,并将其作为江东下一轮发展的新支点。据《宁波日报》2014年5月4日第1版报道,江东区2014年一季度平台经济突破1200亿元,在新兴业态的引领下,全区现代服务业实现税收17.66亿元,同比增长9.2%,占行业比重达到78.5%,在城市经济中的主导地位进一步凸显。[1]

二、杰艾公司案例的典型性

宁波杰艾人力资源有限公司(杰艾人才网)是求职型平台企业的典型代表,已经形成为企业提供线上线下招聘、猎头、测评和人事派遣的全方位的人力资源服务平台。

总部位于意大利米兰的杰艾集团(Gi Group)是全球领先的人力资源服务供应商,在意大利境内已拥有260家分公司和超过1200个合作伙伴,在短、长期劳务派遣、人才选拔、招聘、劳务外包、入职培训、新职业介绍、猎头服务领域都处于市场领先地位。在中国,杰艾集团与宁波广业人力资源服务有限公司于2008年6月正式合资,成立了宁波杰艾人力资源有限公司,是浙江省首家合资成立的人力资源公司,也是目前宁波最大的几家人力资源公司之一,并且是宁波人力资源协会的倡导者和理事单位之一。同时,宁波杰艾人力资源有限公司是上海市人力资源协会的会员单位。2015年11月杰艾人力登陆新三板挂牌交易。

杰艾人才网的发展对宁波其他产业发展网上交易具有重要的启示意义,通过本案例研究可以分析影响宁波平台经济发展的因素,以及发展平台经济对企业经济发展的作用机制,为宁波平台经济发展提供政策建议。

宁波有众多的产业集群,平台型企业的发展能够带动周边产业,产生商业流、信息流、物流、人流和现金流,形成辐射效应,促进相关产业发展,提升产业竞争力,增强实体经济的活力;通过平台型企业筑巢引凤,能够吸引各种资源的加入,增强实体经济的抗风险能力。通过对宁波杰艾人力资源有限公司(杰艾人才网)的案例分析,可以提炼宁波求职型平台企业成功的典型路径及其管理启示。

三、研究方法及资料收集

(一)研究方法

本文选择理论驱动型单一案例研究的方法。课题组选择杰艾公司这一人力资源服务行业的单一案例进行研究,主要基于案例的典型性和数据的可获得性,通过研究单一案例可以得出有借鉴意义的经验。

(二)资料收集

在资料收集方面,一手资料主要是通过现场深度访谈、问卷调查、电话访谈、现场观察等方式获得;二手资料主要来源于网络和报刊书籍,以"互联网思维"、"平台经济"、"人力资源管理"、"人才招聘"等关键字在中国期刊网、万方数据、谷歌学术等网站上搜索相关的期刊论文和学位论文,在百度上搜索相关的文章,浏览杰艾公司的官方网站和其他网站的报道,还有相关书籍、最新的报纸杂志,以及杰艾公司的资料。

第二节　理论框架

一、互联网思维的相关研究

每个行业、每个人对互联网思维都会有不同的理解。行业发展和企业经营中一旦融入了互联网思维,其对行业的影响可能是颠覆性的,企业亦有可能发展成为行业的领军者。

雷军 2013 年提出互联网思维的七字诀:专注、极致、口碑、快。[2]赵大伟总结出有九大互联网思维:用户思维、简约思维、极致思维、迭代思维、流量思维、社会化思维、大数据思维、平台思维、跨界思维,并以专业的视角全方位解读移动互联网给传统产业带来的变革,涉及战略规划、商业模式设计、品牌建设、产品研发、营销推广、组织转型、文化变革等企业经营价值链条的各个方面。[3]周鸿祎提出互联网思维的 18 字诀:用户至上、体验为王、免费模式、颠覆式微创新。[4]钟殿舟认为互联网思维不仅是一个概念,其背后喷薄而出的是工作、生活、商业的大革新与大机遇,其针对企业如何抓住这个机会,在互联网思维下进行运作,传统企业如何运用互联网思维进行转型升级,提供了系统可操作的全套打法。[5]

二、平台经济的相关研究

徐晋认为平台(platform)可以是一种现实空间,也可以是虚拟空间,它可以导致或促成双方或多方客户之间的交易。平台经济学就是研究平台之间的竞争与垄断情况,强调市场结构的作用,利用交易成本和合约理论,分析不同类型平台的发展模式与竞争机制,并提出相应政策建议的新经济学科。[6][7][8]平台产业典型的是操作系统平台、电信业、银行卡、互联网站、购物中心、媒体广告等,它们涵盖了经济中最重要的产业,已成为引领新经济时代的重要经济体。

（一）国外相关研究

平台经济学的一般理论已经形成,其中 Rochet 和 Tirole,Armstrong 和 Wright,Caillaud 和 Jullien 等作出了关于平台研究的开创性工作。[9][10][11]理论形成的主要标志是 2004 年在法国图卢兹召开的、由法国产业经济研究所(IDEI)和政策研究中心(CEPR)联合主办的双边市场经济学会议。近年来,美国哈佛大学 Andrei Hagiu 等人在平台经济研究方面颇有建树,使平台经济理论由雏形不断走向成熟。

平台经济理论与网络外部性理论相关,它借鉴了网络外部性理论中的以价格结构为研究中心的观点,同时还借鉴"价格结构受市场力量的调节作用要小于受价格杠杆的调节作用"这样的观点。为了进行精确分析,将平台使用费与会员费进行区分,类似于 Evans 以及 Rochet 和 Tirole 对"成员外部性"(当会员增加时,对方市场会员会受益)和"用途外部性"(当互动或交易增加时,每个客户都会受益)的区分。[12][9]最终,用户之间通过交易获得的收益基本上完全通过使用价值得来,而用户对使用价值的判断建立在使用费的多少与外部性的高低的基础上。

（二）国内相关研究

国内近些年也出现了一批研究平台经济的学者,他们在国外研究基础上,结合我国平台产业发展具体情况,对平台及其产业发展模式做了初步解析。徐晋是国内平台经济学理论体系的创始人和奠基者。陈威如、余卓轩解释了平台战略的建构、成长、进化、竞争、覆盖等战略环节。[8]徐晋修订出版《平台经济学》,出版《平台竞争战略》和《平台产业经典案例与解析》,明确提出平台经济学的理论范畴,勾勒出了平台经济学的体系框架,力图进一步完善平台经济学的理论体系。[6][7][13]

（三）研究述评

总体而言,国内外对平台经济的研究,理论体系尚需完善。目前的相关研究只停留在对平台经济局部议题的探讨上,基本处于对平台竞争进行定性描述与静态建模阶段,缺乏定量的深入研究,针对招聘平台的研究更是鲜见。

三、人力资源的相关研究

20世纪50年代末和60年代初,雅各布·明塞尔、西奥多·W. 舒尔茨、加里·S. 贝克尔等人先后研究了人力资本理论,并终于形成、确立了完整的人力资本理论体系。其中,在对人力资本的研究中,以舒尔茨的人力资本理论和贝克尔的人力资本投资理论最具有开创性。

我国关于人力资源管理问题的研究起步较晚,始于20世纪80年代中期。80年代以来,人力资源管理问题一直受到党和政府、学术界以及有关部门的重视。1984年,中国人力资源开发研究会的前身——中国人力资源开发研究中心成立,任务是"组织研究中国人力资源开发问题的理论和政策,探索具有中国特色的人力资源开发和管理体系,开展有关人力资源研究和开发的国际合作,提供咨询服务等"。1988年9月在贵阳召开了"国际劳工组织亚洲人力资源开发网、中国人力资源开发研究中心成立暨首届学术研究会",标志着我国开始有组织地进行人力资源开发与管理研究。其后又举办了人力资源开发理论研究会,对人力资源开发的基本概念、基本思路进行了研讨。

第三节　公司发展历程:基于互联网思维的创新发展

一、起步阶段:单一的发展模式

2000年9月,人力资源市场开始对民营和外资企业开放,派遣、人事代理、猎头、管理咨询等业务顺应时代而出现。在起步阶段,杰艾人才网的发展模式比较单一。杰艾人才网(www. gijob. cn)是宁波杰艾人力资源有限公司的专业招聘服务网站。线上主要是发布一些招聘信息,主要的招聘活动靠人员业务联系在线下完成,线上线下结合并不紧密。

二、迅速发展阶段:线上线下结合模式

2008 年进行公司制改造,宁波广业人力资源有限公司和意大利杰艾集团合资成立宁波杰艾人力资源有限公司(如图 9-1 所示),2010 年成为人力机构国际联盟成员之一,开始了线上线下相结合的运营模式。杰艾人才网是宁波杰艾人力资源有限公司旗下的专业招聘服务网站,它立足长三角地区,为求职者个人提供免费的企业职位招聘信息、满意的职位搜索匹配和个性化的在线职业咨询服务,为企业提供包括线上线下招聘、猎头、测评和人事派遣在内的全方位的人力资源服务。杰艾人才网已开通宁波站、南通站。2009 年,宁波杰艾人力资源有限公司被评为宁波市优秀人才中介服务机构。

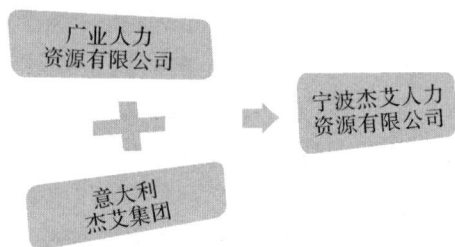

图 9-1　宁波杰艾人力资源有限公司的形成

三、快速发展阶段:基于互联网思维的发展模式

2011 年以后,杰艾人才网进入快速发展阶段。杰艾人才网自宁波站开通以来,因其先进的技术和优质的服务而深受广大宁波企业用户的喜爱,目前已有多家宁波知名及大型企业使用杰艾人才网进行招聘,每天有超过1000 名人才在杰艾人才网进行求职/登记注册,杰艾人才网已成为宁波地区企业网络招聘首选网站。2015 年 11 月,杰艾人力登陆新三板挂牌交易。

杰艾人才网立足长三角,面向全中国,希望通过不懈的努力,成为互联网时代人才供求领域的领跑者。杰艾人才网积极探索和尝试,找到有效的、可行的方案,保证岗位信息的真实,并且承诺绝不将求职者的个人信息用于其他商业运作。杰艾人才网注重用户体验,对每一位客户的意见和建议进行慎重分析,不断满足客户的需求,打造最可信赖的互联网招聘平台。

如今,杰艾人才网在劳务派遣、生产线外包、猎头、招聘、海外人才引进等领域均处于世界领先地位。其业务涉及劳务派遣、人事代理、薪酬外包、生产线外包、招聘服务、猎头服务、海外人才引进服务。杰艾集团(中国)自

2008 年合资后实现迅速扩张,到目前为止已在北京、香港、苏州、杭州、南京、南通、无锡、郑州、兰州、太原等地开设了 20 多家分公司;在上海、苏州等地开设子公司及分支机构 5 家,并仍在不断的扩张之中。杰艾公司致力于为客户提供全方位的人力资源解决方案,以满足不同企业的雇佣要求。

目前,杰艾人才网合作单位已有上千家,其中制造业 300 余家、纺织业 36 家,如宁波菱茂光电有限公司、奇美电子、三花控股、浙江英博啤酒有限公司、顺丰速运等。杰艾公司致力于为客户提供全方位的人力资源解决方案,以满足不同企业的雇佣要求。从劳务外包到人事代理,杰艾公司都能及时为客户提供个性化的人力资源服务。杰艾人才网的服务,让其跻身于一流服务机构的行列,多家新闻媒体争相报道杰艾人才网的先进理念以及骄人业绩。

在宁波天使投资行业,杰艾人才网独创的"人才+资本+互联网"创业投资生态链,让伯乐遇马天使投资有限公司在短短四五年里迅速崛起,在高风险的天使投资行业获得了高回报。其创始人翁哲锋有自己的定位——只投自己懂的行业。借助长期从事人力资源服务的优势,伯乐遇马倡导"人才+资本"的投资理念,将人力资源的专业服务融合到天使投资中,探索出一条天使投资的差异化道路。新途海创是一家专为出入境人员提供打包服务的企业。在伯乐遇马的帮助下,公司于 2015 年 6 月完成了天使轮融资,估值 3000 万元,目前公司正完善产品线,提升服务流程,开始面向全国发展。新途海创于 2014 年从无到有,伯乐遇马在团队搭建、人力资源、业务资源、投融资服务等各方面提供支持和帮助,仅用了几个月时间,将其扶上发展的快车道。正是基于这个理念,伯乐遇马顺应时代大势持续创新,于 2014 年 8 月创立了华东首个基于互联网的投融资平台"伯乐合投",该平台试行"领投+跟投"的模式,在控制风险的同时,更好地帮助创业者成长。

作为全球核心的人力资源供应商,杰艾人才网通过服务,致力于为劳动力市场的革新以及个人和社会的价值教育贡献力量。

第四节　案例讨论：互联网思维引领企业发展

一、宏观环境与行业现状分析

（一）宏观环境

一方面，中国经济处于转型发展期，对人才的需求持续升温，特别是对高技能人才的需求；另一方面，中国经济从 2010 年开始已出现了 GDP 增速逐年下滑的情况，2013 年、2014 年人力资源领域更是新政频出，加之用工成本逐年上涨，适龄工作人口比例高峰已见顶，人口红利时代已远去。人力资源服务公司面临着巨大的机遇与挑战，有必要借助互联网思维为自己开辟另一个蓝海市场。

（二）宁波人力资源服务行业现状

宁波市人力资源服务产业链条日益完善，已经形成包括人力资源招聘、劳务派遣、人力资源培训、人才测评、人力资源外包、高级人才寻访（猎头）及人力资源管理咨询等在内的产业体系。2014 年，全市人力资源服务机构服务用人单位数为 19 万家次，发布岗位信息 75 万条，服务人才就业创业 327 万人次，为企事业单位成功引荐各类人才 9 万余人次，约占当年宁波市人才引进总量的 46％；举办人才招聘会 1924 场，提供招聘岗位 84 万个，为 25307 家企业提供劳务派遣服务，为 2098 家企业提供人力资源外包服务，向 3709 人提供人才测评服务，向 3086 人提供猎头服务。

在政府、社会的共同推动下，人力资源服务业在人才配置上的市场决定性作用逐步显现，市场化企业培育机制初见成效。

从人力资源服务企业的规模看，截至 2014 年年底，宁波市产值超过 1 亿元的机构有 11 家，总产值合计达到 45 亿元，占整个行业的 4 成多。宁波市还通过整合资源，创新发展模式，成立了人力资本投资控股有限公司，注册资金 1500 万元，投资运营高端人力资源服务机构孵化基地，用市场化的机制引进国内外人力资源服务高端机构和项目。孵化基地于 2014 年 5 月落成投入使用，提供免费拎包入驻一站式服务，重点吸引国际人力资源服务巨头来宁波试水，目前已与 9 家国内外知名机构达成入驻协议。

在过去几年内，位于江东的浙江（宁波）人力资源服务产业园区的发展，成了宁波市人力资源服务行业规模迅速增长的缩影。据统计，截至 2015 年

9月,市经行政许可的人力资源服务机构722家(含民办职业培训机构和劳务派遣机构),从业人数超过1万人,总资产超过9亿元。全市人力资源服务业年营业总收入约100亿元,利税超过1亿元。全市人力资源服务机构中,民营机构占总数的90%以上;近3年时间,机构数量、从业人数、产值利税年均增长30%以上。[14]

(三)政府的大力支持与人力资源新政

宁波市政府积极鼓励平台经济的发展,2012年,宁波市江东区首次提出"加快发展平台经济"的口号,并将其作为江东下一轮发展的新支点。招聘平台是平台经济的重要组成部分,同时人力资源服务行业也是政府鼓励发展的产业。

为了加快人力资源服务业的发展,各地政府为其专项提供招商引资、落地服务、后期保障、扶持发展等服务,搭建政策集成、管理集约、服务集中的综合管理服务平台,全力助推人力资源服务业做大做强。

2015年5月宁波市出台人才发展新政25条,列出专门条款,对人力资源服务企业推荐引进领军及以上人才的给予一定奖励。同时,更多的利好政策箭在弦上,包括:每年安排专项资金用于支持人力资源服务业发展;建立产业发展基金,探索资本融合路径,积极吸引民间资本投资宁波市人力资源服务业;引进国内外高端人力资源服务机构和项目;鼓励支持人力资源服务业态和产品创新;研究制订人力资源服务业人才培养引进计划,探索通过政府适当资助的方式,培养宁波市人力资源服务骨干精英队伍;等等。

另一方面,占行业收入70%以上的劳务派遣业务在2014年面临巨大的考验。2013年7月1日,《全国人民代表大会常务委员会关于修改〈中华人民共和国劳动合同法〉的决定》出台,提高了劳务派遣的公司准入条件,并对劳务派遣的"三性"进行了明确界定;2014年3月1日,《劳动派遣暂行规定》出台,其中第四条规定:"用工单位应当严格控制劳务派遣用工数量,使用的被派遣劳动者数量不得超过其用工总量10%。"这些规定一定程度上会影响人力资源企业包括招聘平台的业务量。

(四)巨大的市场需求与激烈的竞争

随着经济的不断发展,特别是民营企业在转型升级,企业对人才的需求也不断发展,对高技能人才的需求尤其旺盛,求职招聘类平台企业有广阔的发展空间。

同时我们也看到,宁波发展求职型平台企业也存在一定的障碍。

1. 人力资源供给不足

各地都在大力发展经济,一些员工回乡就业、回乡创业,加之适龄工作人口比例高峰已见顶,90后外来务工青年不愿意从事制造业等方面的原因造成企业招工难,特别是高技能人才短缺。

2. 与全国性大型招聘网站的竞争

全国性大型招聘网站纷纷在宁波建立分公司,如无忧工作网。这些网站品牌知名度比较高,在全国各地有较多的网点,有规模优势。

3. 产品的差异化不明显加剧竞争

现阶段中国的人力资源服务行业,服务产品已达20多种,产品虽多,但各公司提供的服务雷同性较大,各项业务的竞争呈白热化,市场早已从"蓝海"变成了"红海"。各种各样的人力资源机构众多,市场鱼龙混杂,以前并没有一个标准来约束,自新劳动法和劳务派遣准入制度出台以来,这种情况得到了一定的改善。

4. 客户的多属性和动态性

客户往往有多重选择。客户常常选择多家人力资源公司或网站进行合作。同时,在市场营销时,不同的企业也会有不同的要求,有些对劳务派遣、生产线外包等概念不是很了解,不接受这种新型用工模式。

5. 用工企业对平台企业要求不断提高

用工企业对招工的时效性、用工的低离职率及其他用工风险有一定的要求,进而对平台企业要求不断提高,特别是对高技能人才的要求也在不断提高。

二、运用互联网思维打造企业发展模式

赵大伟认为,互联网思维是在(移动)互联网、大数据、云计算等科技不断发展的背景下,对市场、用户、产品、企业价值链乃至对整个商业生态进行重新审视的思考方式。[3]这里借助他所述的九种思维方式——用户思维、简约思维、极致思维、迭代思维、流量思维、社会化思维、大数据思维、平台思维、跨界思维,对杰艾人才网的发展模式进行分析。

(一)用户思维

用户思维,是指在价值链各个环节中都要"以用户为中心"去考虑问题。作为人力资源公司,必须从整个价值链的各个环节,建立起"以用户为中心"的企业文化,只有深度理解用户才能生存。没有认同,就没有合同。

杰艾人才网处处为客户考虑,作为求职平台,它牢牢抓住求职者,为他们提供海量的免费信息。针对企业客户,按需定制,杰艾人才网提供满足企业个性化需求的人才,如为很多民营企业定制高技能人才。好的用户体验应该从细节开始,贯穿于每一个细节,能够让用户有所感知,并且这种感知要超出用户预期,给用户带来惊喜,贯穿品牌与用户沟通的整个过程。杰艾人才网采用线上线下结合的方式,让求职者和招聘单位有较好的体验和感知。

(二)简约思维

互联网时代,信息爆炸,用户的耐心越来越不足,所以,必须在短时间内抓住用户。大道至简,越简单的东西越容易传播,也越是难做。专注才有力量,才能做到极致。尤其在创业时期,做不到专注,就没有可能生存下去。

杰艾人才网对于求职者和招聘方来说并没有很复杂的流程,求职者既可以上网查看,也可以实地参加招聘。

(三)极致思维

极致思维,就是把产品、服务和用户体验做到极致,超越用户预期,用极限思维打造极致的产品。方法论有三条:第一,"需求要抓得准"(痛点、痒点或兴奋点);第二,"自己要逼得狠"(做到自己能力的极限);第三,"管理要盯得紧"(得产品经理得天下)。一切产业皆媒体,在这个社会化媒体时代,好产品自然会形成口碑传播。把产品做到极致,超越用户想象。

从劳务外包到人事代理,杰艾人才网都能及时为客户提供个性化的人力资源服务(如图9-2所示)。杰艾人才网的服务,让其跻身于一流服务机构的行列,多家新闻媒体争相报道杰艾人才网的先进理念以及骄人业绩。杰艾人才网努力贯彻杰艾"Your job our work"的工作理念,再加上杰艾本身有其他人力资源公司不具备的工作系统,以及在饮料、速递等行业长期的服务经验。

图 9-2 杰艾人才网的客户

(四)迭代思维

"敏捷开发"是互联网产品开发的典型方法论,是一种以人为核心、迭代、循序渐进的开发方法,允许有所不足,不断试错,在持续迭代中完善产品。这里面有两个点,一个"微",一个"快"。"微",要从细微的用户需求入手,贴近用户心理,在用户参与和反馈中逐步改进。只有快速地对消费者需求做出反应,产品才更容易贴近消费者。这里的迭代思维对传统企业而言,更侧重在迭代的意识,意味着我们必须及时乃至实时关注消费者需求,把握消费者需求的变化。

杰艾人才网的产品贴近企业和求职者的需求,线上和线下相结合,再结合国外产品和国内实际情况,推出具有中国特色的模式。杰艾集团有独立的招聘团队,负责省内省外,包括社会、学校等渠道的开拓和招聘,目前运营情况良好。杰艾最大的优势是国际化的品牌、国际化的服务标准以及在派遣、外包等领域的先进理念和服务经验。合资能让国外先进的人力资源服务产品在中国团队的参与下更快更好地融入中国市场,国际和本土能更好地进行对接。

(五)流量思维

流量意味着体量,体量意味着分量。"目光聚集之处,金钱必将追随",流量即金钱,流量即入口,流量的价值不必多言。

杰艾人才网用免费策略极力争取求职者、锁定求职者。

(六)社会化思维

社会化商业的核心是网,公司面对的客户以网状分布存在,这将改变企业生产、销售、营销等整个形态。

杰艾人才网是一个市场制造者,其为招聘企业解决了招工难、留人难的问题,不仅能为企业招聘,也能为企业提供专业的人力资源服务,帮助企业留住人才,最终形成品牌效应。

(七)大数据思维

大数据思维,是指对大数据的认识,对企业资产、关键竞争要素的理解。用户在网络上一般会产生信息、行为、关系三个层面的数据,这些数据的沉淀,有助于企业进行预测和决策。一切皆可被数据化,企业必须构建自己的大数据平台,小企业也要充分利用大数据。在互联网和大数据时代,企业的营销策略应该针对个性化用户做精准营销。

杰艾人才网上线后，打通了线下人才市场和线上的会员账号，在线下人才市场铺设免费 Wi-Fi。当一位已注册账号的客人进入线下人才市场，他的手机连接上 Wi-Fi，他便可以快速查阅信息。这方便了线上线下的沟通。

（八）平台思维

互联网的平台思维就是开放、共享、共赢的思维。平台模式最有可能成就产业巨头。全球最大的 100 家企业里，有 60 家企业的主要收入来自平台商业模式，包括苹果、谷歌等。平台模式的精髓，在于打造一个多主体共赢互利的生态圈。将来的平台之争，一定是生态圈之间的竞争。百度、阿里、腾讯三大国内互联网巨头围绕搜索、电商、社交各自构筑了强大的产业生态，后来者其实是很难撼动的。

杰艾人才网的平台类型是开放性平台、纵向平台、观众平台。杰艾人才网对所有的求职者和招聘单位开放，促进卖家和买家达成交易，其角色是一个观众制造者。

（九）跨界思维

随着互联网和新科技的发展，很多产业的边界变得模糊，互联网企业的触角已无孔不入，如零售、图书、金融、电信、娱乐、交通、媒体等等。这些互联网企业，为什么能够参与乃至赢得跨界竞争？答案就是：用户！他们一方面掌握用户数据，另一方面又具备用户思维，自然能够"携用户以令市场"。阿里巴巴、腾讯相继申办银行，小米做手机、做电视，都是这样的道理。未来十年，是中国商业领域大规模发展的时期，一旦用户的生活方式发生根本性的变化，来不及变革的企业，必定遭遇困境。企业要用互联网思维，大胆创新。未来一个真正厉害的企业，一定是手握用户和数据资源，敢于跨界创新的组织。李彦宏指出："互联网产业最大的机会在于发挥自身的网络优势、技术优势、管理优势等，去提升、改造线下的传统产业，改变原有的产业发展节奏、建立起新的游戏规则。"

杰艾人才网也顺应时代的发展，在教育培训、风险投资、股权投资等领域跨界发展。其发展职业教育培训可以更好地为企业提供人才，利用大数据和关系网络开展风险投资、股权投资，又可以进一步拉近与客户的距离，这对杰艾人才网的发展壮大有极大的推动作用。

杰艾人才网从一家小规模的民营企业，经历了十几年的发展转型，走到了今天，即将成为中国首家合资并挂牌新三板的人力资源公司。市场的转变及政策的影响，使传统的人力资源产业不得不面临着转型升级的压力。

正是在这种情况下，杰艾想到了运用资本的力量，创办了伯乐遇马天使投资公司，运用人力资源的国际国内优势基础，寻找人力资源产业链上下游的新技术、新产品，借助资本的力量，丰富人力资源产业链布局，助力传统人力资源公司转型升级。同时，为了更好地帮助创业企业完成融资，其创办了"伯乐合投"投融资平台，助力创业企业实现筹钱、筹智、筹资源的发展目标。而伯乐遇马天使投资通过一整套完善的投后服务体系，将人力、资本以及互联网金融完美融合，形成了一个以扶持初创企业、共赢伟大事业为使命的投融资生态体系。

今天看一个产业有没有潜力，就看它离互联网有多远。能够真正用互联网思维重构的企业，才可能真正赢得未来。美图秀秀蔡文胜说：未来属于那些传统产业里懂互联网的人，而不是那些懂互联网但不懂传统产业的人。金山网络傅盛说：产业机会属于敢于用互联网向传统行业发起进攻的互联网人。未来一定是属于既能深刻理解传统商业的本质，也具有互联网思维的人。不管你来自传统行业还是互联网领域，未来一定属于这种O2O"两栖人才"。

第五节　结论与启示

在互联网时代，我们要运用互联网思维助力人力资源招聘平台的发展，直面现阶段政策及经济形势的考验，抓住市场机会。

一、"人才＋资本＋互联网"的创新模式

杰艾人才网秉承"人才＋资本＋互联网"的特有理念，依托杰艾人力资源、伯乐遇马天使投资、伯乐合投投融资平台三大基柱，以扶持初创企业、共赢伟大事业为使命，搭建完整的投融资生态体系。杰艾人才网运用人力资源的国际国内优势基础，寻找人力资源产业链上下游的新技术、新产品，借助资本的力量，丰富人力资源产业链布局，助力传统人力资源公司转型升级，伯乐遇马积极联合行业知名企业家（如教育领域的领军企业家吉博教育集团曾步辉），共同设立产业基金的产业生态投资探索之路。

杰艾人才网2010年创立了宁波市第一家天使投资机构——伯乐遇马天使投资有限公司，这是一家聚焦于现代服务业的天使投资服务机构。伯乐遇马天使投资不仅时刻致力于发掘有能力的团队和个人以帮助他们实现

创业之梦,还开创了与先前的投资公司不同的投资模式:资本＋人才,资源＋平台。伯乐遇马天使投资依托于杰艾集团国外资本和杰艾集团人力资源作为行业领军企业的专业从业背景,不但可以帮助企业获得早期投资,更重要的是提供企业初期发展所需要的低成本高质量的人才引进服务,发展中期企业所需要的人才培训服务,以及适合企业发展不同时期的企业管控体系(包括预算管控、人力管控等),同时为初创企业提供人力、法务、财务、综合行政、战略咨询、创业家提升等一整套完善的创业服务,通过庞大的资源共享体系,为创业企业搭建广泛的交易平台,从而催生出一大批优质的企业。其目前已经投资近 20 家初创企业。

二、利用大数据

"大数据"主要是指运用互联网及移动互联网产生的庞大信息,通过云计算等手段,快速而准确地获得有价值的客户需求信息,以及满足这些需求的途径。互联网思维改变了行动的逻辑,由于有大数据的支持,企业的发展会得到更多的机会。

三、线上线下相结合

以线上线下交互的模式,跨越时空的局限,人力资源"猎头"直接和高端人才实现了点对点的精准对接——2014 年 9 月,在镇海区人才科技周人力资源服务平台创新发展主题活动现场,O2O 的虚拟招聘模式吸引了众多与会者的目光。来自全国的 40 余家知名猎头和人力资源公司已入驻该网上虚拟产业园。要改变传统的招聘、人力资源管理的模式,开放面对政府、企业的平台咨询服务,改变了咨询行业完全是面对面进行咨询的传统模式,通过将组织测评及初步诊断等服务放到互联网上,实现了远程咨询及企业自我初步诊断,不仅便捷了咨询工作,更改善了传统咨询周期长、人工成本高等弊端。

四、拓展平台功能

全球 500 强前 10 名中有 6 个是平台型企业;中国 500 强企业前 40 名中,利润最丰厚的也是平台企业,例如我们熟知的百度、腾讯、阿里巴巴。要将平台的功能由人才招聘向培训、咨询、投资等领域发展,实现跨界经营。

五、开发基于"移动互联网"的掌上人才市场

智能手机将终端从电脑转移到了手机,大大便捷了人们对互联网的使用,数字化时代的来临在很大程度上是由智能手机促动的。在要逐步推出

的移动掌上人才市场平台上,个人的简历表现方式由现有的一维(文字)变为三维(文字+视频声音+影像),将个人信息的真实度平均提高50%以上;移动端视频简历录制,简单方便且迎合了新生代的习惯与喜好,相信必定会对传统招聘模式产生颠覆性的影响。

六、促进求职型平台企业服务地方经济

人力资源服务业具有技术含量高、成长性高和辐射带动作用强等特点,关系各类劳动者就业创业和职业发展,关系企事业单位的人力资源管理和创新能力提升,是我国重点发展的生产性服务业。新常态下实现经济转型发展,企业是核心,人才是关键。人力资源服务业作为发挥市场"有形之手"作用,为企业提供人才引进、培养等一系列人才服务的主体,就显得愈发重要。政府要积极引导求职型平台企业建立地方总部,促进求职型平台企业适应地方经济的发展,要营造求职型平台企业的公平竞争环境,在财政上支持求职型平台企业的发展,完善政府对平台型企业的服务机制。

打造拥有互联网思维的招聘平台,体现在企业的每一个组织、管理的每一个层面。互联网思维倡导的用户至上原则,要求企业根据客户需求来提供产品和服务,并让消费者参与到产品的设计和传播中来。作为平台企业,要借助新技术、新思维来紧紧地抓住并切中平台多方的需求,助推地方经济的发展。

参考文献

[1] 朱宇,等.江东业态创新提升资源配置能力 一季度平台经济突破1200亿元[N].宁波日报,2014-05-04(A1).

[2] 新浪科技.雷军谈互联网创业七字诀和"群众路线"[EB/OL].[2013-05-11].http://tech.sina.com.cn/i/2013-05-11/10318329708.shtml.

[3] 赵大伟.互联网思维:独孤九剑[M].北京:机械工业出版社,2014.

[4] 周鸿祎.周鸿祎自述:我的互联网方法论[M].北京:中信出版社,2014.

[5] 钟殿舟.互联网思维:工作、生活、商业的大革新[M].北京:企业管理出版社,2014.

[6] 徐晋.平台竞争战略[M].上海:上海交通大学出版社,2013.

[7] 徐晋.平台产业经典案例与解析[M].上海:上海交通大学出版社,2012.

[8] 陈威如,余卓轩.平台战略:正在席卷全球的商业模式革命[M].北京:中信出版社,2013.

[9] ROCHET J C，TIROLE J. Platform competition in two-sided markets [J]. Journal of the European Economic Association，2003，1（4）：990-1029.

[10] ARMSTRONG M，WRIGHT J. Two-sided markets with multihoming and exclusive dealing[J]. Idei Working Paper，2004.

[11] CAILLAUD B，JULLIEN B. Chicken and egg：competition among inter-mediation service providers[J]. Rand Journal of Economics,2003,34(2)：309-329.

[12] EVANS S D. Some Empirical aspects of multi-sided platform industries [J]. Review of Network Economics，2003，2(3):191-209.

[13] 徐晋.平台经济学(修订版)[M].上海:上海交通大学出版社,2013.

[14] 黄合,等.巧觅良才促转型——宁波人力资源服务业发展掠影[N].宁波日报,2015-09-28(A8).

第十章　中国羊绒衫网：B2B2C 网络营销打造交易平台

第一节　引　言

一、研究背景

20世纪90年代以来，随着互联网应用的日益普及，以及通信技术的快速发展，互联网为人们快速、方便的信息沟通提供了良好的平台；同时，电子商务产业开始逐步走向繁荣，而基于电子商务的网络营销以其快捷、方便、互动等特点成为独立于传统营销模式的一种全新的营销模式，并且大有成为主流的趋势。随着信息化时代的到来，我国网络普及率和网络用户的规模也在飞速发展。艾瑞公司统计数据显示，由于网络购物商品服务质量的提高和网络购物市场的规范化，网络购物规模稳步增长。2013年，我国网络购物市场交易规模达到18500亿元，较2012年增长42%，我国网络购物交易规模占社会消费品零售总额的比重达到7.8%。未来几年，中国网络购物市场整体还将保持相对较快增长，预计到2017年，中国网络购物市场交易规模将超40000亿元（如图10-1所示）。

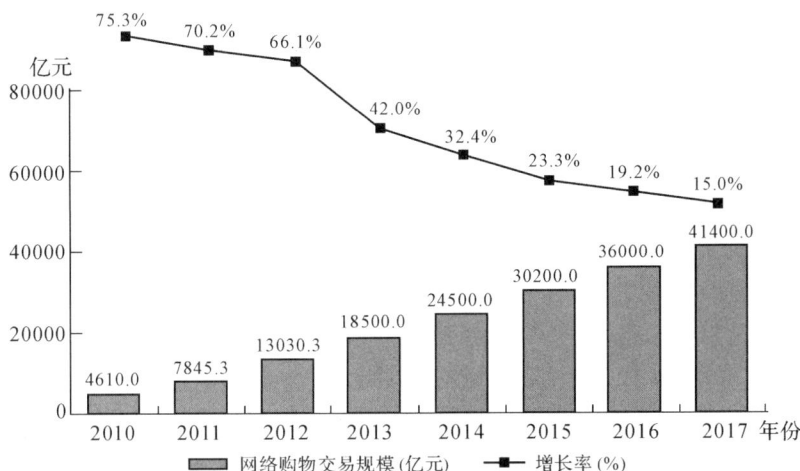

图 10-1　2010—2017 年中国网络购物市场交易规模

从图 10-1 中，我们可以看出电子商务市场规模非常巨大。潜力巨大的电子商务市场引发无数企业竞相角逐，许多电子商务企业应运而生。1999年，阿里巴巴创办并运营 B2B 电子商务平台，业务覆盖零售和批发贸易及云计算等，向消费者、商家及其他参与者提供技术和服务，多次被美国权威财经杂志《福布斯》评为全球最佳综合类 B2B 网站。[1] 2003 年，淘宝网 C2C 服务购物网站成立；紧接着，2005 年，PPG"无店面、无仓储、无工厂"的服装互联网销售模式确立。[2]

电子商务的发展基本分为三种模式：B2B、B2C 以及 C2C 模式。B2C 在我国发展较晚，然而潜力巨大。B2C 企业如雨后春笋般出现，各种网上商城也骤然兴起，如京东商城、红孩子、乐淘、卓越、当当网等。传统企业也看到了 B2C 隐藏的巨大商机，纷纷转向该领域，如国美网上商城、苏宁易购等。然而我国电子商务的整体模式尚未建立，缺乏创新。B2C 企业的竞争方式雷同，经营方法单一。[3] 中国羊绒衫网于 2007 年独创的 B2B2C 网络营销"一、二、三、四"模式，是对 B2B、B2C、C2C 模式的改进，因其高效快捷、节省成本、个性定制而深受羊绒衫消费者的欢迎。

二、中国羊绒衫网案例的典型性

位于宁波北仑的宁波阿华洛网络科技有限公司（简称阿华洛公司）成立于 2007 年 12 月，由有 15 年生产历史的传统企业经信息化转型而来，旗下有中国羊绒衫网、羊绒衫定做全国连锁等多条网络经营战线。经过几年运营，由传统产供销一体化经营向网络运营全面转型,以让消费者买得起货真价实的羊绒衫为企业使命,为羊绒衫生产厂家、商家、消费者等提供线上线下综合服务。

(一)运用 B2B2C 网络营销模式

所谓 B2B2C 是一种新的网络销售方式,是英文"business to business to customer"的简称。第一个 B 指广义的卖方(即成品、半成品、材料提供商等),这里指各中国羊绒衫生产厂家即各品牌商;第二个 B 指交易平台,即提供卖方与买方的联系平台,同时提供优质的附加服务的渠道机构,拥有客户管理、信息反馈、数据库管理、决策支持等功能的服务平台,这里指中国羊绒衫网;C 即指买方,指通过中国羊绒衫网购买羊绒产品的消费者。B2B2C 最大的特点就是"复合",它是对 B2B、B2C、C2C 三种模式的整合,更加综合化,可以提供更优质的服务。中国羊绒衫网(www. chinayrs. com)是目前中国羊绒衫行业最大最专业的行业交易门户,羊绒衫网络销量全国领先。

(二)整合各类羊绒衫品牌线上线下同时运营

借鉴 PPG 经验,创立 B2B2C 网络运营模式,实现线上线下互动发展,即"网络直销、货到付款;量体定做、全国连锁";成功整合了帕罗、雪莲、金丽杉、鄂尔多斯、皮尔卡丹、金利来等国际羊绒衫一线品牌以及鹿王、米皇、珍贝、恒源祥等业内众多著名品牌在网上直销,市场目标消费群体集中而明晰,网络销量行业内遥遥领先,网站知名度行业内排名第一。

(三)为中小企业提供信息化服务

将运营流程固化成了销售信息化系统软件,并通过自身的经验积累了一整套电子商务运营人才培训方案及教材,以扶持更多的传统企业转型;阿华洛公司将用几年时间,把这一模式应用到其他行业,建立起行业网站总部聚合平台。

(四)独创阿华洛网络营销模式

通过实际开发运营和管理运营,公司独创阿华洛模式——销售信息化公共服务平台,提出了一大创新理念即"一、二、三、四"模式:一个(互联网)平台、二条(线上、线下)战线、三大(互联网、人脉网、连锁网)渠道、四类(公司内部、厂家、商家、消费者)管理服务。2008 年,中国羊绒衫网 CEO 王臣达荣膺 2008 年度宁波十佳营销精英奖。2014 年度统计数据显示,中国羊绒衫网的营业额达 3000 多万元,已发展免费会员 30000 多名,日 IP 访问量 7200

多次,日页面访问量 20000 多次。

三、中国羊绒衫网案例研究的意义

宁波电子商务企业众多,值得研究的问题有很多,对中国羊绒衫网案例进行研究具有重要意义。

(一)探讨传统制造型企业向信息化转型之路

中国羊绒衫网所运作的新型的 B2B2C 网站模式,即前期通过 B2B 打造国内领先的羊绒衫行业门户网站、主流网络媒体,后期通过打造的行业网站品牌转向 B2C 模式,结合传统企业,建立网上商城,打造羊绒衫品牌。中国羊绒衫网是羊绒衫生产企业发布供求信息、羊绒衫企业与客户对接的一个商务平台。网站现阶段主要栏目有网上商城、供求信息、新闻资讯、行业展会、品牌推荐、企业库、招商代理、人才招聘、行业百科等。目前,中国羊绒衫网已成为国内羊绒衫行业最大、最专业的交易门户,每年的营业额稳中有升。阿华洛公司运营七年,努力打造中国羊绒衫网,为广大厂家、商家、消费者提供一流的羊绒品牌零售、批发、定制、咨询业务。2012 中国电子商务投融资高峰论坛中,中国羊绒衫网以自己独特的运营模式,被评为中国电子商务最具投资价值运营服务商。

(二)研究中小电子商务企业持续发展之道

中国羊绒衫网在为企业产品进行国际推广的同时,也在打造全新的 B2B2C 在线商城,做到订单零售一体化,产品市场扩大化,为企业提供推广服务的同时,为企业的品牌建设提供支持,保证其可持续发展。中国羊绒衫网作为宁波众多行业网站的一个先锋代表,在互联网领域的有益探索为宁波乃至中国传统企业及区域产业的转型升级提供了商业模式参考,这对于企业利用互联网整合资源,促使传统企业深入地进行信息化转型,更高效地利用互联网降低成本、提高效率,从而加快区域产业结构的调整,促进经济增长方式的转变、增长质量的提高和区域经济竞争力的提升,把电子商务发展成为宁波新的经济增长点和推动现代服务业的重要举措,促进经济社会的持续快速健康发展,等等,都具有十分重要的意义。

四、案例研究方法与资料收集

为使案例研究能够更加深入,增加其信度和效度,本研究通过现场访谈、网络资料收集、公司宣传资料以及公司内部资料与数据收集等多种渠道尽可能获得客观准确的数据信息。本研究是以一手资料和二手资料相结合的方法展开研究。一手资料主要是结合公司高层访谈、问题整合,以 QQ 在线交流、邮件询问、打电话询问、多次面访的方式获取。二手资料主要通过期刊网、新闻报道、中国羊绒衫网站等进行信息收集。由于从 2009 年开始课题组就对案例持续关注,在 2014 年 4—6 月间,课题组成员再次集中对中国羊绒衫网高层进行了访问,多次进行了电话与 QQ 沟通。另外,课题组成员对中国羊绒衫网相关企业进行了调查访问,以更全面地了解中国羊绒衫网的整体发展情况。2014 年 8 月,课题组与阿华洛公司再次进行了沟通,核实某些细节问题,以完善本研究。

第二节 理论框架

一、网络营销理论与电子商务模式的研究

尽管网络营销的发展十分迅速,但网络营销目前并没有统一的定义,与许多新型学科一样,由于研究人员对网络营销的研究角度不同,对网络营销的理解和认识也有较大差异。一般认为,网络营销就是以互联网为基础,利用信息数字化和网络媒体的交互性实现营销目标而进行的能够有效促成个人和企业、企业和企业等之间交易活动的一种新型的市场营销方式,是在网络通信技术以及计算机各种软硬件技术的互动发展中逐步产生,并随着互联网的广泛应用而迅速发展起来的一种全新的商业模式。[4][5]

在网络营销产生之后,网络营销理论受到理论和实务界的高度重视,目前国内外学者正在努力构建完善的网络营销理论体系。网络营销的营销本质决定了其相关理论与传统营销理论具有重要的联系,传统的营销理论应该作为网络营销理论的基础。目前的网络营销研究中,有几个重要理论值得重视:网络整合营销理论、网络直复营销理论、4C 营销理论等。

(一)网络营销理论

1. 网络整合营销理论

网络整合营销是在一段时间内,营销机构以消费者为核心重组企业和市场行为,综合协调使用以互联网渠道为主的各种传播方式,以统一的目标和形象,传播连续、一致的企业或产品信息,实现与消费者的双向沟通,迅速树立品牌形象,建立产品与消费者的长期密切关系,更有效地达到品牌传播和产品行销的目的。[6]

网络整合营销理论糅合了传统营销理论中占中心地位的 4P 理论，包括产品策略（product）、定价策略（price）、渠道策略（place）、促销策略（promotion）（简称 4P），[7]而逐渐转向以 4C 理论为基础和前提，包括顾客策略（customer）、成本策略（cost）、沟通策略（communication）、便捷策略（convenience）理论（简称 4C）。[8]传统的 4P 理论的基本出发点是企业的利益，而没有把顾客的需求放到与企业的利益同等重要的位置上，它指导的营销决策是单向的。然而网络营销需要企业同时考虑顾客需求和企业利益。企业关于 4P 的每一个决策都应该给顾客带来价值，否则这个决策即使能达到利益最大化的目的也没有任何用处。但反过来讲，企业如果从与 4P 对应的 4C 出发（而不是从利益最大化出发），在此前提下寻找能实现企业利益最大化的营销决策，则可能同时达到利益最大和满足顾客需求两个目标。这应该是网络营销的理论模式，即营销过程的起点是消费者的需求，营销决策是在满足 4C 要求的前提下的企业利益最大化，最终实现的是消费者满足和企业利益最大化。

当消费者个性化需求得到了较好的满足，他对企业的产品、服务形成良好的印象，在他第二次需求该种产品时，会对公司的产品、服务产生偏好，会首先选择该公司的产品和服务；随着两轮的交互，产品和服务可能更好地满足他的需求。如此重复，一方面，顾客的个性化需求不断地得到越来越好的满足，建立起对公司产品的忠诚意识；另一方面，由于这种满足是针对差异性很强的个性化需求，就使得其他企业的进入壁垒变得很高。这样，企业和顾客之间的关系就变得非常紧密，甚至牢不可破，这就形成了"一对一"的营销关系。我们把上述这个理论框架称为网络整合营销理论，它始终体现了以顾客为出发点及企业和顾客不断交互的特点，它的决策过程是双向的。[9]网络整合营销决策过程如图 10-2 所示。

2. 网络直复营销理论

网络直销有两种：一种是企业自建电子商务网站直接向消费者销售产品，另一种是委托信息服务商在其网站上发布企业产品信息后向消费者销售产品。无论是哪一种销售方式都大大降低了企业营销成本，提高了营销效果。直复营销中的"直"（direct）是指不通过中间分级渠道而直接通过媒体连接企业和消费者，利用网络进行销售，顾客可通过网络直接向企业订单付款；"复"（response）是指企业与顾客之间的交互，顾客对这种营销努力有一个明确的回复（是买还是不买）。简言之，直复营销就是在营销过程中向消费者发布营销信息后寻求消费者直接回应的一种营销方式。因此，企业

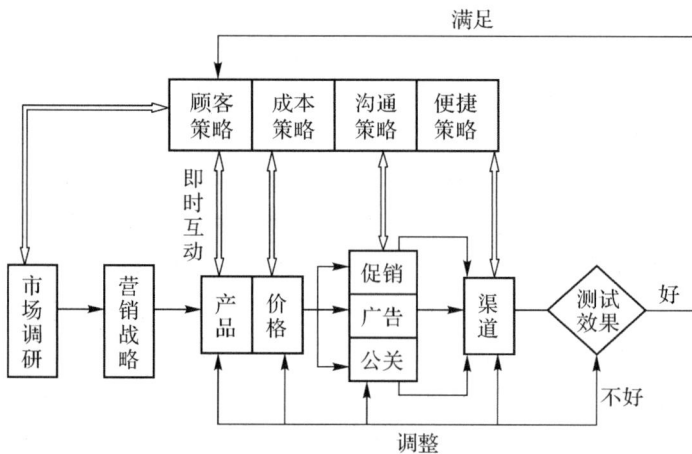

图 10-2　网络整合营销决策过程

资料来源：屈云波，靳丽敏.网络营销[M].北京：企业管理出版社，1999.

在营销时能够不通过中间分销渠道而直接同消费者进行联系，消费者亦可以通过网络直接向企业付款下单。另外，对于消费者到底买或者不买，企业可以获得明确的回复，所以，企业可利用直复营销统计消费者的反馈情况，对营销效果进行评估，进而为下一步网络营销工作提供有意义的指导。[10]

（二）网络营销和电子商务模式

1. 网络营销与电子商务的关系

网络营销与电子商务既有联系又有区别。

1997 年 10 月，欧洲经济委员会在全球信息标准大会上从技术角度给电子商务概括了一个简要的定义：所谓电子商务，是指对整个贸易活动实现电子化。从涵盖范围方面可以定义为：交易各方以电子交易方式而不是通过当面交换或直接面谈方式进行的任何形式的商业交易；从技术方面可以定义为：电子商务是一种多技术的集合体，包括交换数据、获得数据以及自动捕获数据等。这一定义是目前相对权威的定义。[11]

二者的区别是：第一，网络营销与电子商务的关注重点不同。网络营销的重点在交易前阶段的宣传和推广，是在网上卖东西的技术，也可以说是营造网上经营环境的活动。而电子商务是网上买卖的过程，其标志之一是实现电子化交易。第二，网络营销与电子商务研究的范围不同。电子商务的核心是电子化交易，强调的是交易方式和交易过程的各个环节，而网络营销注重的是以互联网为主要手段的营销活动。

二者的联系是：网络营销是企业整体营销战略的一个组成部分，无论传统企业还是互联网企业都需要网络营销；网络营销是电子商务的基础，电子商务是网络营销发展的高级阶段；网络营销与电子商务都是依靠互联网而实现的，网站是电子商务的主要场所，也是网络营销的主要工具。

2. 网络营销和电子商务模式

这里谈到模式，首先应理解商业模式的概念。商业模式就是为了实现客户价值最大化，把能使企业运行的内部各要素整合起来，形成一个完整的高效率的具有独特核心竞争力的运行系统，并通过最优实现方式满足客户需求、实现客户价值，同时使系统达成盈利目标的整体解决方案。[12]

电子商务模式，就是指在网络环境中基于一定技术基础的商务运作方式和盈利模式。电子商务模式可以从多个角度建立不同的分类框架，最常见的是按照交易对象来划分，如 B2C、B2B、C2C 等。[4]

刘社建将网络营销的模式也归纳为 C2C、B2C、C2B、B2B 等四种模式。可见，网络营销模式和电子商务模式几乎是相通的。[13]

朱圣堤、高韧将企业网络营销模式的主要类型分为内容型网站模式、社区型网站模式、电子商务型网站模式。[14]

郦瞻认为网络营销服务市场的商业模式分为：(1)供求信息平台模式，主要以阿里巴巴、慧聪网等为代表；(2)企业上网综合服务模式，诸如中国频道、中国万网等通常提供域名注册、虚拟主机、网站建设以及搜索引擎登记等网站推广服务；(3)门户网站的网络服务模式，如新浪、搜狐、网易等就是提供门户网站的网络营销服务；(4)行业门户网站的网络服务模式，如中国食品产业网、塑料行业网、中华特产网等；(5)提供专业网络服务产品的网络服务模式，如网络营销服务商谷歌和百度提供的网络营销专业产品——搜索引擎营销受到许多企业的认可。[15]

周曙东、叶辉将国内外网络营销模式概括为八种，即在线商店模式、企业间网络营销模式、中立交易平台模式、网上采购模式、网上招投标模式、网络拍卖模式、电子报关模式以及电子邮件模式。[16]

总的来说，网络营销模式中，中国羊绒衫网属于行业门户网站的网络服务模式、电子商务中立交易平台模式。

电子商务平台营销是以电子商务网站为平台，利用买方和卖方集中于同一个平台的聚集效应，从而达到企业营销目标的网络营销方式。传统的观点将企业的电子商务模式归纳为以下四个类型。[17]

(1)B2B 模式(business to business)。即企业与企业之间通过互联网进行产品、服务及信息的交换。通俗的说法是指进行电子商务交易的供需双方都是商家(或企业、公司),他们使用了互联网技术或各种商务网络平台,完成商务交易过程。这些过程包括发布供求信息,订货及确认订货,支付过程及票据的签发、传送和接收,确定配送方案并监控配送过程等。

(2)B2C 模式(business to customer)。企业与消费者之间的电子商务,这是消费者利用互联网直接参与经济活动的形式,类似于电子化的零售商务,由企业通过网络销售产品或服务给个人消费者。企业直接将产品或服务推上网络,并提供充足资讯与便利的接口吸引消费者选购。这也是目前最常见的作业方式。

(3)C2C 模式(consumer to consumer)。消费者与消费者之间的电子商务。C2C 商务平台就是通过为买卖双方提供一个在线交易平台,使卖方可以主动提供商品上网拍卖,而买方可以自行选择商品进行竞价。它是指消费者与消费者之间的互动交易行为,这种交易方式是多变的。例如消费者可同在某一竞标网站或拍卖网站中,共同在线上出价而由价高者得标,或者由消费者自行在网络新闻论坛或 BBS 上张贴布告以出售二手货品,甚至是新品。诸如此类由消费者间的互动而完成的交易,就是 C2C 交易模式。

(4)B2B2C 模式(business to business to customer)。这是一种电子商务类型的网络购物商业模式,第一个 B 指的是商品或服务的供应商,第二个 B 指的是从事电子商务的企业,即互联网电子商务服务供应商。它通过统一的经营管理对商品和服务、消费者终端同时进行整合,是广大供应商和消费者之间的桥梁,为供应商和消费者提供优质的服务。C 表示消费者,是在第二个 B 构建的统一电子商务平台上购物的消费者(如图 10-3 所示)。[18]

B2B2C 是 B2B 和 B2C 两种电子商务模式的整合。这种模式的思想是以 B2C 为基础,B2B 为重点,将两个商务流程衔接起来,从而形成一种新的电子商务模式。产生这种模式的原因是在 B2C 这种商务模式中,零售的特点决定了商家的配送工作十分繁重,同时个体消费者又不愿为了原本并不高额的商品付出不低的配送费用。这种特性使得 B2C 模式面临着巨大的挑战。面对这一现实,在 B2C 这种模式中引入 B2B 模式,即把经销商作为销售渠道的下游引进,从而形成了 B2B2C 电子商务模式。这种模式一方面可以减轻配送的负担,另一方面也能减轻库存问题所带来的压力,从而降低成本,增强网上购物的快速与低价格的优势。[19]

王秀才认为,B2B2C 的核心是中间商 B 通过提供优质的服务获得收入,对于顾客而言就是方便快捷地买到自己满意的商品,并且可以享受其中的

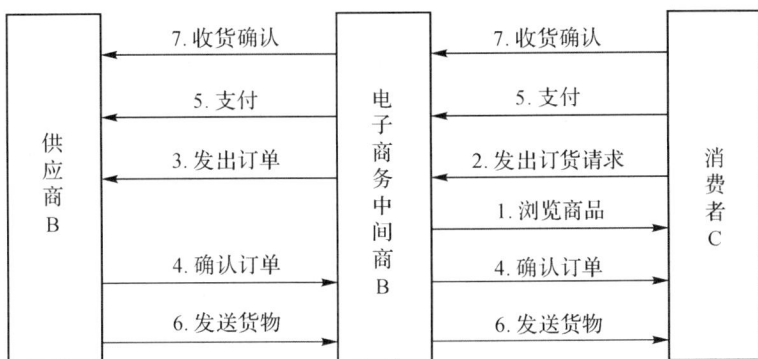

图 10-3　B2B2C 模式的简易模型

资料参考:宋和生.服装电子商务 B2B2C 模式分析[J].山东纺织经济,2010(5):83-86.

乐趣,对于销售者来说就是快速高效地出售商品,所以中间的 B 必须能够满足他们的要求,为他们提供服务。[20]彭雷清、卢战春将电商的四种模式以代表企业为例,分析了它们各自的优势与劣势[21](如表 10-1 所示)。

表 10-1　B2B2C、B2B、B2C、C2C 模式比较

电商模式	代表企业	优　势	劣　势
B2B2C	淘宝商城(天猫)	供货商和销售商高效整合,共同保证产品质量和用户体验,缩短商品销售渠道,节省销售成本	对零售商要求有较高的知名度和强大的吸引消费者的能力,推广费用大;对供货商产品或服务的品质要求高
B2B	阿里巴巴	交易量大,交易对象固定,参与者多是热心电子商务的推动者和践行者,是电子商务的主要推动者	交易次数少,对信用安全问题要求较高,交易过程复杂,对服务人员素质要求较高
B2C	亚马逊、京东商城	买家忠诚度较高,产品质量有保证,用户体验较好,需要为产品打广告的费用较少	产品种类不够丰富,需要较多把消费者吸引过来的流量费,仓储费和物流成本较高
C2C	淘宝网、eBay	产品丰富,有价格竞争优势,物流和仓储费用少,流量和品牌费由平台搭建者(如淘宝)和小 C 们共担,小 C 们有足够动力去增加流量	产品质量参差不齐,用户体验难以保证,易对平台商的品牌造成伤害

资料来源:彭雷清,卢战春.B2B2C 模式对销售渠道的影响研究[J].区域经济评论,2012(10):22-26.

二、研究框架

总的来说,我国关于网络营销模式的研究较少,形成的理论不够丰富;而且,由于网络营销模式的发展受到网络技术的制约,网络技术又日新月异,因此现有的网络营销模式有一定的时效性,相应地对网络营销模式的研究也要不断地更新。本案例研究在借鉴国内外相关研究成果的基础上深入研究 B2B2C 模式的运作机理,从网络营销理论研究入手,回顾公司发展历程,围绕中国羊绒衫网的商业模式、市场定位、技术平台、经营策略、管理结构、盈利模式等对阿华洛的 B2B2C 网络营销打造羊绒衫行业交易平台进行深度剖析,从而给出相应的结论与启示,为传统企业发展网络营销及第三方电子商务平台提出策略性建议。研究框架如图 10-4 所示。

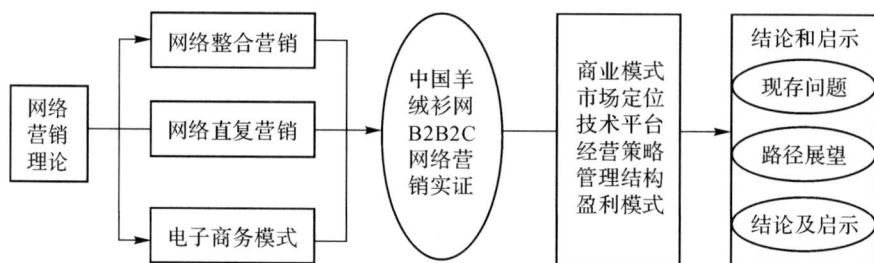

图 10-4　研究框架

第三节　公司发展历程:传统企业向电子商务转型轨迹

面对网络经济的冲击,传统产业如何适应信息化时代的经济发展,并抓住互联网经济的机遇,走出新路?设在宁波开发区科技创业园的阿华洛公司将互联网和传统产业链资源进行整合,适时推出"中国羊绒衫网",使传统产业实现了新的飞跃。中国羊绒衫网从一个名不见经传的传统制造企业转变为在羊绒衫领域的网络营销领军企业,它在短短几年时间内是如何实现企业转型的?与众多企业一样,中国羊绒衫网也经历了困境—机会—转型—蜕变的艰难历程,实现了企业的"华丽转身"。

一、模式转型环境分析

（一）困境

1. 大众加工模式使传统羊绒衫销售陷入困境

20 世纪 90 年代初，经济发展加速，人们对羊绒衫服装消费追求新潮与多样化，羊绒衫横机盛行。以王臣达为首的 6 人投资 3600 元，在北仑租了门面成立家庭小作坊，专门从事传统的羊绒衫加工销售。此后苦心经营 15 年，设计上以满足主流大众的整体需求为主，在生产上以大规模定制贴牌加工为主，积累了一定的原始资本。但由于没有自创品牌，羊绒衫知名品牌日趋增多，行业竞争加剧，企业连续几年销售停滞不前，发展的势头日趋减弱，企业迫切需要寻求突破。

2. 宏观经济对羊绒衫行业的影响

中国进入 21 世纪以来，在宏观从紧、国际经济波动、通胀压力加大、要素制约明显等多重压力下，不少企业面临困境。特别是 2008 年以来的世界金融危机，导致中国出口的大幅萎缩，国内长期依赖出口的羊绒衫生产厂家不得不将出口转内销，长期依赖贴牌加工的针织企业为了生存也转向羊绒衫生产销售；随着生活水平的提高，羊绒衫顾客群体的扩大，大附加值的利益追逐，吸引行业外厂商进入羊绒衫生产领域；房产、股票和基金市场的疲软导致大量的闲散资金需要投资出口，一部分企业因而涌入羊绒衫行业。羊绒衫生产厂家的增多，使得寻求便利快捷的羊绒衫销售渠道成为羊绒衫企业探索的首要选择。

3. 羊绒衫传统渠道的瓶颈约束

随着人们生活水平的日益提高，越来越多的人成了羊绒衫的现实顾客并对其产生了更高的需求。专业品牌异军突起，由于设计上以时尚风格为主，更多地满足目标客户的个性化和时尚需求，具有一定或较高的附加价值，营销地点以一线城市的高档商场专柜或商业圈的专营店为主，不是以渠道规模制胜，而是以渠道影响力制胜。专卖店和定做店的发展虽能满足部分人的需要，但目前羊绒衫的主流卖场还是在各地中高档商场。然而商场销售对消费者与厂商有诸多不利因素（如表 10-2 所示，网络销售的有利因素如表 10-3 所示）。

表 10-2　商场销售对消费者与厂商的不利因素

对象	不利因素
消费者	不方便:商场总是太少且有距离 价位高:商场的价格居高不下,性价比低
厂商	运营成本高:入驻费＋扣利＋人员＋销售任务 库存风险大:每个专柜都需要有一定的库存 覆盖范围小:商场只能覆盖周边人群 空间限制大:专柜只能展示非常有限的商品 换样成本高:出样换样会产生大量的库存以及花费大量的时间和展示成本

资料来源:中国羊绒衫网。

表 10-3　网络销售的有利因素

对象	有利因素
消费者	很方便:足不出户点点鼠标就能送货上门 价位低:性价比高,物超所值,仅是商场零售价的 4.5～8 折
厂商	运营成本低:省却各级渠道费用,直接服务终端客户,降低营销成本 库存风险小:省却各级渠道库存,减少风险 覆盖无限广:商品覆盖和传播速度快 容量无限大:可以同时展示出无数商品,且这些商品无实物样品库存风险 加快资金周转:运营与结算速度提升,提高资金周转效率

资料来源:中国羊绒衫网。

(二)机会

一方面,传统的羊绒衫生产陷入困境;但另一方面,电子商务的飞速发展催生了有利的支付和物流区域环境,消费者个性需求不断增长。总经理王臣达敏锐地觉察到,电子商务的时代已经到来,利用网络个性化定制羊绒衫的时机已经成熟。

1. 电子商务的飞速发展推动传统产业的转型升级

数据显示,截至 2007 年 12 月 31 日,我国网民总人数达到 2.1 亿人,中国网民仅以 500 万人之差次于美国,居世界第二。据计算,2007 年每天增加网民 20 万,平均每分钟新增网民 140 人。2007 年,我国中小企业的电子商务交易额为 8003 亿元,占总体中小企业贸易额的 5.7％,中小企业的电子商务应用水平相对较低,而且多数停留在将电子商务理解成网络推广和网络营销的初级层面上,电子商务还没有完全达到商务的功能。2007 年,我国网络购物市场整体交易规模达 561 亿元,同比增长达 117.4％。

2. 有利的区域环境为网络营销提供了保障

支付环境:第三方支付平台的发达让快捷结算成为可能。人们可以通过电话银行、网络银行、手机银行、网络支付平台(如支付宝、易宝支付、财付通、安付通、易支付等),以代收货款等各种形式安全快捷地支付与结算。物流环境:第三方物流体系的健全和发达保证了商品迅速安全地送达客户成为可能。2007 年,国务院在《关于加快发展服务业的若干意见》中明确提出,"优先发展运输业,提升物流的专业化、社会化服务水平,大力发展第三方物流",这将发展现代物流提到了前所未有的高度。各级政府主管部门也陆续出台了一些推动现代物流发展的相关配套政策和措施,为促进现代物流发展创造了良好政策环境。目前,以顺丰快递为代表的民营速递公司、以邮政EMS 为代表的国营速递公司、以 DHL 为代表的国外舶来速递公司以及各类地方性物流公司组成了立体式的速递网络。除了提供物流服务外,还可以提供代收货款业务,网上购物"先体验后付款"以及"零风险"成为可能。

3. 消费者个性需求的不断增长

宁波是一个充满生机和活力的城市,2008 年宁波市实现社会消费品零售总额 1238 亿元,居民人均可支配收入为 25304 元,比上年增长 13.4%。居民人均消费性支出 16379 元,增长 17.7%,恩格尔系数为 37.3%。长三角十六城市信息交流网反馈资料显示,宁波市的收入水平在 16 个城市中位居第二。由于居民消费方式、消费结构发生重大变化,消费行为更趋合理化,顾客消费从量的满足已转向质的追求,注重产品优越的性能、驰名的品牌、鲜明的特色、方便的服务以及情感上和心理上的满足,消费已趋向品牌化、休闲化、精神化、个性化。特别是服装类商品,千篇一律的风格正在逐渐被淘汰,定做服装正在被越来越多的人认识和接受。搜智调查网 2008 年调查数据显示:日常生活中 67.7% 的人有定制商品的需求,74.5% 的人曾经定制过商品,18% 的人愿意在网上定制服饰,67.2% 的人认为通过网络手段就能准确表达和理解定制需求。

二、羊绒衫行业网站竞争状况分析

2007 年,羊绒衫行业的竞争品牌各自为户,缺乏行业门户网站。羊绒衫行业的领先品牌如鄂尔多斯、恒源祥、鹿王、珍贝等,都有各自的企业门户网站,虽也开展些网上预约、订购等业务,但由于品牌单一,顾客选择余地小,且价格依然居高不下,因而网上问津者寥寥。如果有一个平台能汇集各种羊绒衫品牌,使生产者与消费者实现信息共享,进行网上交易,这本身就是一个很好的市场机会。

三、公司转型历程

(一)传统贴牌加工羊绒衫生产企业(1990—2005年)

20世纪90年代初,以王臣达为首的6人投资3600元成立家庭作坊,专门使用横机加工羊绒衫。经过十多年经营,逐渐扩大了规模,生意越来越红火。2005年,成立了宁波东帆服业有限公司,专门从事传统的羊绒衫加工销售,拥有400多个员工、300多台针织设备。公司的总经理王臣达凭借其行业先入经验,在羊绒衫行业苦心经营了15年,在设计上以满足主流大众的整体需求为主,在生产上以大规模定制贴牌加工为主,已积累了一定的原始资本。但由于没有自主品牌,至2005年,因中国羊绒衫知名品牌日趋增多,行业竞争进入成熟期,企业连续几年销售额均在1000万元左右徘徊,发展的势头日趋减弱,企业迫切需要寻求突破。

(二)羊绒衫自主品牌"米索尔"创立(2005—2007年)

公司在苦苦摸索之际,发现贴牌加工就是给他人做嫁衣,赚的就是加工费,没有自主产权,致使企业缺乏核心竞争力。经过两年时间的酝酿与筹备,羊绒衫自主品牌"米索尔"诞生了。米索尔品牌在秉承法国传统服装文化精髓的基础上结合时尚潮流,在延续传统经典风格的基础上注入时尚元素,并不断追求细节的变化。同时,米索尔注重贯彻实用主义的休闲理念,丰富的设计别具风采和魅力,感性与理性合而为一。米索尔品牌将目标消费者定位于自信、成熟、知性、宽容的30～45岁的中高端都市精英,吸引了越来越多的消费者,市场份额逐年提升。公司注重质量管理,建立了全套国际标准羊绒生产流水线,并通过了ISO 9001国际国内质量体系双认证、天然纤维产品标志认证,使公司羊绒系列产品达到国际优质水平。

(三)转型电子商务企业(2007—2010年)

宁波阿华洛网络科技有限公司创立于2007年12月,由有15年生产历史的传统企业信息化转型而来。公司注册资金为1000万元,坐落于宁波市北仑区软件信息产业园,推出了全国连锁加盟的"量体定做"服务板块,旗下的米索尔品牌已经整合多家成熟的羊绒衫加工企业,具有较强的开发能力,直接向加盟店提供货源。这种"线上线下互动"的经营模式受到企业和消费者的欢迎,三年时间就在全国发展了300多家加盟店。阿华洛公司旗下有中国羊绒衫网、羊绒衫定做全国连锁等多条网络经营战线。历经四年的研究和三年多的实践运营,完成了由传统产供销一体化经营向网络运营的完全转型:创立 B2B2C 网络运营模式,实现线上线下互动发展,即"网络直销、货到付款;量体定做、全国连锁";整合了羊绒衫帕罗、雪莲、金丽杉、鄂尔多斯、皮尔卡丹、金利来等国际一线品牌以及鹿王、米皇、珍贝、恒源祥等业内众多著名品牌在网上直销,网络销量行业内遥遥领先,网站知名度行业内排名第一。为了专注于电子商务,阿华洛公司成立不久将自主品牌米索尔授权欧咪啦(上海)羊绒制品有限公司生产,阿华洛公司不再从事羊绒衫生产。目前米索尔服装营销网络遍及国内 22 个省、自治区和直辖市,已经形成了 30 多个县级以上城市营销网络、300 个营业网点。国家经济贸易委员会、对外经贸部、国内贸易部、国家贸促会、国家轻工总会、国家纺织局、国家统计局等部门先后授予阿华洛公司"中国 AAA 级形象企业"等称号。中国质量检验检疫总局和中国名牌推荐委员会、中国企业管理协会、中国质量检查协会、中国消费者协会、中国保护消费者基金会等单位授予米索尔产品"中国名牌产品"、"全国用户满意产品"、"市场抽检合格产品"、"消费者特别推荐的优质产品"等称号。

(四)蜕变成为专业电子商务服务商(2010 年至今)

通过实际开发运营和管理运营,阿华洛公司独创阿华洛模式——销售信息化公共服务平台,提出了一大创新理念即"一、二、三、四"模式。2009年,中国羊绒衫网入选"中国行业电子商务网站 TOP 100",中国羊绒衫网采用新型的 B2B2C 网站模式,即前期通过 B2B 打造国内领先的羊绒衫行业门户网站、主流网络媒体,后期通过打造的行业网站品牌转向 B2C 模式,结合传统企业,打造网上商城。中国羊绒衫网是羊绒衫生产企业发布供求信息、羊绒衫企业与客户对接的一个商务平台。公司将运营流程固化成了销售信息化系统软件,为传统中小企业提供网络信息化服务。经过几年运营,阿华洛公司已由当初的电子商务平台企业蜕变成为专做信息化服务的电子商务服务商。

第四节 案例讨论:B2B2C 网络营销打造羊绒衫行业交易平台

阿华洛公司成立后,摒弃传统的羊绒衫生产、销售的经营方式,将互联网和传统产业链资源进行整合,创建中国羊绒衫网。公司通过网络把行业最新的羊绒衫产品信息集中放在一个平台上,减少了中间环节,打破了传统行业多层次、多环节销售的局限性。商业模式的创新让公司获得了蓬勃发展,标志着传统羊绒衫生产企业顺利向电子商务网络公司转型。

一、商业模式

阿华洛公司的商业模式是"一、二、三、四"模式,即一个(互联网)平台、二条(线上、线下)战线、三大(互联网、人脉网、连锁网)渠道、四类(公司内部、厂家、商家、消费者)管理服务。一个(互联网)平台是指中国羊绒衫网的B2B2C电子商务平台,采用线上线下同时进行互动,通过三大渠道(互联网、人脉网、连锁网)为公司内部、厂家、商家、消费者提供羊绒衫销售管理服务。中国羊绒衫网 B2B2C 电子商务模式框架如图 10-5 所示。

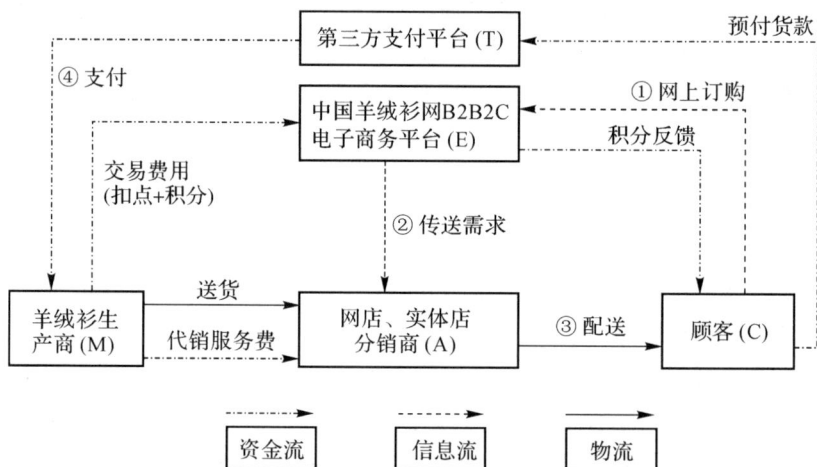

图 10-5　中国羊绒衫网 B2B2C 电子商务模式框架

中国羊绒衫网是一种中立交易平台的模式,中立交易平台模式是众多电子商城广泛使用的一种模式。电子商城属于一种完全的电子商务企业,它既不生产产品,也不购买产品,只是为其他企业提供一个电子交易的平台,通过扩大电子商城的知名度吸引消费者到商城购物,通过招商吸引商家进驻商城,向进驻商城的商家收取服务费从而实现盈利。这类电子商城的知名度越高,所提供的服务越好;入驻的商家越多,商城的访问量就越大,效益也就越好。

周曙东认为中立交易平台模式的优点是将分散的电子零售店集中起来,为招商企业提供统一的电子结算渠道、物流配送系统及其他配套服务,实现规模经济;具有为消费者提供信息集成的综合优势,减少消费者搜索信息的成本,从而增加商城的访问量,提高品牌知名度。[16]

对招商企业来说,它们不必自己投资建立网站,而是在电子商城中租用一个"摊位",设立网上专卖店,利用电子商城的知名度和顾客流量来销售自己的产品或服务。这样可以缩短企业开展电子商务的周期,简化了开展电子商务的复杂过程,增加在网上为顾客展示产品的窗口,并且可以直接获得网上销售收入,同时不需要太多的有关网站建设方面的专业知识,便于管理和经营,从而实现投资少、收益大、见效快。一些生产适合在网上销售的商品,或欲开展对外贸易的中小企业一般考虑采用这种模式。

B2B2C的核心是中间商B通过提供优质的服务获得收入,对于顾客而言就是方便快捷地买到自己满意的商品,并且可以享受其中的乐趣,对于销售者来说就是快速高效地出售商品。具体来说,中间网络营销平台B即中国羊绒衫网通过建立富有特色的羊绒衫虚拟社区,为众多顾客提供一个交流和沟通的平台,通过聚拢人气,来形成庞大的客户群,这是B2B2C能够持续发展的一个重要条件。在此基础上,中间商B对顾客有了充分的了解,并且懂得如何提高黏性来吸引更多的顾客,这种资源正是羊绒衫生产者所需要的,所以中间商B——中国羊绒衫网把这些信息提供给羊绒衫生产商,并且为他们的产品设计、生产、销售等多个环节提供服务,搭建起羊绒衫生产商和顾客之间的桥梁。这对于生产商来说可能意味着销售的增长和利润的提高,对于顾客而言则是购物的方便快捷和无穷乐趣。

阿华洛公司创立的B2B2C营销模式把"供应商→生产商→经销商→消费者"各个产业链紧密连接在一起。整个供应链是一个从创造增值到价值变现的过程,把从生产、分销到终端零售的资源进行全面整合,不仅大大增强了网商的服务能力,更有利于客户获得增值的机会。该平台将帮助商家直接充当卖方角色,把商家直接推到与消费者面对面的前台,让生产商获得更多的利润,保证更多的资金投入到技术和产品创新上,最终让广大消费者获益。这是一类新型电子商务模式网站,它的创新性在于:它为所有的消费者提供了新的电子交易规则。该平台颠覆了传统的电子商务模式,将企业与单个客户的不同需求完全地整合在一个平台上。B2B2C既省去了当当、卓越式B2C的库存和物流,又拥有淘宝、易趣式C2C欠缺的盈利能力。中国羊绒衫网所运作的新型的B2B2C网站模式,通过线上线下两条线为广大厂家、商家、消费者提供一流的羊绒品牌零售、批发、定制、咨询业务,为宁波传统羊绒衫企业信息化转型升级提供理论与实践依据。

二、市场定位

(一)目标市场选择

1. 复合的目标市场选择模式

由于中国羊绒衫网是网络营销运营,因此,它与传统的目标市场选择模式略有不同,采用复合的目标市场选择模式。

相对于B2B来说,阿华洛公司将致力于电子商务和网络营销的羊绒衫生产商和经销商作为自己的组织目标市场。这些羊绒衫生产商和经销商由于缺乏羊绒衫网络营销经验,虽有自己的网站,却因为不够专业,网络营销依然前景黯然,中国羊绒衫网利用专业平台,吸引羊绒衫生产商和经销商纷纷入驻,弥补了这些企业独立运营经验不足的空白,深受欢迎。

对于羊绒衫品牌消费者,阿华洛公司将"追求时尚个性、讲究生活质量和品位、对价格比较敏感的中偏上收入的消费者"作为自己的目标消费者。由于中国羊绒衫网汇集全国各地各类品牌产品,几乎覆盖所有年龄群体,包含羊绒衫所有款式系列,针对各类消费层次整合了不同档次的产品,汇集各个品牌、各个档次的羊绒衫消费者,因此目标市场选择运用产品专门化的模式,即用各种羊绒衫品牌满足追求生活品位的25~45岁消费人群的需要。

2. 米索尔的市场定位

转型后不久,阿华洛公司市场部与课题组人员组织了一次市场调查,针对米索尔和其他几个品牌将价格与风格两个因素作为评价的指标,向选择该品牌的现实消费者发放420份调查问卷。结果表明,鄂尔多斯普遍被认为高价、时尚,具有个性品位,而米索尔被认为是低价但不失时尚个性的品牌,而且从品牌评价定位图10-6中可见,低价而显时尚品位的品牌几乎不多。一般来说,显示时尚个性的品牌势必要增加品牌建立、维护和运营的成本,这样就难以压低价格进行让利销售。而中国羊绒衫网推出的米索尔品牌由于采用网络直销模式,最大限度地让利给消费者,因此,给消费者的感觉是低价而款式新颖。顾客的性别、年龄、收入、受教育程度等人口统计因素不同,直接影响到个人的计算机操作水平和上网经验,而消费者要进行网络购物就必须具备一定的计算机操作能力和上网经验,基于上述原因,米索尔品牌的消费者得具备中偏上的消费能力水平。因此,米索尔将市场定位于追求时尚个性、讲究生活质量和品位、对价格比较敏感的中偏上收入的消费者,这样才能弥补市场空隙,满足既想追求时尚但对价格又较敏感的消费者的需要。

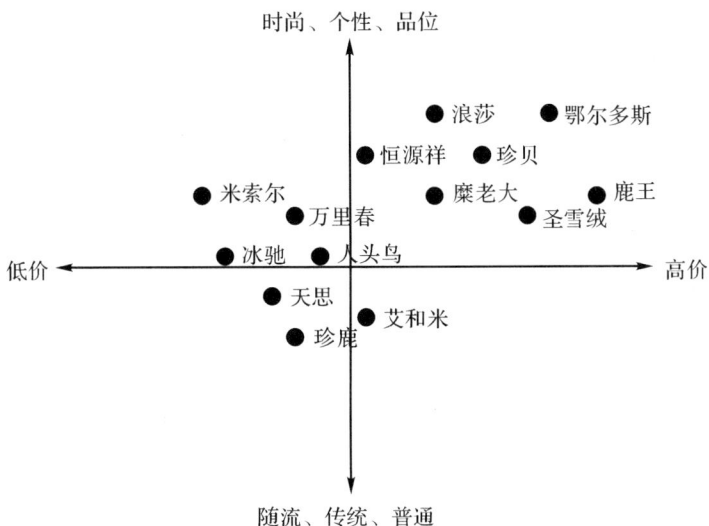

图 10-6　品牌评价定位图

3. 产品价值定位

（1）米索尔品牌消费者

竞争优势的获得,来自企业能否通过在一项价值维度上的价值交付,顾客如何评价竞争对手成为企业进行市场机会分析的一项重要内容。中国羊绒衫网通过向顾客了解这些信息,要求顾客选择一个中端品牌与一个高端品牌,分别就顾客价值维度与米索尔品牌进行比较。研究表明,消费者在意的因素即顾客价值维度是羊绒衫的安全、质量、品种、舒适、信誉、价格、款式、便利、省时、服务等。将三个不同品牌进行比较,目的是揭示与竞争对手相比,经中国羊绒衫网销售的米索尔品牌的优势与劣势。

研究发现,米索尔品牌的优势在于服务（量身定做）、价格优惠、省时、便利这些因素,而薄弱环节是质量、品种、舒适度等。因此,公司需要加强质量管理,开发不同品种、款式各异的米索尔羊绒衫。

（2）其他羊绒衫品牌生产者、销售者及顾客

对于生产商而言,把专业网站作为交易平台,直接达成商品信息的沟通,大大减少了流通环节。通过网络,生产商可以随时对销售状况进行较准确的预测和把握,从而做到及时调配生产,以销定产,实现零库存销售,加快商品的更新速度,提高资源的利用效率,降低生产商的经营成本与风险。

对于销售商而言,可以利用网络减少宣传投入和交流成本,实现无店面销售,免去租金和人工开支。销售商与客户建立互动式沟通,减少了中介环

节,降低了营销费用,增加了商家的竞争力。

对于其他各种品牌的顾客来说,不仅可以在网上选择更多的知名品牌甚至地方品牌,还可以在网上和网下货比三家,节省了传统购物过程中诸如交通、选购、结算等花费的时间、金钱和精力,大大简化了购物流程,节约了消费成本。

(二)顾客行为分析

网络运营之初,阿华洛公司市场部与课题组人员曾对随机访问的100位潜在顾客和420位现实顾客进行了调查分析,包括网上服装的购买经验,阻碍宁波消费者在网上购买服装的因素,通过网络购买服装的原因,促使顾客在中国羊绒衫网购买羊绒衫的最主要影响因素,对网络购物的满意程度评价,等等,以便了解顾客对网上订购服装的态度,从而为中国羊绒衫网制定营销战略奠定基础。

1. 宁波消费者拥有网上服装购买经验的比例较低

数据统计显示,随机访问的100个受访者(潜在顾客)中有过网上购物经验的有42%,而其中在网上买过衣服的只占19.1%。为了更好地研究,对不同人群拥有网上购衣经验的比例进行了统计,发现虽然有网上购物经验的已近半数,但在网上买过服装的比例均不到30%,只有学生的比例较高。可见现阶段在网上买服装的人还不多,要想增加网上购衣者的人数,就必须找到阻碍消费者网上购衣的因素。

2. 支付不安全和诚信低是阻碍宁波消费者网上购买服装的最主要因素

经调查发现,提供的8个阻碍因素都有较多的人选择(如表10-4所示)。品种有限、质量问题、交易程序复杂的选择概率都达到了40%以上。而阻碍宁波消费者在网上购买服装的最主要原因是网络商家的诚信问题和对网上支付安全性的顾虑,选择的概率分别达到了66%和62%。由此可见,建立诚信和个人隐私的安全性是完善服装网络营销的重中之重。

表 10-4 阻碍宁波消费者在网上购买服装的因素

阻碍因素	选择的人数占比	阻碍因素	选择的人数占比
质量问题	40%	售后服务不完善	29%
品种有限	59%	不习惯	45%
送货时间太长	32%	支付不安全	62%
诚信度低	66%	交易程序太复杂	45%

3. 方便快捷是吸引消费者在网上购买服装的主要原因

当对 100 位潜在顾客问到在网上购买服装的原因时，大部分受访者都将方便和送货快放在了前两位。可以看出网络的方便快捷在服装网络营销中也显得尤为重要，网上的服装经销商应抓住网络方便快捷的优势为消费者提供更高水平的服务。

4. 促使顾客在中国羊绒衫网购买羊绒衫的最主要影响因素是量身定做，其次是价格因素

通过对 420 个中国羊绒衫网的现实顾客样本进行分析，发现促使顾客在中国羊绒衫网购买羊绒衫的最主要影响因素是量身定做，占全部被访对象的 24.29%。其次是价格因素，价格便宜占 21.70%（如表 10-5 所示）。由此可见，羊绒衫作为服装类型中的中高档消费品，其价格因素也起着主导作用。说明商场销售的高价格不能满足一部分人既追求个性体现品位又要求实惠的需求，这为羊绒衫网络营销进入市场空隙创造了条件。

表 10-5　促使顾客在中国羊绒衫网购买羊绒衫的影响因素

影响因素	计数	响应百分比	个案百分比
价格便宜	91	14.42%	21.67%
可选择的品牌多	78	12.36%	18.57%
款式多	51	8.08%	12.14%
网站信誉好	47	7.45%	11.19%
售后服务好	67	10.62%	15.95%
少花精力	81	12.84%	19.29%
节省时间	81	12.84%	19.29%
量身定做	102	16.16%	24.28%
其他	33	5.23%	7.86%
总数	631	100.0%	150.24%

注：此为多选题，用 SPSS 软件统计通常有两个指标，即"响应百分比"和"个案百分比"。"响应百分比"指各勾选次数与总勾选次数（631 个）的百分比；"个案百分比"是指勾选次数占总调查人数（420 人）的百分比。

5. 宁波消费者对服装网络营销的前景比较看好

为了更好地了解有过服装网络购物的经验但还没有在中国羊绒衫网有购物经历的 100 位潜在顾客对服装网络营销的看法，调查中还设计了一部

分态度量表题(如表 10-6 所示)。通过对数据的整理统计发现,宁波消费者对服装网络营销有自己的要求:

(1)消费者喜欢可以讨价还价的网站

说明宁波的消费者比较喜欢在交易过程中能与商家有更多的沟通和交流,即使标价不满意,他们也不会马上放弃,而是会与商家沟通,希望以自己满意的价格成交。

(2)消费者去网上购买服装受广告的影响小

表明目前服装网络营销的广告宣传并不充分,这与网络媒体的广告宣传力度有关,从另一个侧面也能看出消费者选择去网上购买服装与广告宣传的关系不大。

(3)消费者希望在网上购买具有一定品牌知名度的服装

这说明宁波的消费者在网上挑选服装时,不会一味地追求价格便宜,而是希望服装的质量有一定的保证,服装品牌要有一定的知名度,穿着能够显示自己的身价与品位。

(4)消费者对服装网络营销的前景普遍看好

在访问中发现,大部分的受访者都认为服装网络营销是未来发展的趋势。他们认为物流产业的发展、信息安全技术的不断完善以及人们思想观念的转变,都将推动服装网络营销的发展。

(5)消费者愿意尝试订购网上量身定做的品牌羊绒衫

调查显示,有的消费者不太有时间上街购买服装,愿意尝试订购网上量身定做的品牌羊绒衫,这也为阿华洛公司开展羊绒衫网络营销带来了机会。

表 10-6　宁波消费者对服装网络营销的态度

对服装网络营销的态度	平均态度值(1—10)
我会去网上买服装,主要是受到广告的影响	4.1
网上购买服装,我只会选择现实中经常购买的品牌	7.3
网上购买服装,我会选择可以讨价还价的网站	7.3
网上购买服装,通过照片图案和文字说明就能完全了解服装	3.8
我喜欢在网上购买具有一定品牌知名度的服装	8.4
只要是知名品牌,价格贵点没关系	7.1
对于通过网络来销售服装的前景很乐观	8.0
会尝试订购网上量身定做的品牌羊绒衫	5.6
平时不太有时间上街购买服装	6.1

注:"1"表示非常否定,"10"表示非常肯定。

（三）产品定位与市场分布

1. 产品定位

产品定位：货真、价廉、物美的羊绒衫；质优价廉的纱线。

成衣销售：货真、价廉、物美的羊绒衫永远为消费者所偏爱，厂家更愿意接受无风险的网上销售形式。2007 年，成衣的价格是 350～2000 元不等，其中 400～600 元占总销售量的 50%，600～1000 元占总销售量的 30%，其他的占总销售量的 20%。2008 年，产品价格初步定位是：二线品牌每件约 400～600 元，一线品牌大约是商场的 6.5 折，断码处理视情况而定。

纱线销售：随着量体定做和个人编织的流行，纱线的需求量日益增大，应努力推动消费者个人和小型厂商在网上网下同时购买。企业拥有丰富的资源和品牌，可以借助羊绒衫网这个平台，形成纱线的另一个市场。

2. 市场分布

目前中国羊绒衫网站的客户分布于全国各地，2008 年开始已有产品销往国外。市场主要分布于国内华东沿海、华中、华北以及东北地区。特别是网络环境较好的区域销售情况较为乐观，但一些边远地区由于网络环境条件差，产品网上销售受到一定的影响。

三、技术平台

（一）技术平台

1. 平台用户特点

中国羊绒衫网网站管理操作人员熟悉自身的日常业务和办事流程以及国家有关政策法规，计算机操作能力为初级水平。

2. 实现语言

中国羊绒衫网系统前台开发工具为 ASP. NET，后台数据库为 Microsoft SQL Server 2005，操作系统为 Win 2003 Server。

3. 系统结构

从平台结构上，系统采用多层次（n-Tiers）结构，包括数据服务层、业务服务层、用户服务层。其中业务服务层分为数据访问服务、主业务服务、外观服务三个子层。

数据服务层采用 Microsoft SQL Server 2005 作为数据库管理系统，为整个应用平台提供强大可靠的数据存储、查询、更新服务。

业务服务层负责与数据服务层和用户服务层实现数据和操作的交互。其中数据访问服务子层通过 OLEDB、ODBC 等通用数据库技术对数据服务层进行操作；主业务服务子层包含系统实际的业务逻辑；外观服务子层为用户服务层提供针对应用程序的相关数据。

业务服务层的功能模块以 COM 组件的形式进行封装，在 Microsoft Windows 2000/2003 的组件服务（Component Services）的支持下，可以实现稳定、安全的事务管理，获得高效的业务逻辑处理能力。用户服务层的主要功能是实现与用户直接交互。系统采用通用浏览器（Microsoft Internet Explorer 5.0 以上版本或者 Netscape 4.0 以上版本）作为客户端；在服务器端采用 IIS＋ASP. NET 技术，动态生成页面或者处理用户提交数据。

多层次的设计一方面可以使系统结构清晰，便于开发，另一方面，也使得整个系统的规模可以随着负荷的大小进行灵活的调整。

从逻辑结构上，系统按照基本功能进行模块划分。每个模块包含自己独立的数据、组件、程序，模块之间具有相对的独立性。针对不同类型的用户，可以通过增加、删除、修改模块实现不同的应用（如图 10-7 所示）。

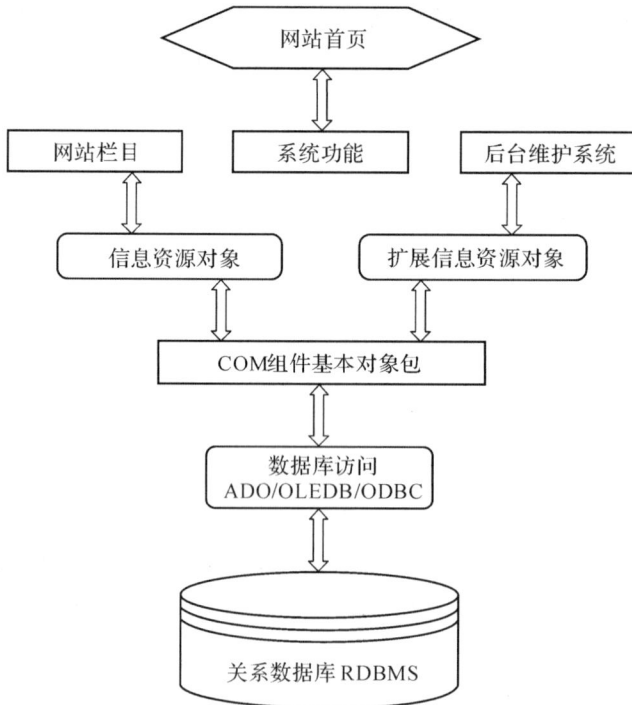

图 10-7　关系数据库

资料来源：中国羊绒衫网。

(二)技术特点

1. 服务器端缓存技术

系统采用 IIS+ASP. NET 的技术动态生成 WEB 页面。由于用户网站的数据都存储在数据库中,每生成一个页面都需要进行数据库操作。对于一些包含多个功能模块的页面,例如网站首页,往往需要进行多次数据库操作。即使页面的内容没有任何变化,用户每访问一次这个页面,程序就要操作数据库多次。这种情况是对数据库资源的极大浪费,而且无法通过客户端浏览器的缓存完全解决。针对这种情况,公司采取了在服务器端设置缓存的技术。在一定的时间内(比如在信息更新之前),程序自动将程序生成的页面存储起来,当用户浏览这个页面的时候,直接将缓存送出。当相关内容发生变化的时候,程序会自动更新缓存中的数据。通过这项技术,可以极大地提高页面响应速度,明显降低服务器负荷。

2. 采用完全面向对象的模块化设计

系统以基本信息对象为核心,按照功能进行模块划分。每个模块都具有独立性,拥有独立的信息资源对象,独立的业务逻辑处理程序,独立的用户界面。模块是组成用户系统的基础。模块化的基础为系统功能的拓展提供了极大的便利。系统核心的基本信息对象以及已有的功能模块,是进行二次开发的良好接口和原型。

在基本对象(Base Object)的设计中,采用 ECC 模式(Engine-Collection-Class),即每个基本对象都包含三个类。其中 Class 是描述基本对象与关系数据库映射的核心类,并且负责完成基本的操作(增删改);Collection 是 Class 的集合,采用多种方式存储多个 Class 实例,可以向外部调用者返回 Class 的集合,并且可以实现排序、过滤等操作;Engine 负责对外提供接口,外部对象或者模块,通过 Engine 的接口来创建 Class 或者 Collection。这种设计模式,可以在规范基本对象对外接口的同时,使基本对象本身具有相当大的灵活性。

(三)平台特性

1. 先进性和成熟性

以开放的标准为基础,采用国际上成熟的、先进的、具有多厂商广泛支持的软、硬件技术来实现,使整体架构在未来几年内不落后。

2. 可靠性和稳定性

系统方案具有较高的可靠性,关键设备关键部件有冗余配置,保证各种故障的快速恢复。

3. 易于实施、管理与维护

整个系统架构具有良好的可实施性与可管理性,同时还具有较佳的易维护性。

4. 具有较好的可伸缩性

整个系统架构留有接口,关键设备具有在线升级的能力,其他设备也具有平滑升级的能力,以适应将来规模拓展的需要。

5. 安全性、可管理性

整个系统具有较强的综合管理和安全防范能力,提供一定的安全保障。

(四)功能概述

会员功能:网站访问者可通过快速注册通道快速注册为会员,也可以在注册过程中选择填写会员详细信息进行详细注册,还可以在下单过程中注册,网站也提供客服人员替消费者注册的功能。普通会员可浏览商品、以零售价购买商品、在线支付、参与调查、参与促销活动等;连锁会员需经过审核后生效,除普通会员权限外可以浏览商品批发页面,可以以批发价格购买到商品;网店会员需经过审核后生效,除普通会员权限外还可浏览网店商品批发页面,以批发价格购买到商品,在下单过程中可以任意修改收货地址。供货商会员可以自主进行产品管理(上传、编辑、库存更新等)及订单处理等。

订单功能:订单处理、订单查询、订单支付、物流查询等。

品牌管理功能:通过后台增加、删除品牌以及设定品牌分类。

产品管理功能:产品分类、产品上传下架、产品编辑更新、产品操作记录、产品评论。

连锁管理功能:连锁店订单需求信息汇总与处理。

财务统计功能:连锁店货款统计与查询。

销售管理功能:VIP 销售、议价、优惠券、批发、零售、协议单位团购。

广告管理功能:通过后台对广告位进行设定、发布与更新。

论坛功能:整合社区论坛,会员、议价模块嵌入。

文章系统:通过后台添加、编辑、发布文章。

帮助系统:通过后台添加、编辑、发布各类帮助信息。

招商管理功能:招商信息发布,加盟信息收集。

消费者需求调查功能:可以自由设定调查内容,记录调查明细,统计调查结果。

网络推广功能：以一条代码识别推广员信息，分配销售利润。

网站实时统计分析功能：后台实时查询访问流量、来源、访问页面及停留时间。

四、经营策略

（一）O2O 线上线下互动策略

中国羊绒衫网其实是 B2B2C＋O2O 电子商务模式的结合。

O2O 是 Online To Offline（在线离线/线上到线下）的简称，是指将线下的商务机会与互联网结合，让互联网成为线下交易的前台。通俗地说，就是网上买东西，实体店里体验或取货。而中国羊绒衫网采用线下线上 O2O 终端分销平台，实现线下授权区域分享区域内网购客户订单，实现门店产品、信息、资金三个商品互联销，并努力实现数据时代的精准数据营销、分配、资源再整合。通俗地说，就是实现线上线下都可以下订单、体验并取货。目前，阿里、京东、支付宝、微信等各大平台都推出自己的 O2O 服务项目和平台。宁波涌现的 O2O 模式的电商创业项目不少，如面向终端消费者的永裕在线、宁波同城购、宁波试衣 MM、食来运转、有车有房、淘宁波精品购物商城等，面向生产经营性行业的搜布、金融大道网、我要印和我的耗材网等。[22]

中国羊绒衫网 B2B2C＋O2O 网络营销模式把专业网站作为交易平台，直接达成商品信息的沟通，大大减少了流通环节。中国羊绒衫网充分利用了这一优势，有自己的实体店，这让消费者看得见摸得着，有充分的购物体验。顾客只要在连锁店里看好样衣，填好单，有关资料就会被加盟商传回公司，消费者就能在规定的时间内通过快递收到衣服。阿华洛公司通过网络把行业最新的羊绒衫和纯羊绒纱线等不同的产品信息集中放在同一个平台上处理，大大减少了中间环节，提高了经营效率，节省了成本。这样一个网络平台，打破了传统行业多层次、多环节销售的局限性，形成了网络扁平化销售的模式。

为了给消费者提供更真实的体验和个性化服务，中国羊绒衫网还推出了全国连锁加盟的"量体定做"服务板块，依托该网，统一塑造品牌文化，共同打造个性化服务平台。旗下的米索尔品牌已经整合多家成熟的羊绒衫加工企业，具有较强的开发能力，直接向加盟店提供货源。"量体定做"加盟店实行一店多项目、多项经营实现多重利润的经营方式，具有投资少、回报快、无库存风险、全程调换样衣、售后结算、全国统一物流配送等特点，开辟了一条产品定制与连锁经营网络的新途径。目前，加盟店已全面铺开，顾客不仅可以通过加盟店下订单，还可以在网上提交个性数据下订单。

(二)4C 组合营销策略

1. 以产品转向消费者策略

汇集全国各地各类品牌产品,以 30～45 岁中高阶层为主要目标群体,针对各类消费层次整合不同档次的产品,拥有适合各类场合穿着的产品系列,能满足不同消费者的需求。数百个厂商提供的成千上万种产品供消费者自由对比、选择和购买。中国羊绒衫网推出自己的米索尔品牌,进行个性化定制;与此同时,还推出 OEM 的贴牌生产方式,将米索尔品牌由贴牌企业加工生产,公司不再生产羊绒衫产品。从过去以羊绒衫生产为中心转向了以满足消费者个性需求为中心,产品销售并非完成交易时就结束了,而是在客户点赞传播时才刚刚开始,实现了消费服务的升级。

2. 以价格转向成本策略

中国羊绒衫网作为全国最大的羊绒衫网上商场,以"让中国人穿上货真价实的羊绒衫"为目标。为了使消费者在价格上得到实惠,羊绒衫网打破传统销售多环节多层次的局限,把传统渠道销售费用最大程度地让利给消费者,以市场价的 2～7.5 折销售给消费者,主要通过网站价和协议价来突出羊绒衫的性价比优势,用以满足大众化的需求。正常的销售价格(网站价)仅是商场零售价(市场价)的 4.5～8 折,而申请协议价可以享受网站价的 9.5 折,与此同时,签约成为协议单位可视作单位为员工提供的福利,活动礼品采购享受协议价,网上价格透明实惠。中国羊绒衫网始终以为顾客实现最大让渡价值为宗旨,尽可能降低顾客购买商品的货币成本、精力成本、体力成本与时间成本。

3. 以渠道转向便利策略

中国羊绒衫网首创泛渠道销售模式:利用目前最先进的工具——互联网,采用了目前最流行的渠道策略——连锁加盟,使用永远不会被淘汰的营销手段——人际直销。即互联网络、连锁网络和人脉网络三网合一。利用网站渠道、团购渠道、店面渠道、人脉渠道将网站、中间商、顾客、信息、产品充分连接糅合,摒弃以往单一的店面渠道策略,为顾客提供购物使用的最大便利,实现多网合一的融合(如图 10-8 所示)。

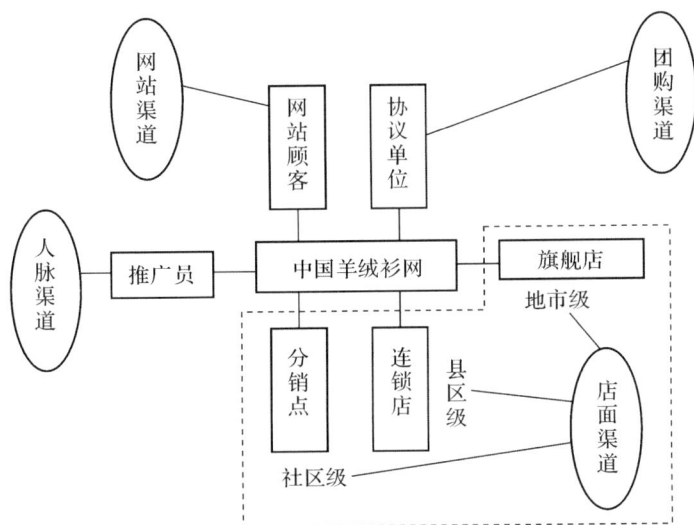

图 10-8　中国羊绒衫网泛渠道销售模式

资料来源：中国羊绒网。

4. 以促销转向沟通策略

中国羊绒衫网根据不同的季节时间段，计划性地推出不同的促销产品及促销方案，包含了各种节假日促销、节庆促销、活动促销、事件促销以及常年促销（针对厂商库存产品）。由于羊绒衫消费具有明显的季节性，在淡季，公司推出"聚划算"、"乐意"等等举措，方便顾客在淡季下单购买，借以平衡季节反差带来的销售不均状况。从调查得知，公司利用搜索引擎让消费者了解促销信息的占 42％，通过电视了解占 21％。消费者最想参加的促销活动中，"价格我作主"占 60％，买赠活动占 18％（如图 10-9、图 10-10 所示）。

阿华洛公司以新闻等形式的公关活动让企业了解中国羊绒衫网，通过优惠促销、价格让利形式让消费者得到货真价实的实惠。目前中国羊绒衫网的促销策略以新闻、赞助、公关等活动为主要形式，现场销售为辅助形式，而广告则是做得最少的促销手段。公司通过与顾客进行积极有效的双向沟通，建立基于共同利益的新型关系。促销虽可使产品短期内销量大增，但公司更重视与顾客的互动与沟通，倾听顾客的意见与建议，根据顾客的需求量身打造产品，培养忠诚顾客，与顾客建立长期稳定的关系，这样才更有利于产品的长期销售和销量的增长。

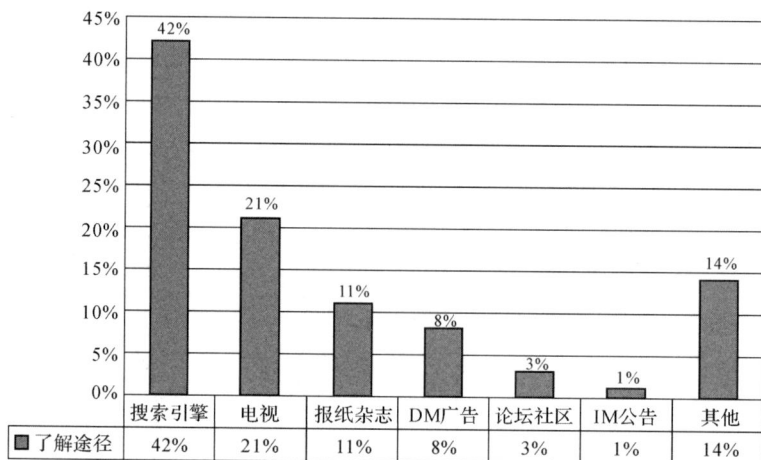

图 10-9　消费者了解中国羊绒衫网的途径

	搜索引擎	电视	报纸杂志	DM广告	论坛社区	IM公告	其他
■ 了解途径	42%	21%	11%	8%	3%	1%	14%

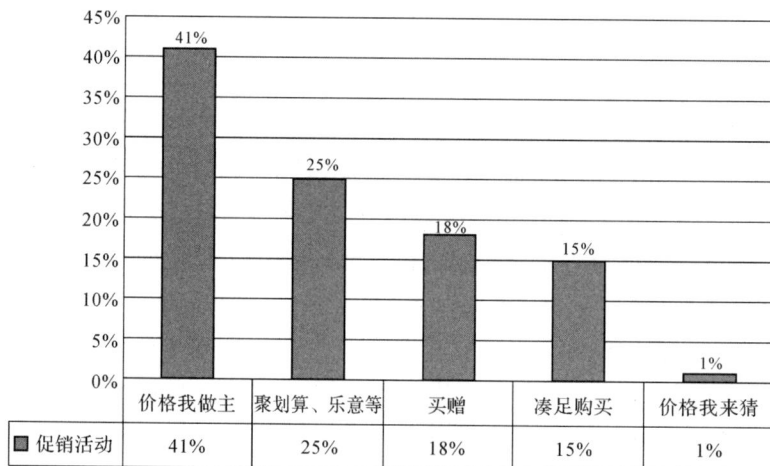

图 10-10　消费者最想参加的中国羊绒衫网的促销活动

	价格我做主	聚划算、乐意等	买赠	凑足购买	价格我来猜
■ 促销活动	41%	25%	18%	15%	1%

(三)服务策略

中国羊绒衫网秉承"多、快、好、省"的经营宗旨,以"羊绒衫行业信息化来满足消费者的个性需求"为理念,以"让中国人穿上货真价实的羊绒衫"为目标,建立服务体系以保证为消费者提供一流的服务。

(1)客户服务

电话:中国羊绒衫网开通了 400-8810-889 全国免长途费服务热线,组建了小型呼叫中心,安排专人专线负责落实专项服务。

网站社区:专门开通了网站社区,消费者可以自由发表产品咨询、售后问题、产品需求等信息,中国羊绒衫网有专人负责解答。消费者可以对在中国羊绒衫网上购买的商品进行评论和投诉,网站可以免费为消费者解决通过其他渠道购买羊绒衫的各类问题。

（2）物流收发

目前,中国羊绒衫网和国内知名的快递公司中国邮政 EMS、顺丰快递、申通快递、圆通快递建立了战略合作伙伴关系,打造中国羊绒衫网的物流服务。

（3）资金结算

中国羊绒衫网提供了各种支付方法以供不同的客户使用,目前采用的有银行汇款、在线（支付宝）支付、代收货款、货到付款 4 种方式,以后将陆续开通电话支付、信用卡支付、电话卡支付等方式。

（4）服务承诺

中国羊绒衫网郑重承诺所有商品均为原厂正品,羊绒制品符合国家 FZ/T73009—1997 标准。经本网售出的商品如发现有假,本网负责以一赔十并严惩供货商。任何非顾客人为质量问题均可按《中华人民共和国消费者权益保护法》实行"三包",即包换、包退、包修,具体如下:未拆坏包装（不影响二次销售）的情况下 15 天内可以自由退换（物流费用自理）；售出一年内包修,即免费提供修补及洗新保养服务（物流费用自理）；终身提供修补及洗新保养服务。

（5）退换货政策

退换货承诺:可以代收货款的订单,在快递员送达后试穿满意后付款给快递员,不满意当即退回不收取任何费用；收到货 15 日内在不影响二次销售的前提下可以退换（物流费用自理）。

退换货程序:确认收到的货品为订购或需求的货品；拆开快递袋试穿；满意付款给快递员,不满意者则填写退货申请卡,并致电 400-8810-889 证明该货品为顾客要求退回而非快递员自作主张退回；等待网站处理并退回货款。

退款说明:退款可以选择银行转账、支付宝转账或抵充下一次货款；在网站确认收到顾客退还的商品并质检通过后 3 个工作日内退款到客户指定账户；选用银行转账的方式退款到达客户账户需要一定的时间,银行账户会因不同的银行有不同的到账周期。

（6）售后服务

羊绒衫出售后,如尺寸不适需要修改或穿过一段时间需要保养,中国羊绒衫网提供洗新保养、换领子、贴皮、补洞、织补、修改领子大小、修改袖长、修改衣长等售后服务。

五、管理结构

阿华洛公司根据治理方案及发展运行规划制定和建立了完善的人事组织机构,以此来保证为消费者提供优质的服务,为入驻厂商提供全面的销售服务,让员工实现价值,为股东创造价值。

经过几年的运营和建设,阿华洛公司已经掌握了一整套成熟的管理机制,并完成了人员培训教材和考核激励方案。公司日常运作采用 PDCA① 管理思想,设定了上市战略目标、年度目标和月度指标,并制订了详尽的月度部门计划和考评体系。目前,公司紧紧围绕工作目标和计划来执行、检查和反馈提高。公司组织架构见图 10-11,职能部门架构见图 10-12。

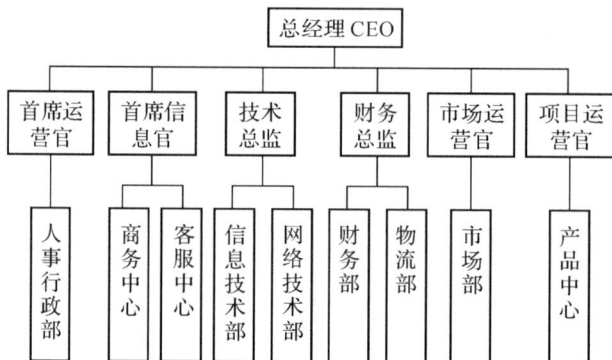

图 10-11 阿华洛公司组织架构

资料来源:中国羊绒衫网。

六、盈利模式

(一)厂商与中国羊绒衫网的合作模式

合作目的:利用中国羊绒衫网提供的销售信息化系统,建立线上线下结合的立体式销售网络,快速、低成本地覆盖市场,占领现代营销的制高点。通过网络资讯系统、网络招商系统、网络推广系统、网络连锁系统、网络分销系统、网络直销系统等工具完成资讯信息化、产品信息化、交易信息化、市场

① PDCA 指 plan(计划)、do(执行)、check(检查)和 act(修正),PDCA 循环管理就是按照这样的顺序进行质量管理,并且循环不止地进行下去的科学程序管理方法。

```
人事行政部          信息技术部         产品中心            市场部
  ├─人事管理         ├─产品项目组       ├─开发管理          ├─市场策划
  ├─总务管理         ├─WEB软件组        ├─外协加工          ├─网站推广
  ├─文秘与档案       ├─ERP软件组        ├─产品采购          ├─加盟推广
  ├─文化建设                            ├─品质监控          ├─团购推广
  ├─品牌规划                            ├─增值服务项目      ├─商家推广
                     网络技术部         ├─濮院采购中心      ├─会员推广
                     ├─网络规划组       ├─售后产品管理      ├─增值服务项目
  财务部             ├─网络工程组                          ├─濮院办事处
  ├─成本控制         ├─网络维护组       商务中心            ├─武汉办事处
  ├─资金管理                            ├─团购支持          ├─西安办事处
  ├─资产管理         物流部             ├─加盟支持          ├─北京办事处
  ├─会计核算         ├─单据管理         ├─网站支持          ├─上海办事处
  ├─财务审计         ├─配送管理         ├─供货商支持
                     ├─仓储管理         ├─终端客户支持      客服中心
                     ├─运输管理         ├─增值服务项目支持  ├─客户咨询
                                                            ├─投诉处理
```

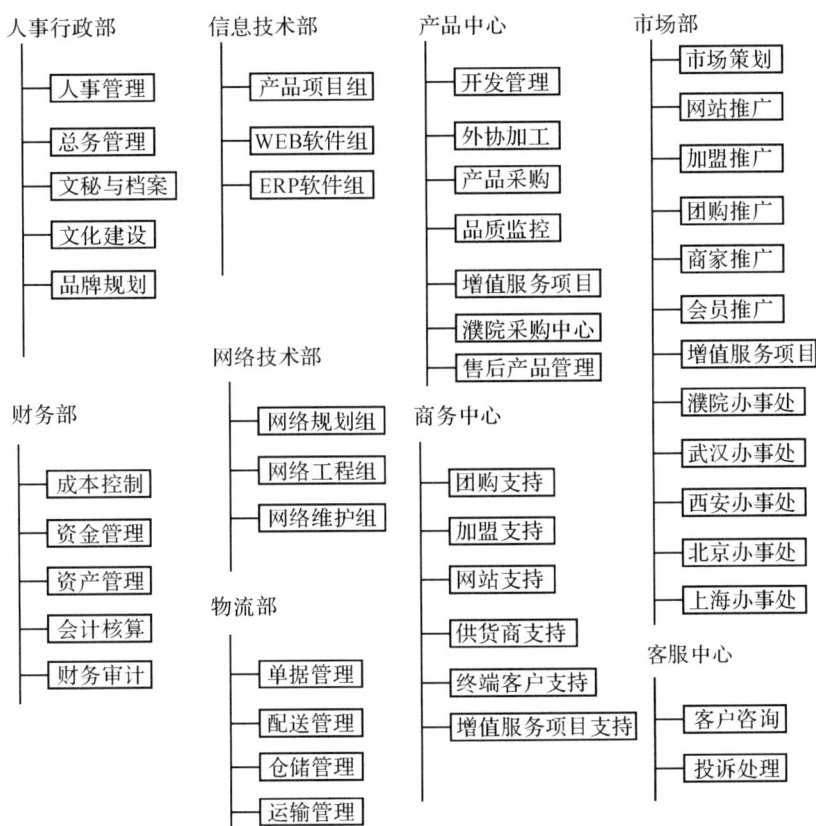

图 10-12 阿华洛公司职能部门架构

资料来源:中国羊绒衫网。

信息化、服务信息化、渠道信息化、招商信息化、推广信息化。通过网络招募连锁店面、分销店面、旗舰店开辟店面渠道,通过直销系统以及招募网店代理商开辟网站渠道,通过网络招募个人推广员开辟人脉渠道,通过网络招募协议单位开辟团购渠道。

合作原则:缩减中间环节的费用让利给消费者,让消费者穿上货真价实的羊绒衫。

合作方式:一种是销售合作,另一种是股权合作。

销售合作方式又分为以下两种,中国羊绒衫网都收取入驻费用及销售提成,具体数据由双方协商而定。

1. 羊绒衫生产厂家全权委托中国羊绒衫网开拓销售

条件:①签订合作协议,缴纳入驻费用;②提供品牌授权;③提供宣传和推广材料;④提供资金结算账号;⑤提供产品服务如收发货及售后退换维修等。

操作分工:

羊绒衫生产厂家仅以一定的折扣提供产品即可。

中国羊绒衫网成立一个运营羊绒衫生产厂家产品的项目小组,负责销售业务的开拓。具体是根据羊绒衫生产厂家的品牌及产品定位制定市场策略,包括选产品、定价格、搞促销、拓渠道;完成客户服务,包括售前的咨询、网上产品的维护更新、消费者评论的回复、羊绒衫生产厂家资讯的维护更新、售中的订单处理、售后的退换货处理等;完成物流配送,包括收货、发货、调货、退货及仓库管理;完成财务结算,包括收款、付款、退款及对账。

2. 羊绒衫生产厂家利用中国羊绒衫网的平台开拓销售

条件:签订合作协议,缴纳入驻费用。

操作分工:

羊绒衫生产厂家组建一个网络运营团队,负责销售业务的拓展。具体工作有制定市场策略、客户服务、物流服务、财务结算服务等。

中国羊绒衫网仅提供平台并辅导羊绒衫生产厂家组建团队,培训人员开拓业务。

股权合作分为纯资金入股和资金加货源入股两种。中国羊绒衫网欲出让70%的股份以此来吸引更多的羊绒衫企业参与,真正让中国羊绒衫网成为羊绒衫企业自己的网络平台,此平台可以实现行业商场、行业媒体、行业协会的功能。

(二)盈利模式

目前的盈利模式有以下几种:

产品销售提成:由流经中国羊绒衫网的每一件产品产生,国内总市场规模约为每年28亿元。

平台入驻费用:由志愿加入中国羊绒衫网的厂商支付给平台,总市场规模每年约2500万元。

加盟商入驻费用:由志愿从中国羊绒衫网进货的商家支付给平台,总市场规模约为每年1800万元。

广告收入:由志愿在中国羊绒衫网投放广告的厂商支付给平台,总市场规模约为每年600万元。

活动收入:由志愿参加中国羊绒衫网组织的各类促销宣传活动的厂商

支付给平台，总市场规模约为每年 250 万元。

第五节　结论与启示

中国羊绒衫网的营销模式与赢利模式是否成功，它的模式是否值得推广？以下总结案例研究的突破点与创新点，并对企业 B2B2C 的网络营销模式及其完善提出相关的政策建议。

一、中国羊绒衫网 B2B2C 网络运营现存的问题

（一）网络技术平台还有待优化

中国羊绒衫网络平台目前采用的技术软件是 PHP 服务。PHP 商城系统由内容、文章、会员、留言、订单、财务、广告、短消息、数据库管理、营销推广、内置支付管理、商品配送管理、无限级分类、全站搜索等多个功能模块插件组成。PHP 商城系统是国内功能优秀的网上商城系统，同时也是一个商业的 PHP 开发框架，有强大的后台管理功能，专业的网上商城系统解决方案，能够快速建设网上购物商城等网站。但它不如目前 SaaS 软件来得先进，有待改进与完善。

（二）各类入驻平台的羊绒衫品牌商参与度有待提高

各类入驻平台的羊绒衫品牌商有自己的主营业务，只是把平台看成一个额外的销售渠道，不会投入非常多的精力和资源，目标是盈利赚钱，不像 B2C 那样为了市场份额、品牌和上市不计成本地投入。而平台自然的中介性质决定它也不可能像 B2C 那样去大把投入在技术和推广上。所以以 B2C 的 5 大因素——价格、服务、速度、库存和 WEB 端的用户体验来衡量，B2B2C 都没有什么优势，一定程度上影响中国羊绒衫网络平台的流量。

（三）各类羊绒衫品牌定价问题难以统一

各类入驻中国羊绒衫网平台的品牌商本身很难有价格优势：一是商户自身实力所限，真正有实力的大型商户要不就专注线下业务，要不就自建 B2C 或借助亚马逊、淘宝这样的成熟线上通路，需要平台的往往是实力不够的中小型商户；二是商户的利润导向，不会像 B2C 那样为了做大规模大量投资不惜运用低价策略撇脂竞争去抢占市场份额；三是平台收取费用增加的成本，B2B2C 是要收费的，不像 C2C 那样入驻平台都是免费的，这个费用加

在商户身上,商户要么在商品上加价,要么在自己的利润上扣除,前者的可能性更大些,毕竟作为商户并不愿意自己的利润减少。这样就出现各类羊绒衫品牌价格不一,平台无法统一的问题。

(四)客服售后有待完善

平台的客服,不涉及订单处理,也不了解商品的问题,对用户的需求和问题只能转达给各商户,不能第一时间响应,而对商户又没有控制力,只能沟通协调。售后也是同样,商品出了问题,其实平台作为中介,解决的能力是不足的,很多时候,商品出现问题,说不清是谁的问题,或者商品已经使用过,不符合退换货条件。B2C 的客户是用户,平台可以以客为尊满足用户,自己承担损失;而 B2B2C 的客户实际上是商户,利益导向的商户抱着能不承担就不承担的心理,平台只能去协调解决。

二、B2B2C 网络营销交易平台的发展路径

在我国,网络营销起步较晚,国际竞争力较弱,还存在许多有待完善和发展的地方。与此同时,我国网络用户发展迅速,市场竞争的压力和国内网络环境的日趋成熟,都向宁波企业提出了快速发展网络营销的要求。

(一)政府方面的宏观调控

1. 政府立法机关应加强对网络营销的立法与监督,规范企业的网络营销行为。网络营销在宁波起步较晚,发展速度却很快,相应的法律规范是较薄弱的。可以借鉴西方国家的成功经验,制定相应法规,为网络营销快速发展提供一个公平规范的法律环境。

2. 加快电信产业发展,打破行业垄断经营。我国目前昂贵的网络资费是发展网络营销的一个主要障碍。只有引入市场竞争机制,改善电信服务质量,调低电信资费标准,降低互联网利用的门槛,才能使网络消费与人们的收入水平相适应,为网络营销创造一个宽松的环境。

3. 加强网络技术研究和学术研究,改善网络基础设施,提高网络整体水平。在美国,宽带主干网传输速率已达到 622MB,而我国四大互联网主干网目前的带宽只有 10MB,实际端到端的传输速率仅为 1MB 左右。而网络营销活动要求有大量数据的传输,我国现阶段网络带宽水平离实际网络营销应用的差距不言自明。

4. 加快安全、方便的网络支付机制的建立。调查资料显示,有 52% 的网络用户认为目前网上购物的最大问题是没有安全方便的网上付款方式。因此,目前在网络安全支付方面的技术与观念是网络营销发展的核心与关

键。加快对电子货币的研究,尽快实现网上安全支付,成为发展网络营销的迫切需要。[14]

（二）企业方面的微观努力

1. 提高电子商务平台的软件服务技术

（1）云计算服务

云计算是一种基于互联网的计算方式,通过这种方式,共享的软硬件资源和信息可以按需提供给计算机和其他设备。云计算描述了一种基于互联网的 IT 服务、使用和交付模式,通常涉及通过互联网来提供动态易扩展,而且经常是虚拟化的资源。

云计算包括以下几个层次的服务:基础设施即服务(IaaS)、平台即服务(PaaS)和软件即服务(SaaS)。典型的云计算提供商往往提供通用的网络业务应用,可以通过浏览器或者其他 Web 服务来访问,而软件和数据都存储在服务器上。云计算的关键要素,还包括个性化的用户体验。

B2B2C 全程电子商务的实现要借助 SaaS(Software-as-a-Service)。SaaS 供应商即 B2B2C 全程电子商务平台运营商,中国羊绒衫网为企业搭建信息化网络基础设施及软硬件运作平台,并负责前期实施、后期维护。将 SaaS 与 B2B2C 电子商务模式结合,是企业内部信息化与外部交易信息化的完美连接。首先,在使用对象上,SaaS 和电子商务最迫切的需求者都是中小企业,有共同的用户基础;其次,在使用效用上,都能实现信息流的顺畅流通,减少信息不对称,提高信息传递效率;再次,在使用效果上,都能降低经营成本,提升经营绩效。因此,基于 SaaS 的 B2B2C 全程电子商务模式是理想与现实结合的产物。[23]

（2）高效全程电子商务服务

全程电子商务通过网络技术和 SaaS 交付模式,为企业提供在线管理以及电子商务服务,实现企业内部管理以及企业之间的商务流程的有效协同。企业全程电子商务是指企业在进行商务活动的各个流程中都导入电子商务。企业进行全程电子商务需要借助一些系统,用以实现资源、信息的有效整合。以在线管理服务作为核心应用,帮助企业将经营管理范围延伸到上、下游业务伙伴处,对供应链上的供应商、分销商、客户进行协同管理,并且与电子商务业务完全融合。全程电子商务生态系统描述了未来企业间的协同模式,中小企业可以使用全程电子商务灵活地实现协同创新。[1]

2. 强化顾客关系管理

客户关系管理源于以客户为中心的新型商业模式,它通过搜集、整理和分析客户资料，建立和维护企业与客户之间卓有成效的"一对一"关系，使企业在提供更快捷周到的服务、提高客户满意度的同时，吸引和保持更多高质量的客户，从而提高企业绩效，并通过信息共享和优化商业流程有效地降低企业经营成本。建立顾客关系管理系统首先应当对顾客进行识别和管理，支持企业在合适的时间和合适的场合，通过合适的方式，将价格合适的产品和服务提供给合适的顾客。寻找到合适的顾客，与他们建立稳定的关系。

顾客数据库和呼叫中心是顾客关系系统的两个核心组成部分，前者是顾客关系系统的"心脏"，后者是"出入口"，二者缺一不可。

(1)完善顾客数据库管理

顾客数据库是企业实施顾客关系管理，完善顾客服务的平台系统。详尽、完善的顾客数据库系统，能为企业准确掌握顾客的需求意向，为顾客价值最大化创造条件。良好的顾客数据库不仅可使企业更好地挽留现存的顾客，而且还可使企业找回已经失去的顾客，例如：作为全球最大、访问人数最多和利润最高的网上书店——亚马逊的成功法宝之一就是建立起与顾客愿望一致的顾客数据库。当你在亚马逊购买图书以后，其销售系统会记录下你购买和浏览过的书目，当你再次登入时，系统识别出你的身份后就会根据你的喜好推荐有关书目。你登录的次数越多，系统对你的了解就越多，也就能更好地为你服务。显然，这种有针对性的服务对培育顾客信任度有极大帮助。据悉，顾客数据库在亚马逊的成功运作为它赢得了65%的回头客。完整的顾客数据库应包括个人数据、地址数据、财务数据、行为数据、共享数据等五个方面的信息。

(2)构建呼叫中心技术平台

呼叫中心模型是顾客数据库的重要组成部分，是顾客关系管理的入口，呼叫中心过去只是用于简单地回答顾客的问讯，记录顾客的信息。但近年来，由于顾客常常通过现代媒介进行交易，加上企业间竞争激烈，以良好的顾客服务来争取顾客成为企业在竞争中取胜的关键。所以，呼叫中心日益成为一种技术平台，特别在目前，呼叫中心通过信息技术与顾客关系管理整合在一起，成为顾客关系管理的技术平台。[24]

(3)完善信用评价及售后维权体系

淘宝网的售后评价体系比较成熟，交易完成后买家会就商品的符合度、满意度、物流、卖家态度等各方面作出评价，卖家信用和积分会根据反馈信息有所更新，为以后的消费者提供参考。中国羊绒衫网有买退订服务，收到货物不满意15天内可无理由退款，为消费者提供维权通道及售后保障。但羊绒衫服装购买界面用户评价太少，流量不多，以致人气不旺，应积极完善用户评价系统，让潜在顾客尽早变成现实顾客。

三、结论及启示

中国羊绒衫网之所以能在短期内打开局面赢得消费者青睐，这与它所开展的整合营销传播、建立销售信息化模式、复制电子商务模式、选择宁波建立电商行业网站为转型赢得先机等独特的竞争战略分不开。

（一）整合营销传播提升中国羊绒衫网知名度

整合营销传播（Integrated Marketing Communication），简称 IMC，即完整的市场信息传递，由美国西北大学教授 Done Schultz（唐·舒尔茨）提出，指将所有传播营销工具整合向市场传播信息。

整合营销传播的核心思想是将与企业进行市场营销有关的一切传播活动一元化。整合营销传播一方面把广告、促销、公关、直销、企业形象（CI）、包装、新闻媒体等一切传播活动都涵盖到营销活动的范围之内，另一方面则使企业能够将统一的传播资讯传达给消费者。所以，整合营销传播也被称为"speak with one voice"（用一个声音说话），即营销传播的一元化策略。

中国羊绒衫网以新闻、媒体报道为主要的宣传组合策略，以适量的网上销售为促进手段，再以最小量的广告赞助为辅助策略开展整合营销传播，使品牌形象日益提升。如：2007 年 5 月，中国羊绒衫网成为"北仑杯"2007 年中国国际女排精英赛赞助商；2007 年 7 月，中国羊绒衫网成为"2007 鲁能杯乒超联赛"赞助商；2008 年 2 月，中国羊绒衫网捐助贵州灾区羊绒羊毛衫5000 件，出厂价值达 100 多万元；2008 年 3 月，中国羊绒衫网赞助衢州市妇联"三八节"团体操大赛；2008 年 4 月，中国羊绒衫网参加中国第十届风险投资论坛，并接受中央电视台《经济半小时》摄制组采访；2008 年 7 月，宁波市市长一行视察中国羊绒衫网；2008 年 12 月，中国羊绒衫网 CEO 王臣达荣膺2008 年度宁波十佳营销精英奖；2009 年 3 月，《东南商报》报道中国羊绒衫网：《扶持行业网站带动传统产业》；2009 年 4 月，中国羊绒衫网被评为 2008中国行业电子商务网站 TOP 100；2009 年 4 月，《东南商报》报道中国羊绒衫网：《亿元优惠券吸引行业网站落户》；2012 中国电子商务投融资高峰论坛中，中国羊绒衫网以自己独特的运营模式，被评为中国电子商务最具投资价值运营服务商。

随着中国羊绒衫网网站交易量的节节攀升，羊绒衫品牌生产商和经销商的加盟，消费者人气指数的提升，公司赞助、捐助等公益活动的进行，政府官员考察参观、新闻媒体报道等良好口碑的传开,中国羊绒衫网的知名度日益提高。线上线下两条战线同步发展,即"网络直销、货到付款;量体定做、全国连锁"的商业模式已经深入人心,如何将成功的商业模式"复制"到宁波的其他传统行业,让传统产业踏上网络快车? 中国羊绒衫网CEO王臣达正在酝酿再一次新的飞跃……

(二)建立销售信息化模式为中小企业服务

经过几年的网络运营,中国羊绒衫网已经由传统产供销一体化经营完全转型成网络运营,把运营的流程固化成了销售信息化系统软件,并且通过自身的运营积累了一整套电子商务运营人才培训方案及教材。未来几年中,阿华洛公司决定把这一套成熟的经验和商业模式延伸到宁波的灯饰、文具、模具等行业,以完成向真正电子商务行业的蜕变。

阿华洛公司创立的销售信息化模式,可以实现传统企业销售模式的信息化转型。

1. 转型前的销售模式

产品通过一级一级的批发最终到达店面(店面有专卖店、超市和商场的专柜等类型),通过店面销售给消费者(如图10-13所示)。缺点是用实体的产品面对消费者,各个环节都需要大量的库存,以及各级代理层层获利导致最终卖给消费者的价格居高不下。

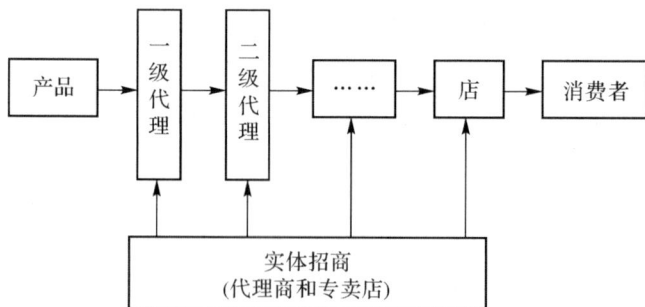

图10-13 转型前的销售模式

资料来源:中国羊绒衫网。

2. 转型后的销售模式

产品通过网站直接销售给消费者,或者通过直接零售的店面销售给消费者(如图10-14所示)。优点是缩减大量库存成本和中间商获利,最终消费者可以买到价格实惠的产品。

实现本模式需要销售信息化系统支撑，其组成为：产品信息化、渠道信息化、招商信息化、推广信息化、服务信息化、市场信息化、交易信息化及资讯信息化。

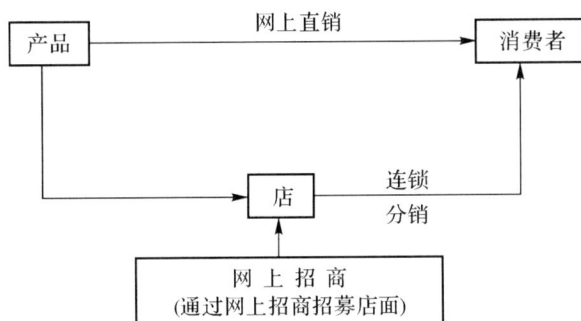

图 10-14　转型后的销售模式

资料来源：中国羊绒衫网。

3. 中国羊绒衫网提供的销售信息化系统

中国羊绒衫网提供的销售信息化系统由连锁系统、网上直销、分销系统、网上招商、网上推广、资讯系统组成。

连锁系统：指消费者直接在实体店完成下单、提货和结算的一种销售方式。通过该系统，总部能实现对各销售点的信息化管理（包括订单处理、货款结算、物流查询、库存管理、自动配货等）。该系统还集成了目前流行的量体定做模块。

网上直销：指厂家通过网站把产品直接销售给消费者，通过网站实现下单和结算，通过快递或物流送货的一种销售方式。入驻中国羊绒衫网相当于入驻了网上商场，实现用网络大面积快速覆盖客户群体。

分销系统：指消费者在网站上下单，再去分销点（可以是实体店）提货和结算的一种销售方式。该系统能有效保护线下既有的销售渠道，保持线上线下两条线同时拓展销售而互不冲突，实现总体市场的拓展和区域市场的稳定。

网上招商：通过网络手段完成销售渠道的招募。

网上推广：通过网络手段完成公司的推广、项目的推广和产品的推广。

资讯系统：通过该系统完成公司新闻及其他动态的发布，完成在线售前售后服务，完成市场调查和竞争情报的收集分析。

(三)将模式进行复制帮助传统企业转型升级

1. 传统企业以电子商务为切入点实现销售信息化的可行性

传统生产型企业已经具备市场基础、行业资源、产品开发等各类优势,但不了解电商平台如何搭建及平台如何运营维护是传统企业的劣势。如能提供一个已成功运营的平台和相关运行人员,传统企业即可在一个月内和电子商务接轨,无须半年便可整合自身的优势利用互联网逐步实现销售信息化,快速提升传统企业的销售业绩。以销售信息化来带动管理信息化,再以管理信息化来带动生产信息化从而实现全面信息化,这是每个传统企业所期望的。阿华洛公司则可以帮助传统生产型企业接轨电子商务,实现销售信息化。

2. 中国羊绒衫网能提供的支持和服务

通过三年的探索实践和七年多的实际运营,中国羊绒衫网的羊绒衫销售量已经通过销售信息化获得了突破性增长,羊绒衫网通过不断的完善和调整累积一整套接轨电子商务逐步实现销售信息化的解决方案及系统平台,并且通过自身的运营积累了一整套电子商务运营人才培训方案及教材,将运营的流程固化成了销售信息化系统软件;公司还和宁波职业技术学院合作成立了阿华洛分院,专门传授公司的运营经验,培养电子商务实用人才。2010 年,中国羊绒衫网与浙江大学软件学院合作成立阿华洛 e-sales 研发中心,提供优质的网站模式策划、网站开发建设、网站运营培训及网站渠道研发等服务,这将为地方经济发展提供强大的智力支持,对推动宁波区域信息产业发展、促进产业转型升级具有重要的意义。

中国羊绒衫网服务于生产型企业,实现其销售信息化的具体过程见图10-15。

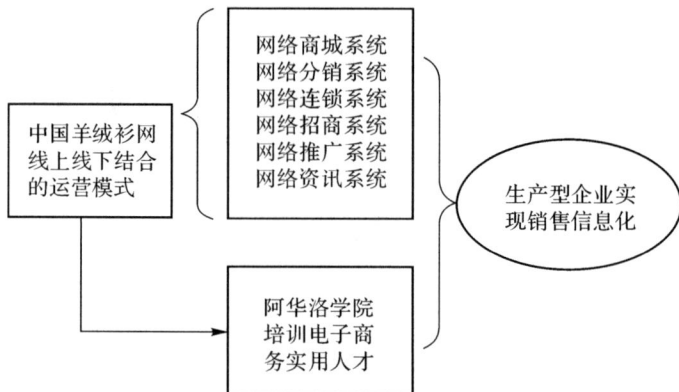

图 10-15　中国羊绒衫网实现生产型企业销售信息化的过程
资料来源:中国羊绒衫网。

3. 让宁波的产品辐射国内国际市场

依托发达的行业经济、完善的网络基础设施、优良的电子商务环境，宁波正在大力推进行业经济信息化，促进信息化和工业化的融合。2008 年 9 月，宁波提出"打造行业网站总部基地"，半年多来就有 200 多家行业网站先后落户宁波，其中 20 多家在业内名声斐然，一个强大的行业网站集群在宁波悄然兴起。而中国羊绒衫网作为中国行业网站的先锋，运用其成功的运行模式欲将宁波的产品辐射国内国际市场。阿华洛行业网站总部联盟见图 10-16。

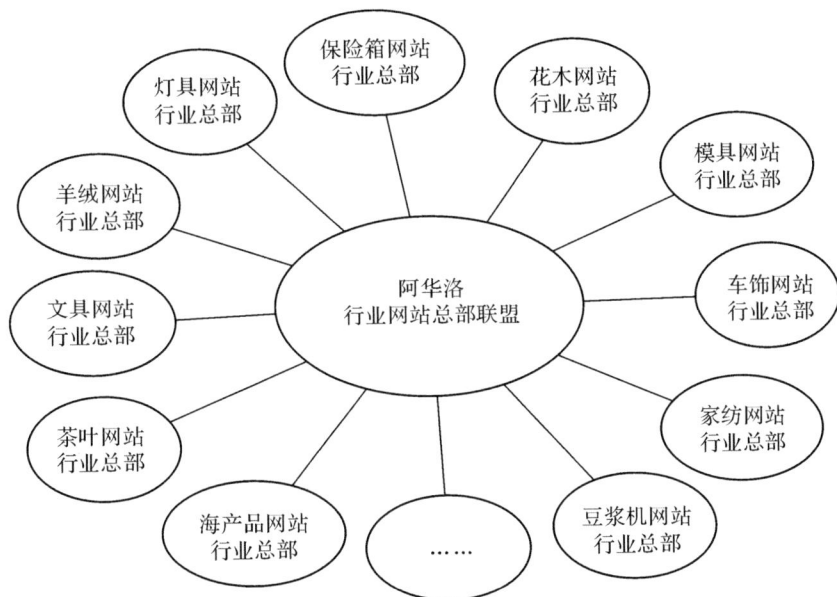

图 10-16　阿华洛行业网站总部联盟

资料来源：中国羊绒衫网。

生产企业：在各自的行业网站总部里注册成为会员，利用行业网站提供的销售信息化系统提升销售业绩。即把企业的产品介绍、价格、数量等信息提交到网站，并及时做好为消费者服务、发货及收款工作，不停地推广发布该企业的产品信息。

行业网站总部：汇集本行业生产型企业的各类信息特别是商品信息，方便消费者对比选购，成为行业的销售窗口、宣传窗口、监督窗口。普及行业知识，引导消费需求。

行业网站总部联盟：汇集各行业网站总部的各类信息，实现客户资源共享,分销渠道共享,推广资源共享,以及为行业网站及其会员提供基础保障,如资金结算、信用评定等服务。

(四)先进的电子商务模式为厂家与消费者提供良好服务平台

中国羊绒衫网 B2B2C 电子商务平台将企业、个人用户不同需求完全整合在一起,缩短了销售链。从营销学角度上来说,销售链条中环节越少越好,越是成熟的行业,销售链条越短。中国羊绒衫网 B2B2C 没有库存,充分为客户节约了成本(包括时间、资金、风险等众多因素);并建立了更完善的物流体系,根据客户需求选择合适的物流公司,加强与物流企业的协作,形成整套物流解决方案。随着技术进步,企业发展趋势是需要的生产人员越来越少,但企业的生存发展却永远无法不依赖于消费者。因此,把消费者放在核心地位,让消费者与消费者结合,让消费者与企业结合,无疑是最具生命力的电子商务模式。在多种电子商务并行的今天,商家与商家,消费者与消费者,商家与消费者,直销与零售,商家、消费者与营销员逐渐融合,形成一个 B2B2C 联合创收平台。这也就是当今时代最先进的营销模式——B2B2C 电子复合商务模式。显而易见,这种 B2B2C 电子商务模式是最具潮流性的,它符合商业发展的趋势,其商业价值不可估量,不仅可以实现商家与商家的直接网上交易,还可以借助其强大的平台特性,让更多的消费者找到自己想要的交易目标。它改变了人们的生活方式和消费观念,让人们利用一个新型商业模式的网站来实现自己的财务自由和时间自由。

(五)选择宁波建立电商行业网站为转型赢得先机

中国网民增长快。截至 2014 年 6 月,我国网民规模达 6.32 亿人,互联网普及率为 46.9%。Wi-Fi 覆盖提升、3G 的成熟和 4G 的启用为网民提供了更为优质的上网环境,移动互联网应用丰富性提升,多方面满足用户上网需求,推动我国网民平均周上网时间的继续增长。[25]

宁波发展电子商务环境优越。2014 年,浙江省网络零售持续保持加快增长,共实现网络零售额 5641.57 亿元,其中宁波位列第二,首次实现网络零售顺差,共实现网络零售额 489.7 亿元,同比增长 82.05%,高于浙江省平均增幅 34 个百分点,增幅为全省第一。此外,跨境电子商务业务量也位居全国试点城市首位。这标志着宁波市电子商务发展取得了阶段性突破。

为了实现“电商换市”,宁波相继出台了《宁波市电子商务试点专项资金管理暂行办法》《宁波市信息化公共服务平台认定管理办法》《宁波市行业网站技术孵化平台管理暂行办法》《宁波市电子商务专项资金管理办法》《宁波市人民政府关于深入推进"电商换市"加快电子商务发展的若干意见》等电商相关扶持政策。2014 年，宁波各行业应用电子商务进入爆发期，电子商务已经成为宁波经济转型升级的重要抓手。作为全国首批电子商务试点城市，宁波启动电子商务城建设，重点发展线上线下联动的 O2O 电商、垂直性行业电商平台等，潜力巨大。[26]

目前，宁波以大宗商品交易为主的电商平台发展优势明显。宁波 B2B 网站有中国塑料城、宁波神化网等 100 余家，主要涉及化工原料、有色金属、钢材等。

以块状经济为依托的行业网站建设处于领先水平。宁波本地各种行业拥有网站上千家，涉及模具、厨具、文具、船务等行业，且大多数都是垂直型行业网站，即专注于某一行业，仅提供该行业相关信息，凭借专业和细分赢得市场，一般立足中小型企业。[27]

行业网站具有加快推进电子信息化，促进现代服务业向高端化、高效化发展的基本条件和比较优势。阿华洛通过打造中国羊绒衫行业网站总部基地，引导传统企业抢抓发展电子商务的机遇，为企业渡过难关求发展赢得了先机。

对于阿华洛的网络营销，王臣达有形象的描述："百度给你一个互联网的工具但如何做生意没有答案，犹如给你一个水瓶但不会告诉你水在哪里；阿里巴巴给你一个水瓶并告诉你水在哪里，但需要自己去取；而以中国羊绒衫网为代表的行业网站则在给你一个水瓶的同时告诉你水在哪里并全程陪同你将水取回，这是保姆式的网络营销，它让客户参与并学会网络营销，让消费者足不出户就能享受购物乐趣。"

参考文献

[1] 陶毅昊，邱尧垚. 新一代 B2B 电子商务研究[J]. 常州信息职业技术学院学报，2013，12(2)：19-22.

[2] 石宇辉. PPG 商业模式创新研究[D]. 南京：南京理工大学，2008：24-25.

[3] 章燕. 万色品尚商城电子商务模式分析[D]. 合肥：安徽大学，2012：3-4.

[4] 周丽. 基于 B2B 电子商务模式的企业网络营销策略研究[D]. 济南：山东大学，2010：12-13.

[5] 杨路明，等. 网络营销[M]. 北京：机械工业出版社，2011：7-8.

[6] 王岩. 我国企业网络营销模式及绩效评价研究[D]. 哈尔滨：哈尔滨工程大学，2006：28-30.

[7] KOTLER P. Marketing management：analysis planning implementation

and control[J]. The Prentice-Hall series in marketing,1988,67(11):
297-320.

[8] LAUTERBORN R F. 4C instead of 4P[J]. Advertising Age,1990.

[9] 屈云波,靳丽敏.网络营销[M].北京:企业管理出版社,1999:85-87.

[10] 黄谷来.天猫商家网络营销策略研究[D].武汉:华中师范大学,2012:9-10.

[11] 卓骏.网络营销的理论与实务[M].杭州:浙江大学出版社,2001:11-12.

[12] 李振勇.商业模式:未来企业竞争的最高形态[M].北京:新华出版社,
2006:8-10.

[13] 刘社建.网络营销的经济分析[J].消费经济,2002(4):29-30.

[14] 朱圣堤,高韧.我国企业网络营销现状与发展策略[J].商业时代,2008
(15):81-82.

[15] 郦瞻.我国网络营销服务市场的若干商业模式[J].学术交流,2006(12):
128-130.

[16] 周曙东,叶辉.解析网络营销八大模式[J].商业研究,2003(22):177-180.

[17] 张剑.我国网络营销模式的研究[D].济南:山东大学,2010:28-29.

[18] 宋和生.服装电子商务 B2B2C 模式分析[J].山东纺织经济,2010(5):
83-86.

[19] 阎冰洁.基于 B-B-C 电子商务模式的研究与应用[D].武汉:武汉理工大
学,2006:20-22.

[20] 王秀才.论服装电子商务 B2B2C 模式的创建[D].天津:天津工业大学,
2008:13-17.

[21] 彭雷清,卢战春.B2B2C 模式对销售渠道的影响研究[J].区域经济评论,
2012(10):22-26.

[22] 殷浩.宁波涌现一批 O2O 电商创新应用[N].东南商报,2014-12-09
(A14).

[23] 赵丽.B2B2C 全程电子商务模式内涵与特征[J].电子商务,2012(10):
51-52.

[24] 钟卓群.信息技术环境下网络互动营销的策略分析[J].财经界,2010(1):
70-71.

[25] 佚名.中国网民增长快[N].浙江日报,2014-11-14(13).

[26] 张正伟,蔡朝晖.电子商务:蓝海经济潮涌三江[N].宁波日报,2015-02-04
(A9).

[27] 俞林凤.电子商务是一场"马拉松"[N].现代金报,2014-11-07(B03).

索　引

后　记

　　本书是浙江万里学院承担宁波市甬商研究基地(宁波市重点研究基地)2014 年第一批课题"宁波平台经济典型企业案例研究"的成果。

　　课题研究过程中,我们得到了许多领导、专家、朋友的支持和帮助。所选择的神化化学、世界再生网、世贸通、船货网、宁波航交所、海商网、招财通、海空网、杰艾人才网、中国羊绒衫网等十大平台经济案例企业为课题研究提供了宝贵的第一手资料,给予了直接的支持和帮助。宁波市社科院林崇建副院长、俞建文处长在课题选题、立项、研究、成果总结提炼及推广等环节都给予了诸多建设性指导和帮助。宁波市江东区政协刘良飞副主席、王涛秘书不仅将前期关于江东区平台经济的相关研究成果毫不保留地提供给了课题组,而且对课题调研工作给予了细致、周到的安排,身体力行参与到调研活动中,为课题顺利开展做出了很大贡献。宁波市社科院科研处顾晔老师对基地的研究工作给予了诸多关心和帮助;浙江大学出版社吴伟伟编辑为本书的出版付出了大量的心血。在本书出版之际,一并致以最真诚的感谢! 甬商研究基地主任、浙江万里学院执行校长应敏教授,党委书记、副校长蒋建军教授,副校长闫国庆教授,校长助理、科技部部长林志华教授等领导对基地建设工作给予了大力支持与帮助,是基地建设任务完成的重要保障。

　　本书由孟祥霞教授负责研究选题、研究框架、写作思路、写作风格的统一和规范,并进行了最后的定稿和编纂。黄文军、陶海飞、王炳军、陈莎莎、袁葵芳、冀春贤、徐侠民、王金圣、杨光、杨佐飞分别撰写了本书的第一章到第十章。本书完成过程中,各位老师在课题选题、企业调研、理论指导、稿件修改等各个环节付出了辛勤的劳动,本书的出版是他们共同努力的成果。基地办公室主任黄文军博士除了完成自己负责的子课题研究任务之外,还承担了日常管理、协调的任务,同时在审稿、改稿环节额外付出了很多时间和精力。

　　本书所选择的平台经济典型案例的代表性企业,主要根据企业的代表性、成长模式、案例研究的便利性等因素进行选择,在书中也并不是按规模大小或行业地位进行排序,而是依据本书研究的逻辑顺序和企业类别进行排列。平台经济企业的成长受多种因素的影响,本书每一章主要就其企业特色进行研究和梳理,难以面面俱到,同时,由于管理理论的多样性和复杂性,虽然我们已经尽力去探索和研究,但难免还有不足或遗漏的地方,敬请各位读者理解。此外,平台经济作为一种新兴的业态,其理论甚至概念都在逐步形成和完善的过程中,我们的研究更多是基于宁波区域特色的典型企业进行梳理,难免会有一些局限。随着平台经济理论的不断完善、平台企业实践的不断加深,平台经济将呈现更多的特色和内涵。希望我们后续的研究能够继续紧跟理论的前沿,挖掘更多具有区域特色的企业,为平台经济理论的完善提供基础,为平台企业的商业实践提供参考与借鉴。

作　者

2015 年 10 月